História do Direito

Dados Internacionais de Catalogação na Publicação (CIP)
(Câmara Brasileira do Livro, SP, Brasil)

Roque, Sebastião José
   História do direito / Sebastião José Roque. —
São Paulo : Ícone, 2007. — (Coleção elementos
do direito)

   ISBN 978-85-274-0942-1
   1. Direito - História I. Título. II. Série.

07-5687   CDU-34(091)

Índices para catálogo sistemático:
   1. Direito : História   34(091)
   2. História do direito   34(091)

Sebastião José Roque

Bacharel, mestre e doutor em Direito pela Universidade de São Paulo
Advogado e assessor jurídico empresarial.
Professor da Faculdade de Direito da Universidade São Francisco.
Presidente do Instituto Brasileiro
de Direito Comercial "Visconde de Cairu".
Presidente da Associação Brasileira de Arbitragem - ABAR.

História do Direito

Ícone
editora

© Copyright 2007.
Ícone Editora Ltda.

Coleção Elementos do Direito

Capa
Andréa Magalhães da Silva

Diagramação
Angelo de Bortoli Neto

Revisão
Rosa Maria Cury Cardoso

Proibida a reprodução total ou parcial desta obra,
de qualquer forma ou meio eletrônico, mecânico,
inclusive através de processos xerográficos,
sem permissão expressa do editor
(Lei nº 9.610/98)

Todos os direitos reservados pela
ÍCONE EDITORA LTDA.
Rua Anhanguera, 56 – Barra Funda
CEP 01135-000 – São Paulo – SP
Tel./Fax.: (11) 3392-7771
www.iconeeditora.com.br
e-mail: iconevendas@iconeeditora.com.br

Ode ao Acadêmico

O PODER DA MENTE

Pobre de ti se pensas ser vencido,
Tua derrota é um caso decidido;
Queres vencer, mas como em ti não crês,
Tua descrença esmaga-te de vez.
Se imaginas perder, perdido estás;
Quem não confia em si marcha para trás.
A força que te impele para frente
É a decisão firmada em tua mente.

Muita empresa esboroa-se em fracasso
Inda antes de dar o primeiro passo.
Muito covarde tem capitulado
Antes de haver a luta começado.
Pensa em grande e teus feitos crescerão,
Pensa em pequeno e irás depressa ao chão.
O querer é poder arquipotente,
É a decisão firmada em tua mente.

Fraco é quem fraco se imagina,
Olha ao alto quem ao alto se destina;
A confiança em si mesmo é a trajetória
Que leva aos altos cimos da vitória.
Nem sempre quem mais corre a meta alcança,
Nem mais longe o mais forte o disco lança,
Mas se és certo em ti vai firme, vai em frente
Com a decisão firmada em tua mente.

Índice

1. ROMA - BERÇO DO DIREITO, 13
   1. Conceito de direito romano, 15
   2. As fases do direito romano, 17
   3. Os juristas romanos, 20
   4. A mulher romana perante o direito, 21
   5. Importância do direito romano, 23
   6. Características do direito romano, 25
   7. Patrícios e plebeus, 28

2. A LEI DAS DOZE TÁBUAS, 31
   1. As causas determinantes, 33
   2. Os símbolos da justiça, 34
   3. O conteúdo das tábuas, 35

3. PRINCÍPIOS GERAIS DO DIREITO, 41
   1. Conceito, 43
   2. Os princípios mais comuns, 43
   3. Princípios modernizados, 53

4. *CORPUS JURIS CIVILIS*, 59
   1. A cultura romana no Brasil, 61
   2. A codificação romana, 63
   3. O Código (Codex), 64
   4. O Digesto (ou Pandectas), 65
   5. As Institutas, 65
   6. As Novelas, 66
   7. A Escola de Recife e o pensamento brasileiro, 67

5. O DIREITO GREGO, 71
   1. Características do direito grego, 73
   2. O direito ateniense, 74
   3. A legislação ateniense de Dracon, 75
   4. A legislação ateniense de Sólon, 76
   5. A tirania ateniense: Psístrato, 78
   6. A democracia ateniense: Clístenes, 78
   7. O auge da democracia ateniense: Péricles, 79
   8. A legislação espartana de Licurgo, 80
   9. As instituições políticas espartanas, 82

6. O DIREITO MEDIEVAL, 85
   1. As eras da humanidade, 87
   2. Os visigodos, 88
   3. O Código de Eurico, 89
   4. Fuero Juzgo, 90
   5. Sistema processual: arbitragem, 91
   6. A Inquisição, 93
   7. Cisão no direito privado, 95

7. DECLARAÇÃO DOS DIREITOS DO HOMEM
   E DO CIDADÃO, 105
   1. As novas idéias, 107
      1.1. O iluminismo, 108
      1.2. O liberalismo, 108
      1.3. O enciclopedismo, 110
   2. Os choques com as idéias da época, 110
   3. A Revolução Francesa, 112
   4. As corporações de ofícios, 112
   5. A Declaração dos Direitos do Homem e do Cidadão, 114

8. ESCOLA DOS GLOSADORES, 127

9. ESCOLA JUSNATURALISTA, 133
   1. Sentido de "escola", 135
   2. Escola Jusnaturalista, 135
   3. A lição de Antígone, 136
   4. Histórico do Jusnaturalismo, 138
   5. Síntese das diferenças, 139

10. ESCOLA HISTÓRICA DO DIREITO, 141

11. ESCOLA DA EXEGESE, 145

12. ESCOLA CONTRATUALISTA DO DIREITO, 151
   1. As fases do pensamento, 153
   2. O estado natural, 153
   3. A reviravolta do ser humano, 155
   4. O estado político, 156
   5. O exemplo da antiga Roma, 157

13. ESCOLA PENALISTA DE CESARE BECCARIA, 159
   1. Vida e obra de Cesare Beccaria (1738-1794), 161
   2. Princípios básicos da escola, 162
   3. A origem das penas, 163
   4. Da pena de morte, 164
   5. Penas aos falidos, 166
   6. Recompensa para a execução da pena, 167
   7. Da delação premiada, 168
   8. Pena para a intenção de crime, 169
   9. O direito de punir, 169
   10. Prática da tortura, 170
   11. Presteza das penas, 172

14. ESCOLA POSITIVISTA DE AUGUSTO COMTE, 175
   1. Vida e obras principais, 177
   2. Características gerais do positivismo, 178
   3. A lei dos três estados, 180
   4. A classificação das ciências, 182
   5. A religião da humanidade, 184
   6. A sociologia jurídica, 185
   7. Influência positivista no Brasil, 186

15. ESCOLA DO DIREITO POSITIVO, 189

16. ESCOLA MARXISTA DO DIREITO - Karl Marx (1818-1883), 195
   1. Biografia, 197
   2. Obras, 198
   3. As influências recebidas, 198

4. Fundamento econômico do Estado, 201
5. O materialismo histórico, 202
6. A luta de classes, 204
7. A doutrina de mais-valia, 207

17. ESCOLA NORMATIVISTA DO DIREITO, de Hans Kelsen (1881-1973), 209
    1. Vida e obras, 211
    2. O normativismo jurídico, 211
    3. O "ser" e o "dever ser", 212
    4. O Direito é o Estado, 214
    5. O Direito e a moral, 214
    6. A hierarquia das leis, 216
    7. A influência de Kelsen, 219

18. ESCOLA POSITIVA DO DIREITO PENAL, 221
    1. Biografia de Cesare Lombroso, 223
    2. Obras, 223
    3. A Escola Positiva do Direito Penal, 224
    4. Idéias sucessoras às de Lombroso, 225
    5. Superação da Medicina Legal de Lombroso, 227

19. ESCOLA SOCIOLÓGICA, 229

20. ESCOLA DA TRIDIMENSIONALIDADE DO DIREITO - Miguel Reale (1910-2006), 233
    1. Vida e obras, 235
    2. Realce da axiologia, 237
    3. A TTD - Teoria Tridimensional do Direito, 238
    4. Desequilíbrio dos fatores, 240
    5. A evolução dialética do direito, 241

21. EVOLUÇÃO DO DIREITO NO BRASIL, 243
    1. Período colonial, 245
    2. Os Tratados Internacionais, 246
    3. O Tratado de Menthuen, 247
    4. Antecedentes da Independência, 248
    5. O Direito após a Independência, 250

22. HISTÓRIA DOS CURSOS JURÍDICOS NO BRASIL, 253
1. Os antecedentes do Onze de Agosto, 255
2. O Onze de Agosto, 256
3. O Curso Anexo, 259
4. Começa o curso, 262
5. Os objetivos do curso de direito, 263
6. A Bucha, 266
7. A Academia de Recife, 267
8. A Escola de Recife, 269
9. A luta pelos ideais acadêmicos, 270
10. A formação da cultura brasileira, 272
11. A luta pela abolição, 273
12. A luta pela República, 280
13. A República dos Acadêmicos, 281
14. Cumprimento da missão, 283

23. HISTÓRIA DE NOSSO CÓDIGO CIVIL, 285
1. Sentido de código, 287
2. Tendência à codificação, 288
3. Vantagens da codificação, 290
4. As iniciativas pelo novo Código Civil, 291
5. Os modelos do novo Código Civil, 293
6. Princípios informadores do Código, 293
7. Amplitude do novo Código, 298
8. A evolução do Código Civil brasileiro, 300
9. Reação contrária ao Código, 301
10. Aspectos favoráveis do Código, 302
11. Visão topográfica do novo Código, 304

24. HISTÓRIA DO DIREITO EMPRESARIAL, 309
1. Período proto-histórico, 311
   Primeira fase: mercantil, 314
   Segunda fase: comercial, 319
   Terceira fase: empresarial, 319

25. O ATUAL ESTÁGIO DO DIREITO EMPRESARIAL, 323
1. Os antecedentes, 325
2. A atividade empresarial, 325
3. A herança do Código Civil italiano, 327
4. Fator de nosso orgulho, 328
5. As inovações introduzidas pelo novo Direito Empresarial, 332

1. ROMA: BERÇO DO DIREITO

1. Conceito de direito romano
2. As fases do direito romano
3. Os juristas romanos
4. A mulher romana perante o direito
5. Importância do direito romano
6. Características do direito romano
7. Patrícios e plebeus

1. Conceito de direito romano

É o direito do antigo Império Romano. É o conjunto de normas e princípios criados na antiga Roma e que vigoraram por mais de 1.200 anos. Sua história acompanha a história do Império Romano, em que ele vigorou. O direito romano regulamentou a sociedade romana e interpreta a mentalidade desta sociedade bem característica, da filosofia de vida dos romanos, de sua religião e de seus costumes.

Como o Império Romano perdurou por mais de 1.200 anos, seria natural que seu direito sofresse inúmeras transformações, acompanhando a própria sociedade. Além do mais, os romanos foram incorporando vários povos diferentes, o que viria provocar a adaptação de seu direito ao novo povo romano, mesclado de vários povos espalhados pelo mundo de então. A princípio, era o direito de uma cidade (urbe), mas, pouco a pouco, passou a ser continental, aplicando-se a quase toda a Europa então conhecida. Alastrou-se depois para o norte da África e Oriente Médio, como o Egito, o atual Estado de Israel, o Líbano, a Síria, a Turquia.

Roma foi fundada no ano de 753 a.C., segundo se propala e nela começou o Império Romano. Esse império terminou no ano de 476 d.C., quando os bárbaros ocuparam Roma e destronaram o último imperador romano na Europa. Pelas datas acima citadas, nota-se que o Império romano durou 1.229 anos. O direito romano durou um pouco mais, terminando quando o Código do direito romano surgiu, por volta de 550 d.C., o *Corpus Juris Civilis*.

A evolução do direito romano foi acompanhando a evolução do império. Roma era apenas uma cidade, mas ela foi se ampliando. Mais ao norte viviam os sabinos, povo constituído mais de mulheres do que homens, ao contrário dos romanos, cuja maioria era de homens. Um dia os romanos convidaram os sabinos para jogos e festividades numa outra região. Quando os sabinos lá chegaram não encontraram romano algum; tinham eles ido à cidade dos sabinos e roubaram as mulheres, levando-as para Roma. A guerra estava para começar, mas as próprias mulheres fizeram a intermediação, pois, na pior das hipóteses, arrumaram marido. Fundiram-se as duas nações, provocando sensível evolução social, econômica e jurídica.

Logo após a região dos sabinos, mais ao norte, havia outra região, chamada Etrúria, em que habitava povo muito peculiar e de cultura mais elaborada. Esta região é hoje chamada Toscana, região bem desenvolvida da Itália, berço de poetas e de artistas, como Dante Alighieri, Petrarcca, Bocaccio, Leonardo Da Vinci, grandes pintores e outros artistas, como Giotto. Havia choques entre etruscos e sabinos e deles se aproveitaram os romanos para invadir a Etrúria, incorporando-a ao seu território. Os etruscos também foram incorporados ao povo romano, como tinham sido os sabinos.

A sociedade romana era constituída pelos cidadãos romanos, também chamados "quirites" e por "peregrinos". Esses últimos eram pessoas que emigraram das regiões conquistadas, mas não eram considerados cidadãos romanos. Os quirites constituíam, no máximo, 20% da população romana, sendo 80% formada por peregrinos. Os quirites eram, porém, a classe privilegiada de Roma e formada de mescla primitiva dos três povos: os latinos (do Lácio), os sabinos e os etruscos. Esta estratificação social é muito relevante na formação do direito romano: cada povo introduziu seus costumes na vida romana, influindo na formação do direito.

Dois tipos de direito

Os romanos criaram o direito: um direito peculiar a eles, criação máxima de seu gênio. O mundo antigo notabilizou certos povos. Os povos da Antigüidade oriental criaram as religiões e elaboraram grande parte das doutrinas religiosas. Exemplo sugestivo é o cristianismo, oriundo da religião hebraica. Os gregos criaram a filosofia e nela foram insuperáveis. Os romanos foram pouco criativos na religião e na filosofia, mas genais no direito. Deram nascimento a dois direitos, para regulamentar dois importantes segmentos da sociedade romana.

Jus Civilis

Também chamado Direito Civil e *Jus quiritarium* (direito quiritário), este ramo do direito romano aplicava-se exclusivamente aos cidadãos romanos, os quirites. Foi esse direito que se transmitiu ao mundo moderno, dominando quase todos os países, inclusive o Brasil. A aplicação do *jus civilis* se fazia pela magistratura romana, com várias classes de magistrados, como o pretor, o censor, o questor, o edil currul. O principal administrador da justiça era o pretor, chamado mais precisamente de pretor urbano, para distingui-lo do pretor peregrino, criado posteriormente para aplicar o *jus gentium*. O pretor urbano organizava o processo e ouvia a alegação das partes, fixando os limites do litígio; cuidava assim da parte de instrução do processo. O julgamento era feito por outro juiz, que não participou da fase de instrução.

O pretor era dotado do *imperium*, conjunto amplo de poderes. Podia recusar o processo por meio da *denegatio actiones*. Emitia e *editum* (edito), tipo de regimento com as orientações sobre o processo, que, no seu conjunto, criava um tipo de direito processual, recebendo o nome de "direito pretoriano", ou *jus honorarium*.

2. As fases do direito romano

O direito romano foi acompanhando a evolução da cidade e do império, passando por várias fases que interpretam o regime político em vigor nas várias etapas de sua história. Os períodos aceitos de forma mais costumeira vão enumerados abaixo, dos quais faremos algumas considerações:

Monárquico - 753 a.C. a 510 a.C.;
Republicano - 510 a.C. a 27 a.C.;
Principado - 27 a.C. a 284 d.C.;
Dominato - 284 d.C. a 565 d.C..
Monárquico - 753 a.C. a 510 a.C.

É a fase da realeza, chamado monárquico por ter vigorado durante o regime da monarquia, o primeiro regime aceito pelos romanos, tendo sido o primeiro rei o fundador da cidade, Rômulo. Vai esse período até a Proclamação da República, em 510 a.C., tendo durado assim dois séculos e meio.

Neste período surge o direito romano e a legislação. Não havia ainda câmara dos deputados, motivo pelo qual as leis eram votadas diretamente pelo povo em reunião em praça pública, chamadas de *comitia* (comícios). O fórum era a praça em que os comícios eram realizados. Essa praça ainda hoje existe, embora quase totalmente destruída.

O direito interpreta o regime monárquico: forte, austero, de fundo religioso, tipo patriarcal. O Poder Executivo, o Poder Judiciário e o Poder Religioso são unificados, sendo o rei também sacerdote e juiz. Com o aumento da população, foi criado o Poder Judiciário, mas só consolidado na fase republicana.

Não havia câmara dos deputados, mas havia o Senado, formado por homens idosos (sênior = velho). Os senadores eram também chamados de *patres* (pais). Não era poder legislativo, uma vez que as leis eram feitas nos comícios. O Senado, porém, era órgão consultor e controlador, como ainda revisor das leis aprovadas pelos comícios.

O direito aplicável era simples, com duas fontes só. Os costumes eram a principal fonte, mais importante do que a lei, visto que a lei era fruto dos costumes; destinava-se a regulamentar os costumes. Duas fontes predominaram assim: costumes e leis.

Republicano - 510 a.C. a 27 a.C.

Roma já tinha mais de 250 anos e progredira bastante, aumentando sua população. O rei não poderia mais ser o juiz; por isso foi criado o Poder Judiciário. A magistratura foi se tornando complexa, com várias categorias de servidores: pretor, censor, questor, edil currul. Foi nessa fase que surgiu a Lei das Doze Tábuas, no ano de 450 a.C., da qual falaremos adiante. O mais importante desses magistrados era o pretor, o verdadeiro administrador da justiça; ele apontava o direito a ser aplicado no julgamento de um litígio.

Aos costumes e às leis foram acrescentados como fontes do direito os "editos dos pretores". O edito era a diretriz escolhida pelo pretor para a condução e decisão dos processos. O edito era o programa de ação processual, promulgado pelo pretor, apontando os passos a seguir no processo e as normas jurídicas aplicáveis, paralelas ao direito quiritário. Os editos constituíam importante fonte do direito, junto com a lei e os costumes. Eles formavam um tipo de jurisprudência.

Principado - 27 a.C. a 284 d.C.

Esse período vai do ano de 27 antes do nascimento de Jesus Cristo, quando termina o período republicano, até 284, data em que assume o imperador Diocleciano. Chama-se principado porque o chefe do governo, o imperador é chamado de príncipe (*princeps* = principal). Reúne ele muitos poderes, não de executivo mas também de judiciário.

Outro poder também se perfila com ele: o Senado, que revisava as leis e podia declarar nulas as leis votadas fora das formalidades legais, ou não acompanhassem os costumes. Após a lei, os costumes e os editos dos pretores, fica adicionado o *senatus consultus* como importante fonte do direito. Os *senatos consultos* são mandados legislativos emitidos pelo Senado, *ex officio* ou atendendo à proposta do príncipe imperador.

O período do principado foi importante para o direito e para Roma; foi a era das conquistas e alastramento do direito romano pelo mundo daquela época. Foi a era de Caio Júlio César e de Augusto, de Mário, Sila, Pompeu, Marco Antonio e outros imperadores importantes.

Dominato - 284 d.C. a 565 d.C.

A terceira fase da história de Roma e do direito romano, denominada dominato, começa no ano 284 d.C., já na era cristã. Começou essa quando terminou o principado, era quando Otavio, chamado depois Augusto, assumiu o poder; mais precisamente, começou quando o imperador Diocleciano assumiu, até a morte do imperador Justiniano do Oriente, no ano de 585. O termo dominato origina-se de *dominus* = senhor. Deus também era chamado de *dominus*, como acontece ainda hoje, como se vê no lema da Igreja Universal do Reino de Deus: Jesus Cristo é o Senhor. Representava assim o endeusamento do imperador romano.

Foi o período da monarquia absoluta, em que os poderes se concentraram nas mãos do imperador, fazendo jus ao próprio termo monarquia *(mono* = um só). Foi mais centralizador de poderes do que o principado, que já era bastante centralizador.

O dominato não criou novas fontes do direito mas valorizou as "constituições imperiais", a ponto de transformá-la na principal fonte do direito. As constituições não tinham o sentido de hoje, mas representavam normas gerais; eram mandados e instruções que o imperador dava aos seus subordinados, respostas e pareceres que ele dava a consultas dos interessados, entre os quais os próprios magistrados, e principalmente decretos.

3. Os juristas romanos

O direito foi criado pelos romanos, de tal forma que eles foram os pioneiros; os que lhes sucederam deram continuidade à obra deles; ampliaram e aperfeiçoaram o que eles criaram. Na enorme constelação de juristas, cinco se realçaram: Ulpiano, Papiniano, Modestino, Paulo, Gaio. Durante a Idade Média, na lacuna da lei, qualquer citação deles era invocada como lei, razão pela qual eram referidos como o "Tribunal dos Mortos". Gaio deixou obra em quatro livros, denominada "Institutas", bem como outras obras e inúmeros escritos.

Ulpiano, o mais famoso de todos, deixou importante obra, e definiu o direito dando os preceitos invocados ainda hoje: *Juris precepita haec sunt: honeste vivere, neminem laedere, suum cuique tribuere* = viver honestamente, a ninguém prejudicar, dar a cada um o que é dele.

Papiniano é autor de pareceres famosos e muitos fragmentos jurídicos. Modestino é vulto maiúsculo no Direito de Família. Paulo foi o criador da ação pauliana, que tomou o seu nome; está regulamentada no ordenamento jurídico brasileiro. Há muitos outros que se celebrizaram, como Labéu, Juliano, Próculo, Sabino, Celso.

A participação criativa dos jurisconsultos romanos está nos seus pareceres, a interpretação do direito, formando a jurisprudência; foi a obra dos prudentes ou jurisprudentes. O termo jurisprudência não surgiu com o sentido de hoje, mas com o de sua origem etimológica: *júris* (direito) e *prudentia* (interpretação). A jurisprudência dos romanos corresponde, mais ou menos, à doutrina no mundo moderno.

A função dos jurisconsultos (ou jurisprudentes) era tríplice:

RESPONDERE - É a ação de dar opiniões, pareceres sobre consultas.
AGERE (agir) - É a ação do jurisprudente, orientando as partes nos processos).
CAVERE = Consiste em dar assistência nas operações econômicas e jurídicas.

4. A mulher romana perante o direito

A discriminação entre homem e mulher no direito romano parece ser herança da antiga Grécia, mas a mulher romana não era colocada em posição inferior como a grega. Havia divisão de tarefas na sociedade romana. O homem cuidava das coisas públicas; da administração pública, da política, da economia. Era o militar encarregado de manter a preponderância de Roma, o encarregado de conquistar o mundo. Representava a família perante a comunidade; era o chefe da família.

À mulher era reservada a tarefa do lar. Não tinha direitos políticos: não votava e nem podia ser votada. Não podia exercer atividades econômicas ou outras atividades que não fossem a manutenção do lar e a educação dos filhos. Sua educação era voltada para esses misteres.

A maioridade da mulher não tinha data prevista; era atingida com sua capacidade de ter filhos. Mesmo que atingisse a maioridade, não se livrava da tutela paterna a não ser quando se casasse, passando à tutela do marido. Quando a maioridade fosse atingida, deveria se casar e seu pai estava na obrigação de lhe arrumar o marido; poderia apenas influenciar na decisão dos pais quanto ao seu casamento.

A limitação de filhos era legalmente proibida; não só pela lei, mas pela moral e pela religião, bem como pelo próprio convívio social. Gerar filhos era obrigação da mulher e da sociedade romana. Roma precisava de soldados para dominar o mundo e a limitação da natalidade seria atentado contra os interesses romanos. Essa política afetava também o homem; o celibato era repudiado em todos os aspectos.

A condenação atingia qualquer ato sexual que não tivesse o objetivo de procriar, a tal ponto que atos libidinosos não poderiam ser praticados no quarto do casal, a "alcova". As casas mais amplas tinham um quarto especial para esse fim. Roma não tolerava a prostituição, que praticamente inexistiu em grande parte de sua história. Havia, entretanto, bordéis, freqüentados por pessoas casadas, por considerarem profanação de seu lar a prática de atos libidinosos, ou seja, sem o fim de procriação. Em Pompéia, existe a "Domus Vitti" a residência da família Vitti, conservada graças às lavas do Vesúvio, que retrata o sistema íntimo romano.

A fertilidade da mulher romana, tutelada pela lei, propiciou a Roma, população crescente, que chegou a dois milhões de habitantes, superior à população atual. Não significa, porém, que fosse ela considerada a "abelha rainha", tipo de matriz reprodutora. A filosofia de vida dos romanos tinha sentido próprio deles, difícil de ser compreendida, devido à supremacia do interesse público na vida dos cidadãos.

Eles faziam a divisão de direitos e obrigações entre homem e mulher, sem o intuito de discriminar ou depreciar. A mulher era considerada e respeitada pelo direito e pela sociedade romana. O marido era o chefe da família, mas a mulher era a chefa do lar: ela decidia sobre a organização doméstica e sobre a educação dos filhos. Para se ter idéia desse respeito, bastaria citar um fato: Roma teve sete reis desde a fundação da cidade; o filho do último rei violentou uma mulher em pleno palácio real. Os romanos expulsaram a família real de Roma e aboliram a monarquia, proclamando a república. No Brasil, o filho do Ministro da Justiça violentou funcionária do palácio da Alvorada e nada aconteceu além de "rigoroso inquérito administrativo".

Mulher símbolo de Roma foi Cornélia, esposa de general, mãe de Caio Graco e Tibério Graco, dois famosos tribunos romanos. Quando lhe perguntaram porque não usava jóias, ela apresentou seus dois filhos como as únicas jóias que desejou. Os romanos homenagearam Cornélia com seu túmulo apresentando uma ovelha comendo flores no jardim, como sinal de doçura. A cidade de São Paulo até que também considerou Cornélia, dando seu nome a uma praça, da qual saem duas ruas com o nome de Caio Graco e Tibério Graco. Apesar disso, o Brasil é bem pobre em homenagear tantas mulheres merecedoras de nossa admiração.

A divisão de atribuições não significa que as reservadas à mulher sejam irrelevantes. O orgulho de Roma eram seus soldados e generais, como Públio Cornélio Cipião; tinham, porém, noção de quem gerou, amamentou e educou seu general; sabiam eles quem fez de Cipião um grande homem, cujo pai estava quase sempre ausente. Ai do filho que maltratasse sua mãe; podia ir à morte ou perder a cidadania, com a perda de todos os direitos civis. Em São Paulo, há pouco tempo, a filha mandou matar sua mãe e seu pai a pauladas e está livre.

5. Importância do direito romano

Não são poucos os que julgam o estudo da história ou da história do direito como "perfumaria", questões despiciendas, estudo de mero diletantismo. Podemos dizer, todavia, que estudar direito sem a sua história é ingressar numa ciência insegura e imprecisa; será conhecimento vago e incerto. Certa professora de matemática escreveu numa obra didática que as dificuldades dos alunos no aproveitamento de sua matéria cessaram quando ela passou a explicar as operações matemáticas pela sua história.

Talvez não seja tão importante saber a história da matemática, da química, da física e outras ciências exatas para a compreensão delas. No que tange, entretanto, às ciências sociais, estejamos certos de que a história delas é de primordial relevância para nos aprofundarmos na compreensão delas. O que podemos então dizer sobre a história de Roma e do direito romano para o estudo do direito brasileiro!

Poder-se-ia ainda argumentar que Roma e o direito romano deixaram de existir há mais de 1.000 anos, em 476, quando Odoacro, rei dos Hérulos conquistou Roma e proclamou o fim do Império Romano. Por que trazer de volta passado tão distante? Diremos, porém, que Roma e o direito romano não morreram, não deixaram de existir. Estão vivos no mundo presente, mesmo no Brasil. O direito brasileiro é o direito romano; herdamos nosso direito da antiga Roma, que percorreu toda a Idade Média e os tempos modernos. É natural que o direito romano adotado no Brasil não poderia ser igual ao direito de 2.000 anos atrás. Foi se aprimorando e adaptando às novas conquistas sociais. A vibração do direito está exatamente na sua forma de amoldar-se a novas situações; é a sua evolução histórica, acompanhando a evolução da sociedade que ele regulamenta.

Por outro lado, a civilização romana se revela em nossa cultura e em nossos costumes. Analisemos o idioma romano, o latim, já que o idioma é o símbolo e fundamento da cultura do povo. O latim foi levado pelas legiões romanas aos diversos territórios que eles incorporaram ao seu império; entre essas regiões estava a Península Ibérica, em que se situam Espanha e Portugal. O latim falado em Portugal foi evoluindo e se transformando pelos séculos que passaram. Há uns 800 anos foi encontrada uma poesia chamada "A Ribeirinha", do poeta Paio Soares de Taveiros, escrita numa linguagem que autorizava a dizer que não era latim mas novo idioma; é o idioma falado em Portugal: o idioma português. Esse idioma foi trazido ao Brasil pelos nossos colonizadores e hoje é o idioma oficial de nosso país. Podemos dizer que o nosso idioma é o latim, mas transformado durante vinte séculos. Podemos dizer, ainda, que o português não vem do latim; é o próprio latim.

Há mais outro aspecto: o Brasil é um país romano, tendo herdado a civilização, a cultura e o direito da antiga Roma. Os orientais comem com pauzinhos e nós com garfo, colher e faca, porque os antigos romanos comiam desse jeito. Um pau d'água de nossos bares não ingere sua cachaça antes de derramar três gotas no chão, sem saber porque agem dessa maneira; é porque os romanos agiam assim, em homenagem aos antepassados. Os caboclos de nosso sertão costumavam enterrar seus mortos à beira das estradas, sem saber que estão dando continuidade à tradição romana de mais de 2.000 anos.

É ponto de honra do estudo do direito o estudo da origem do direito; esta origem está na antiga Roma, capital do vasto império da Antigüidade. Cada instituição jurídica brasileira tem sua fonte no direito romano e só pode ser compreendida cabalmente se estudarmos sua evolução pelos anos e pelos séculos. Estudar o direito de um povo é estudar esse povo desde sua origem, sua integração e formação da sociedade, com as mudanças que toda sociedade apresenta. Transforma-se a sociedade, transforma-se o direito que a rege. Mais importante ainda é saber as causas das transformações; por que mudou a sociedade brasileira? Por que mudou o direito brasileiro? É o estudo humanístico e verdadeiramente científico do direito.

6. Características do direito romano

Caracteriza-se o direito romano pelo rigor, pela exatidão e pelo formalismo. Em mais de 1.200 anos em que ele vigorou, essas características se atenuaram e foram acompanhadas de outras. Foi ainda direito intensamente legislado, o que fez da legislação romana um corpo de leis muito unificado, legado ao mundo posterior como exemplo e fundamento. Esse formalismo e rigorismo retratava o próprio espírito do povo romano, que se apegou à lei, à disciplina e à submissão, desde seus primórdios, como forma de defesa e sobrevivência. Não se esclareceu totalmente porque o romano era tão estóico, tão rígido e disciplinado e apegado à lei, já que suas origens estão envoltas em lendas.

O símbolo de Roma é uma loba amamentando dois meninos. Consta da lenda que Roma teria sido fundada por dois irmãos, Rômulo e Remo, no ano de 753 a.C., os dois meninos da loba, já adultos e líderes de um grupo de homens de origem duvidosa. Segundo a tradição, para se fundar uma cidade, fazia-se um sulco na terra, para estabelecer os limites, erguendo nela as muralhas. Rômulo traçou o sulco na terra com a espada, fazendo seus homens se perfilarem perante ela, declarando que nesse sulco não se ergueriam muralhas, pois estas deveriam ser o valor e a coragem de seus defensores. Deram o nome de Roma, originado das letras de seus fundadores: Rômulo e Remo. Seus habitantes passaram então a se chamar romanos e antes eram chamados de latinos, por habitarem a região central da Itália, chamada de Lácio (Latium).

Rômulo afirmou que a primeira lei de Roma é a da sua fundação e estabelecimento de seus limites; seriam considerados inimigos de Roma e condenados à morte quem transpusesse aqueles limites sem autorização e não obedecessem às suas leis. Remo quis menosprezar essas leis e pulou o sulco, dizendo:

— assim os inimigos de Roma ultrapassarão suas ridículas muralhas.

Rômulo imediatamente decepou a cabeça do irmão com a espada, afirmando:

— assim morrerão os que desobedecerem à lei de Roma.

Foi com esses presságios que se iniciou a história de Roma, refletida no seu direito: respeito à lei e à autoridade de Roma.

Outro fato nos atrai ao espírito de obediência e disciplina dos romanos. Próximo à Roma, junto a Nápoles há as cidades de Pompéia e Herculano, soterradas no primeiro século de nossa era pelas cinzas incandescentes do Vesúvio, vulcão junto a essas cidades. Entretanto, a camada de lavas conservou intactas essas duas cidades e por ela podemos fazer idéia sobre os costumes romanos e interpretar seu direito. À frente do templo de Júpiter foi encontrado o esqueleto de um soldado romano uniformizado e 200 metros adiante outro soldado caído em direção ao templo, levando ordem superior para substituir a sentinela.

A interpretação dessa cena é a de que a sentinela não recebeu autorização para deixar seu posto e morreu na posição de sentido. Seu substituto foi caminhando contra as lavas até cair morto para assumir o posto. Esse fato é decantado no mundo todo e, em certa ocasião, o Ministro da Guerra do Brasil o relatou na proclamação do dia do soldado. Um escritor inglês, ao visitar Pompéia, escreveu que por isso pôde compreender porque Roma dominou o mundo por doze séculos. Essa disciplina romana reflete-se no seu direito.

O patriotismo é outra característica romana refletida no seu direito. Outro fato, ou outra lenda, da história romana retrata a disciplina, o patriotismo, o respeito à lei que dominava seu povo. Vizinho à Roma havia antiga cidade denominada Alba Longa, habitada pelo povo que tomava seu nome, os albanos, que eram também latinos, já que habitavam o Lácio.

Pelo que parece, os romanos eram de Alba Longa e se retiraram da cidade para fundar outra. Os albanos começaram a ver Roma como ameaça à sua segurança e se aprontaram para a guerra. Para evitar derramamento de sangue, decidiram a resolução da litigância por duelo.

Roma indicou três de seus soldados para esse duelo: os irmãos Horácio. Por seu turno, Alba Longa indicou outros três irmãos: os Curiácio. Nas proximidades de um bosque foi estabelecido o campo do duelo, que deveria começar à tarde e terminar na manhã do dia seguinte. Após o primeiro embate, os três irmãos Curiácio ficaram feridos, mas conseguiram matar dois irmãos Horácio. O terceiro Horácio fugiu para o bosque por não poder enfrentar os três adversários. Os pré-vencedores tentaram persegui-lo mas não o alcançaram, por estarem feridos. Os albanos comemoraram previamente a vitória. Ao amanhecer o dia, o Horácio sai do bosque com o corpo dos três adversários. Como estavam feridos foram abatidos um a um. Inverteu-se a vitória e os albanos foram incorporados aos romanos.

Quando chegou à sua casa o Horácio vencedor foi condenado por sua irmã que chorava, por ser noiva de um curiácio morto; o herói transpassou a irmã com a espada, dizendo que deveria morrer quem chorasse a morte de um inimigo de Roma.

Surgiu o direito romano intimamente ligado à religião e essa característica perdurou no período da realeza (753 a.C a 510 a.C.). Na era republicana (510 a.C. a 27 a.C.), o direito foi se tornando mais laico, afastando-se da submissão eclesiástica. O direito recebia o nome de "jus" quando se tratasse de direito leigo, e "faz" quando se referia ao religioso. Dessa influência religiosa, foi constituído tribunal especial, o "Colégio dos Pontífices", também chamado de "Colégio dos Feciais", órgão consultor e legislador, responsável pela criação do direito sagrado, o "faz". O Colégio dos Pontífices era consultado e estabelecia normas de comportamento quando Roma empreendia guerra, ou quando havia alguma controvérsia com povos estrangeiros.

Alguns juristas vêem no *jus feciale* os primórdios do Direito Internacional, mas não chega a ser assim considerado. O Colégio dos Feciais, de efêmera duração, era de caráter mais religioso do que jurídico, por ser formado por sacerdotes e não por jurisconsultos. Os conceitos adotados pelo *jus feciale* tinha mais conotação moral e religiosa, cessando quando o Senado encarregou-se de analisar e decidir sobre os problemas de guerra e paz.

Instituto bastante sério do direito romano era o da responsabilidade. Seu lema *pacta sunt servanda* = os pactos são para serem cumpridos, era levado a extrema rigidez. Não cumprir um compromisso, a palavra empenhada, ocasionava sanções bem severas. Por outro lado eram formais, solenes: quem assumisse obrigações deveria assumi-las de forma clara e formal, não deixando dúvidas. Por exemplo, o contrato, isso é, assunção bilateral de obrigações constava da pergunta de uma parte: *spondes?* (prometes?), e a outra parte tinha que responder claramente:

spondeo (prometo). Quem testemunhasse o compromisso era a garantia de sua existência.

Formalismo, seriedade, conteúdo moral e religioso, disciplina, apego à pátria e às leis: são as características básicas do direito romano. Essas características foram transportadas ao direito moderno.

7. Patrícios e plebeus

Aspecto importantíssimo para o direito romano foi a existência de duas classes sociais: os patrícios e os plebeus. Aliás, nem podem ser consideradas classes, mas castas, pois não havia mistura entre elas e não poderia um plebeu tornar-se patrício. A função do direito é regulamentar o funcionamento da sociedade e esta não pode permanecer sem regulamentação, razão pela qual surgiu um dos mais antigos brocardos jurídicos: *Ubi societas ube jus* = Onde houver sociedade haverá o direito. Havia, por isso, em Roma, dois direitos: o *jus civilis* e o *jus gentium*; o primeiro vigorava para os patrícios e o segundo para os plebeus. Karl Marx citava essa divisão da sociedade romana como sugestivo exemplo da luta de classes, um dos fundamentos do marxismo. Houve realmente luta entre elas e dessa luta resultou a Lei da Doze Tábuas, da qual faremos especial estudo.

Patrícios

Os patrícios constituíam minoria, de mais ou menos 20% da população da cidade, chamada "urbe", mas era a classe dominante, detentora dos poderes políticos e econômicos; só eles podiam ser militares de patente, políticos, sacerdotes, magistrados. Só eles participavam das assembléias *(comitia)* para votar as leis. O direito civil *(jus civilis)* era privativo deles, por ser direito sagrado.

Eram os descendentes dos três povos que formaram a primitiva população romana: latinos, sabinos e etruscos; entre os latinos figuravam também os albanos. Eram bem identificados pelo nome, constituído de três tipos: cognome, gentílico e prenome. O cognome era apelido pessoal e pouco usado, tanto que geralmente era abreviado; o gentílico designava a linhagem dos antepassados e o prenome a família restrita, como pai e irmãos. Veja-se o nome de romanos famosos, como o orador Marco Túlio Cícero. Marco era seu apelido pessoal (cognome), que hoje chamamos de nome. Túlio porque pertencia à "gens" Túlia, primitiva tribo romana: era o nome "gentílico". Cícero era o nome de seu pai e seus irmãos, que hoje chamamos de sobrenome.

Vamos citar outros exemplos: Públio Cornélio Cipião, o famoso general romano, era da gens Cornélia; seu nome pessoal era Públio e Scipião o nome de sua família restrita (pai, mãe e irmãos). Caio Júlio Cesar era da gens Júlia, de seu nome gentílico, e Cesar de sua família. Houve muitas gens famosas como a Fábia e a Lívia, a que pertenciam os senadores Caio Fábio Sila e Marco Lívio Scevola. Só os que tinham o nome gentílico estavam sob o manto protetor do *Jus Civilis*.

Plebeus

A camada inferior da população romana era constituída pelos plebeus. A plebe era formada por estrangeiros (peregrini), vindos das províncias conquistadas e outros que não possuíam *status* de cidadão (quirite). Época houve em que até escravos eram considerados membros da plebe, o que não é de se admirar, pois o grande filósofo grego Aristóteles foi levado como escravo e assessorava a própria casa real. A esses era negado o *Jus Civilis* e a maioria dos direitos políticos e econômicos. Não podiam ocupar cargos públicos e não podiam participar nem mesmo das cerimônias públicas. Entretanto, tinham que pagar impostos.

Pouco a pouco os plebeus foram tomando consciência de seu valor e iniciaram a luta pela conquista de direitos. Em 286 a.C. obtiveram a criação dos "tribunos da plebe", tipo de magistrados eleitos pelos plebeus. Com a Lei Canuléia, em 445 a.C., conseguiram a lei que permitia casamento entre patrícios e plebeus. A conquista máxima dos plebeus é representada pela Lei das Doze Tábuas, em 450 a.C.

Em 450 a.C., os plebeus retiraram-se de Roma e foram habitar uma colina de Roma, chamada de Monte Sacro; cessou a produção agrícola e pecuária, que estava a cargo dos plebeus, uma vez que os patrícios não trabalhavam: seriam reduzidos à fome. Parece ter sido a primeira greve de que se tem notícia. Premidos pela fome, os patrícios enviaram delegação para parlamentar com os plebeus e oferecer certos direitos. Os plebeus concordaram em voltar à Roma e ao trabalho, mas exigiram que os direitos concedidos fossem expressos por escrito. Foi elaborada uma constituição, autêntica carta de princípios e direitos, em doze lâminas de bronze, denominadas tábuas. Foi a primeira constituição da história, embora já tivessem surgido alguns códigos na Antigüidade, como o Código de Hamurabi na Babilônia, o Código de Manu na Índia, a legislação de Sólon em Atenas e a de Licurgo em Esparta. Eram mais conjuntos de normas, sem ter a natureza de constituição.

Foi sendo criado, paulatinamente, o *Jus Gentium*, direito reservado aos plebeus; era mais liberal, sem a rigidez do *Jus Civilis*, para ser aplicado nas relações entre patrícios e plebeus, uma vez que os plebeus foram ampliando suas relações com a camada social dominante. O *Jus Gentium* tinha ainda elementos do direito público, ao regular as relações deles com o Estado romano, por terem conseguido direitos próprios de cidadão.

2. A LEI DAS DOZE TÁBUAS

1. As causas determinantes
2. Os símbolos da justiça
3. O conteúdo das tábuas

1. As causas determinantes

Podemos dizer que a legislação ocidental começou com a Lei das Doze Tábuas, o primeiro código conhecido e de marcante influência no direito dos povos até nossos dias. Alguns o consideram uma carta de princípios, outros a primeira constituição, outros um código, outros um corpo de leis. Sua data está mais ou menos estabelecida com o ano de 450 antes de Cristo, ou seja, 300 anos após a fundação de Roma.

A causa determinante desse corpo de leis foi a luta das duas classes bem nítidas existentes em Roma: patrícios e plebeus. Os plebeus eram a classe produtiva e trabalhadora; eles mantinham a economia do país. Eram os empregados domésticos, os pastores e agricultores, pequenos artesãos. Serviam ao Estado romano mas não tinham direitos; tinham apenas obrigações, como as de pagar os impostos e prestar serviço militar. Não eram considerados cidadãos romanos. Acabaram compreendendo sua força e promoveram um tipo de greve; parece ter sido a primeira greve da história; retiraram-se de Roma, instalando-se numa das sete colinas da cidade, o Monte Sacro.

Sem ter o que comer, os patrícios propuseram acordo, prometendo reconhecer certos direitos aos plebeus; estes porém exigiram que o acordo fosse feito por escrito e os direitos fossem bem expressos, para não dependerem da interpretação dos magistrados, que eram patrícios. As normas foram então gravadas em doze lâminas de bronze, razão por que surgiu o nome de Lei das Doze Tábuas.

Foi nomeada uma comissão elaboradora desse código, a qual se dirigiu à Grécia para estudar a legislação grega, mormente a de Sólon em Atenas e de Licurgo em Esparta. Comentam alguns que, se foram estudar a legislação grega, a Lei das Doze Tábuas não foi a primeira legislação do mundo ocidental, ou seja, não foi pioneira, pois havia direito anterior, em que os romanos se fundamentaram. Todavia, temos pouca documentação do direito grego, do qual se pode reunir referências. Não chega a ser marcante a influência grega no campo jurídico, ante a ausência de códigos. O que sabemos do direito grego é por intermédio das referências a ele feitas pelos romanos.

Uma realidade é certa: a Lei das Doze Tábuas foi o primeiro código do direito romano, e como todos tomam Roma como o berço do direito, é o embrião da legislação ocidental. Foi a maior conquista dos plebeus na luta de vários séculos para equilibrar o direito dos romanos. A Lei das Doze Tábuas deu início a outros passos para estabelecer o império da lei a todo o povo romano. No ano 445 a.C. surge a Lei Canuléia, permitindo o casamento entre patrícios e plebeus. Conseguiram também a criação dos tribunos da plebe, tipo de magistrado que se projetou na magistratura romana. Aliás, a iniciativa e a elaboração da Lei das Doze Tábuas se deve muito a um tribuno da plebe de nome Tirentílio Arsa.

Já na era moderna foi descoberto um código bem mais antigo do que a Lei das Doze Tábuas: é o Código de Hamurabi, um rei da antiga Babilônia dos tempos bíblicos. Foi esculpido em uma pedra de 2,2 m. de altura, em três idiomas falados na Babilônia, região situada entre os rios Tigre e Eufrates, a antiga Pérsia, hoje chamada Iraque. Essa pedra está hoje no Museu do Louvre, em Paris e visitada diariamente por centenas de pessoas; não há dúvida portanto quanto à sua existência. Um lingüista francês conseguiu traduzir esse código quando descobriu que os três idiomas expunham o mesmo texto. A idade dessa pedra é calculada em 3.800 anos, ou seja, mil anos antes da fundação de Roma. Todavia, não pertence ao nosso mundo, que é o ocidental, mas ao mundo oriental, sem influência sobre nós; por isso, não é levado muito em consideração.

2. Os símbolos da justiça

As doze tábuas foram muito prestigiadas e tomadas como símbolo da justiça e invocadas durante séculos. Depois foram usadas em conjunto com outros símbolos, principalmente a deusa Têmis, de origem grega, que hoje predomina de forma isolada. Atualmente, as tábuas ainda são utilizadas como símbolo em separado, às vezes com Têmis, mas, isolada, esta domina totalmente. Têmis era uma lenda grega, filha de Urano (céu) e Gaia (terra); foi esposa de Zeus, divindade suprema grega e mãe de Dikê, também tomada como símbolo da justiça.

Passando para Roma, Têmis recebeu o nome de *Justitia*, mas era a reprodução de Têmis. Tanto Dikê como Têmis não usavam venda e seguravam em uma das mãos a balança representando o equilíbrio e imparcialidade, e na outra mão a espada que representa a sanção, a força, a autoridade. Se elas tinham os olhos abertos, aludia à necessidade da atenção a todos os fatos e atos relevantes do processo judicial.

Quando os símbolos passaram para Roma houve algumas modificações. A princípio, os romanos adotaram só as doze tábuas, mas depois colocaram Têmis junto a elas. A venda nos olhos de Têmis foi cedo introduzida, dando outro sentido: o de imparcialidade e de igualdade: a justiça deve olhar todos como iguais, sem diferenças nem discriminações; a justiça é para patrícios e para plebeus, para pobres e ricos.

A partir da Idade Média passaram a conviver com a Lei das Doze Tábuas e com Têmis, a efígie de Justiniano e a estampa do *Corpus Juris Civilis*. Justiniano como o idealizador do código romano, começou a ser considerado o legislador por excelência, tornando-se símbolo da justiça. O *Corpus Júris Civilis* é um código mais completo e mais moderno do direito romano, adquirindo maior expressão do que a Lei das Doze Tábuas, embora sem a mesma tradição.

3. O conteúdo das tábuas

Vejamos o conteúdo das doze tábuas, levando porém em consideração que algumas tábuas se perderam e outras perderam alguns artigos.

Tábua I – *De in jus vocando* = Do chamamento a juízo

A primeira tábua contém nove artigos, de caráter nitidamente processual. Nota-se que a Lei dá ao cidadão força jurídica para exercer seus direitos mesmo sem exigir a intervenção do aparelhamento do Estado. O autor da ação notificava o réu, não havia necessidade de intimação judicial. A justiça era exercida pelo magistrado, chamada normalmente de pretor. Estava prevista a transação, hoje em nossos Código Civil e Código de Processo Civil.

Tábua II – *De judiciis* = Das instâncias judiciárias

As partes deveriam depositar uma importância em juízo para garantia, que recebia o nome de *sacramentaum*. O processo era bastante formal; aliás, o formalismo foi uma das principais características do direito romano. Interessante é notar que desde aquela época (450 a.C.) era adotada a arbitragem. Esse instituto de origem grega, é hoje regulamentado no Brasil pela Lei 9.307/96. Consta do julgamento de um conflito entre partes por juiz escolhido por elas e o direito a ser aplicado também é escolhido pelas partes. Entre as diversas diferenças entre a arbitragem e a jurisdição oficial é que nesta o juiz é colocado pelo Estado, que também estabelece o direito que regerá o processo.

Tábua III – *De aere confesso rebusque jure judicatis* = Da execução em caso de confissão ou de condenação

Esta tábua ainda consta de normas processuais, mas agora na fase de execução, ou seja, trata-se de direito líquido e certo, ou processo já julgado. É dado o prazo de 30 dias para o devedor cumprir sua obrigação (o calendário romano não tinha meses). Previa prisão por dívida, o que hoje é constitucionalmente proibido em nosso país. Podia ainda ser vendido como escravo para fora de Roma.

Tábua IV – *De jure pátrio* = Do pátrio poder

As tábuas IV e V referem-se ao Direito de Família. Dava poderes fortes ao chefe de família (paterfamilias) a quem a mulher era subordinada. Disposição desumana herdada dos gregos era a de que a criança que nascesse com grave defeito ou deficiência (era chamada monstro) deveria ser sacrificada pois daria trabalho e prejuízos à sociedade.

Se houvesse divórcio, a mulher levava a pior; poderia deixar a casa e as chaves dela. A viúva poderia ter filho só até dez meses após a morte do marido; passando esse período, a criança que nascesse não poderia ser considerada legítima.

Tábua V – *De haereditatibus et tutelis* = Da tutela hereditária

Refere-se mais ao Direito das Sucessões. A mulher está sob a tutela perpétua, a princípio do pai, depois do marido. Os romanos, desde a Lei das Doze Tábuas até o final do Império, davam muito valor ao testamento, ou seja, à sucessão testamentária. O que o pai da família dispusesse em testamento teria força de lei. Se alguém não deixar testamento, o sucessor consangüíneo (agnato) recolherá a sucessão e será o tutor legítimo de sucessores incapazes.

Tábua VI – *De domínio et possessione* = Da propriedade e da posse

Estabelece normas sobre o Direito das Coisas. Dava-se a usucapião pela posse do imóvel por dois anos e das coisas móveis por um ano. Se houver discussão entre duas partes a respeito de domínio e da posse, cabe a solução ao magistrado. O contrato de compra e venda só se perfaz com o pagamento do preço; assim, se o vendedor entrega a coisa vendida, perderá a posse, mas não o domínio; o comprador só terá o domínio pleno (propriedade e posse) no momento em que pagar o preço.

Tábua VII – *De jure praedium ed agrorum* = Do direito referente aos edifícios e terras

Entre dois edifícios, deve haver sempre espaço de 23,5 pés para a circulação. Essa disposição não é seguida em alguns Estados do Brasil. É o que se vê em Copacabana, onde os prédios foram construídos um pegado ao outro, não sobrando vão para a circulação do ar ou de pessoas.

Tábua VIII – *De delictis* = Dos delitos

Entra no campo do Direito Penal. É a tábua dos delitos e das penas. Os crimes contra a honra (calúnia, injúria e difamação) são punidos com a morte. A difamação pode ser punida com multa, ou o ofendido poderá aplicar a pena que quiser, dentro das devidas proporções.

No caso de lesões corporais graves, como o de inutilizar um membro de outrem, sofrerá pena de talião: olho por olho, dente por dente, a menos que tenha transigido com o mutilado. Se provocar fratura ou ferimento, deveria pagar multa. Se provocasse acidente estaria obrigado à reparação dos danos causados. Se provocasse incêndio num edifício ou moinho de trigo, poderia ser flagelado e submetido à morte; se o incêndio tiver sido causado por negligência, o culpado deveria reparar o dano.

Cortar árvores de outrem era crime punido com multa. Não se podia levar rebanho para pastar em pasto alheio e se o rebanho causasse destruição de colheitas poderia acarretar a morte do culpado; se este fosse impúbere seria castigado de acordo com a situação.

Tratando-se de crimes contra o patrimônio alheio, a vítima que tiver matado um ladrão em defesa de seu patrimônio será absolvida; se o ladrão fosse surpreendido e atacado, poderia defender-se mas não com armas. A vítima poderia optar por dar uma surra no ladrão se este fosse homem livre, mas se fosse escravo, seria jogado pelo despenhadeiro; se fosse impúbere, poderia ser açoitado e obrigado a reparar o dano. Não era permitida a usucapião de uma coisa que tivesse sido roubada.

A Lei da Usura era prevista nesta tábua; não era permitida a cobrança dos juros de mais de 1% ao mês, critério que permanece em nosso direito até hoje.

A pena de morte era atribuída ainda ao incendiário; quem causar incêndio num prédio ou moinho de trigo será amarrado, flagelado e morto pelo fogo, se o crime for doloso, mas se for culposo deverá reparar o dano causado.

As associações eram livres para se constituírem e estabelecerem seu estatuto, sem interferência do poder público, desde que não fosse contrário à lei, à ordem pública e aos bons costumes. A liberdade de associação foi assegurada no Brasil pela Constituição de 1988 e pelo Código Civil de 2002. A regulamentação desse tipo de pessoa jurídica só se deu com o novo Código Civil.

Quem testemunhasse um crime estava obrigado a depor em juízo, sob pena de ser declarado infame e posteriormente ser impedido de testemunhar quando quisesse, e exigir que alguém testemunhasse por ele.

Tábua IX – Perdeu-se

Tábua X – *De jure sacro* = A respeito do direito canônico

Traz as normas do direito que hoje denominamos "canônico" e outros "eclesiástico".

Os romanos chamavam-no de "direito sagrado". O enterro dos mortos deveria ser discreto, sem pompas e choros imoderados, pois eles devotavam profundo respeito aos mortos. Não poderia haver banda de mais de dez tocadores de flauta. Os mortos não poderiam ser sepultados na cidade, mas nas redondezas. Era permitida a incineração, mas realizada fora da cidade; a lenha da fogueira funerária não podia ser polida. Não era permitida a exumação, a não ser quem morresse em combate fora de Roma e depois para que os ossos fossem transportados para o solo romano.

Tábua XI – Perdeu-se

Tábua XII – *De pignoris capio* = Da apreensão do penhor

Essa tábua retorna ao Direito das Coisas, cuidando mais do penhor de coisas móveis. Se um escravo ou um impúbere apropriar-se de bem alheio, sendo eles inimputáveis, seu responsável sofreria as penas da lei. Se alguém simulasse posse de coisa provisória, poderia haver a nomeação de três árbitros (juízes escolhidos pelas partes), para julgar a questão. O simulador deveria restituir em dobro os frutos da coisa retida indevidamente.

3. PRINCÍPIOS GERAIS DO DIREITO
(Filosofia do Direito Romano)

1. Conceito
2. Os princípios mais comuns
3. Princípios modernizados

1. Conceito

Não se chega a um denominador comum na consideração do que seja a expressão: "Princípios Gerais do Direito – PGD". Afirmam uns que seja o primitivo direito romano expresso nas máximas dos grandes jurisconsultos da antiga Roma; outros, que seja a filosofia do direito; outros, o Direito Natural; outros, que sejam as causas do direito. O art. 4.º da Lei de Introdução ao Código Civil adotaos, mas não estabelece parâmetros para ele, deixando a cargo da doutrina cogitar do verdadeiro sentido dos princípios. Diz o art. 4.º apenas:

> *"Quando a lei for omissa, o juiz decidirá o caso de acordo com a analogia, os costumes e os princípios gerais do direito".*

Assim sendo, estando a cargo de quem estuda criteriosamente o direito examinar o conceito dos princípios gerais do direito, preferimos optar pela primeira das considerações acima expostas. Consideraremos como PGD os fundamentos mais elevados do direito, estabelecidos na antiga Roma e expressos nos brocardos, máximas, aforismos que nos legou o direito romano. Alguns estão no Digesto, como normas estabelecidas; outros foram bases de raciocínio elaboradas por jurisconsultos famosos, como Ulpiano, Modestino, Papiniano, Paulo, Gaio e outros. Para fazermos melhor idéia, procuraremos aqui expor alguns deles, com breve interpretação.

2. Os princípios mais comuns

ACCESSORIUM SEQUITUR SUUM PRINCIPALEM (O acessório segue o seu principal)

É muito aplicado no Direito Contratual e no Direito das Coisas, como em outros ramos do direito. Está expresso em nosso Código Civil: "Salvo disposição em contrário, a coisa acessória segue a principal". Este princípio fundamenta ainda os arts. 1.209, 59, 364 e 287 do Código Civil de 2002.

ALLEGANS NIHIL E ALLEGATUM NON PROBARE PA-RIA SUNT (Nada alegar e alegar sem provar é o mesmo que não alegar)

É muito invocado no Direito Processual. O juiz julga a questão de acordo com as provas que constam dos autos. O que falam as partes deve ser corroborado pelas provas.

ALLEGATIO PARTIS NON FACIT JUS (A alegação das partes não faz o direito)

É paralelo ao anterior. As partes de um processo defendem o que julgam ser seu direito, mas só terá poder de lei a decisão judicial.

ADULTERIUM ACCESSIO AD ULTERIUM ALLIENUM EST (O adultério é o acesso ao interior alheio)

Esse princípio fundamenta o conceito de adultério, que exige penetração no organismo da mulher alheia. Não se constitui de contato superficiais.

ALIUD PRO ALIO INVITO CREDITO DARI NON POTEST (Se alguém deve coisa certa, não deve dar uma coisa por outra)

Se alguém deve dinheiro a um credor, deve pagar sua dívida em dinheiro, ou seja, a obrigação deve ser cumprida conforme foi assumida. A dação em pagamento pode ser aceita pelo credor, que entretanto, não está obrigado a aceitá-la. Está projetado nos arts. 356 e 313 do Código Civil.

ALIUD EST DARE, ALIUD PROMITTERE (Uma coisa é dar, outra prometer)

Dar gera transferência de propriedade; prometer gera obrigação.

BENEFICIUM JURIS NEMINI EST DENEGANDI (Não se pode denegar a quem quer que seja o benefício da lei)

Todos têm o direito de invocar a lei em seu favor. Sente-se esse princípio no inciso XXXVI de nossa Constituição: "A lei não excluirá da apreciação do Poder Judiciário lesão ou ameaça a direito".

CEDANT ARMAE TOGAE (Cedam as armas à toga)

No estado de direito a força não deve prevalecer sobre a lei; na solução dos conflitos humanos as armas e a força devem ser substituídas pelo direito e pela justiça.

CONFESSIO EST PROBATIO OMNIBUS MELIOR (A confissão é a melhor de todas as provas)

CONFESSIO PRO JUDICATO HABETUR (A confissão é tida como coisa julgada)

Realça o valor da confissão como prova, razão por que ela é chamada de "rainha das provas".

CAUSA PRAECEDERE EFFECTUM DEBET (A causa deve preceder ao efeito)

CAUSA COGNOSCITUR AD EFFECTUM (Conhece-se a causa pelo efeito)

As conseqüências de um ato jurídico adicionam um juízo de valor a esse ato. No Direito Penal, quando não for conhecido o autor de um crime, deve-se inquirir a quem beneficiaram os efeitos desse crime.

CAUSA SUFFICIENS MATRIMONII CONSENSUS EST (A causa suficiente do matrimônio é o mútuo consenso)

CONSENSUS NON CONCUBITUS FECIT NUPTIAS (O consenso e não a vida em comum fazem o casamento)

Enfatiza a amor mútuo como a causa principal do casamento.

DA MIHI FACTI, DABO TIBI JUS (Dá-me o fato, dar-te-ei o direito)

O direito surge dos fatos e aplica-se aos fatos. De acordo com os fatos jurídicos, escolhe-se o direito a eles aplicado.

DE MINIMIS NON CURAT PRAETOR (O pretor não cuida de coisa irrelevante)

Os objetivos mais elevados do direito não devem ser absorvidos pelos pormenores. Num processo, será desvio da questão (*ignoratio elenchi*) discutir um pormenor que não tenha relevância com seu objetivo.

DIES INTERPELLAT PRO HOMINE (O dia interpela pelo homem)

O dia do cumprimento de uma obrigação deve ser mantido na lembrança de um devedor. Um empregador, por exemplo, está na obrigação de saber quando deve pagar o salário de seus empregados, não havendo necessidade de ser interpelado.

DORMENTIBUS NON SUCCURRIT JUS (O direito não socorre aos que dormem)

É o fundamento da prescrição. O direito é um instrumento de ação e deve ser defendido com ela; quem não o exerce e não luta por ele, perde sua capacidade defensiva.

DUM TACENT CLAMANT (Enquanto calam gritam)

Esta frase foi extraída do famoso discurso do grande orador e jurista romano Marco Túlio Cícero, denominado "Catilinárias". Uma canção brasileira também diz: "A resposta é o silêncio". Dá a entender que deve consentir quem fica quieto. Todavia, a moderna teoria do "silêncio na manifestação da vontade" tem sido mais explícita: "Quem cala quando pode e deve falar parece consentir".

DURA LEX SED LEX (A lei é dura mas é lei)

Radicaliza a aplicação da lei, baseando-se nos seus rigores. Não leva em consideração a eqüidade ou benefícios sociais que a aplicação da lei deva atingir. Choca-se esse princípio com o que dispõe o art. 5.º da Lei de Introdução ao Código Civil: "Na aplicação da lei, o juiz atenderá aos fins sociais a que ela se dirige e às exigências do bem comum".

ES MODUS IN REBUS (Haja moderação nas coisas)

De certa maneira, contrapõe-se ao anterior. Preconiza a moderação e a eqüidade, esta última também conhecida como princípio *ex aequo et bono*. Procura refrear os extremismos.

EXCEPTIONIS SUNT STRICTISSIMAE INTERPRETATIONIS (As exceções são de interpretação restrita)

Fatos isolados ou excepcionais não são suficientes para fundamentar uma lei ou uma decisão judicial. Da mesma forma, toda solução excepcional não deve ultrapassar ao caso que solucionou.

FACTUM NEGANTIS NULLA PROBATIO EST (Não é preciso negar o que se nega)

Quem afirma deve provar o que diz, mas não quem nega. Não há necessidade, por exemplo, de provar que saci-pererê não existe.

IN CLARIS CESSAT INTERPRETATIO (Na clareza não há necessidade de interpretação)

O que estiver claro dispensa discussões. É muito inseguro esse princípio. Por mais clara que seja a lei, deve ser interpretada cuidadosamente para a sua aplicação.

IN DUBIO PRO REO (Na dúvida, decida-se a favor do réu)

ABSOLVERE NOCENTEM SATIUS EST QUAM CONDEMNARE INNOCENTEM (Absolver um culpado é preferível do que condenar um inocente)

Alguém só deve ser condenado se não houver dúvidas quanto à sua responsabilidade. Se houver dúvidas, a decisão deve ser favorável a quem é imputada a culpa, pois é preferível absolver um culpado do que se arriscar a condenar um inocente.

JURIS PRAECEPTA HAEC SUNT: HONESTE VIVERE, NEMINEM LAEDERE, SUUM CUIQUE TRIBUERE (Os preceitos jurídicos são estes: viver honestamente, a ninguém prejudicar, atribuir a cada um o que é seu)

Interpretado por muitos juristas como o mais importante princípio geral do direito, foi formulado por Ulpiano e consta das *Institutas*. Consideram alguns como o verdadeiro conceito do direito. Viver honestamente é a observância das leis e dos costumes. A ninguém prejudicar é fazer uso da liberdade observando-se os limites que ela sofre, ou seja, onde começa a liberdade de nossos semelhantes. Atribuir a cada um o que é seu é dar a cada um o que lhe é devido; representa o cumprimento das obrigações para com aqueles que sejam credores dessas obrigações.

JUS ET OBLIGATIO CORRELATA SUNT (Direito e obrigação são correlatos)

A toda obrigação corresponde um direito e vice-versa. Não há credor sem devedor, como não há crédito sem débito. Se alguém está constrangido ao cumprimento de uma obrigação, é porque alguém tem o direito de exigir o cumprimento dessa obrigação.

JUS PUBLICUM PRIVATORUM PACTIS NON POTEST DEROGARE (Uma convenção entre a partes privadas não derrogar uma lei de ordem pública)

Consagra o predomínio do Direito Público sobre o Direito Privado, ou o interesse público sobre o particular. Os interesses da coletividade devem predominar sobre os das pessoas privadas e, por isso, uma lei de ordem pública não pode ter seus efeitos anulados por acordo entre pessoas privadas. Por exemplo: empregado e empregador celebram contrato de trabalho, dispensando a concessão de férias; esse acordo não pode ter validade, por afrontar o interesse público.

LEX POSTERIOR DEROGAT PRIORI (A lei posterior derroga a anterior)

Uma lei nova, que estabeleça determinadas disposições, revoga disposições anteriores que lhe sejam conflitantes. Este princípio está presente em nosso sistema jurídico, previsto no art. 2.º da Lei de Introdução ao Código Civil.

NEMO AUDITUR PROPRIAM TURPITUDINEM ALLEGANS (Ninguém pode alegar a própria torpeza em sua defesa)

Ninguém pode invocar perante a justiça um ato imoral que tiver praticado para fazer dele um princípio de ação, fazer de sua indignidade uma justificativa para reclamar direitos.

NEMO LOCUPLETARI SINE CAUSA POTEST (Ninguém pode enriquecer sem causa)

Condena o enriquecimento por fatores à vontade do agente. Baseada nesse princípio, foi criada a "contribuição de melhoria", tipo de tributo sobre o enriquecimento sem causa. Não se trata de enriquecimento ilícito, mas sem que tenha havido trabalho que o justifique.

NEMO AD IMPOSSIBILIA TENETUR (Ninguém está obrigado ao impossível)

Uma relação jurídica deve ter um objeto lícito e possível. Será nula uma convenção que exige de uma das partes uma obrigação superior às suas forças. Será a chamada cláusula leonina.

NEMO POLUS JURIS AD ALTERUM TRANSFERRE POTEST QUAM IPSE HABET (Ninguém pode transferir a outrem mais direitos do que possui)

De certa forma esse princípio baseia-se no anterior. Será impossível a alguém ceder mais direitos do que aqueles que detém. Um credor, por exemplo, só poderá perdoar o valor de sua dívida.

NEMO ESSE DEBITOR SUI IPSIUS POTEST (Ninguém pode ser devedor de si mesmo)

Numa relação jurídica, deve haver duas partes distintas: o devedor e o credor, ou seja, quem deve cumprir uma obrigação e quem pode exigir o cumprimento dessa obrigação. É nulo um débito para consigo mesmo, isto é, em que o credor e o devedor sejam a mesma pessoa.

NEMO INAUDITUS DAMNARI POTEST (Ninguém pode ser julgado sem saber)

É princípio de natureza processual, pelo qual uma pessoa não pode ser julgada e condenada sem ser comunicada do julgamento e lhe seja oferecida oportunidade de defesa.

NEMO ESSE JUDEX IN CAUSA PROPRIA POTEST
(Ninguém pode ser juiz em causa própria)

O juiz deve ficar entre as partes e acima delas, não podendo ainda ter qualquer interesse no julgamento. Se o julgamento de uma questão trouxer vantagem ou prejuízo ao juiz, estará ele julgando em causa própria. Caso uma das partes sinta essa situação poderá opor EXCEÇÃO contra o exercício das funções jurisdicionais. Ou então, poderá anular o julgamento.

NEMINEM LAEDIT QUI SUO JURE UTITUR (Quem exerce seu direito a ninguém prejudica)

Não pode assumir responsabilidade por prejuízos quem exerce um direito seu, legitimamente protegido, a menos que haja abuso do direito. Protestar um título vencido e não pago constitui ato lícito, mesmo que venha a causar prejuízo ao devedor inadimplente.

NON OMNE QUOD LICET HONESTUM EST (Nem tudo que é legal é honesto)

Não há perfeita coincidência entre o direito e a moral. Uma ação desonesta pode não ser prevista ou vetada pela lei. É possível ainda que uma lei estabeleça uma relação jurídica injusta. As leis da África do Sul garantiam, por exemplo, excessivos direitos aos brancos e poucos aos negros; essa discriminação é legal pois está na Constituição do país, mas se choca com a consciência moral da humanidade.

NULLUM JUS SINE ACTIO (Não há direito sem ação)

Para que um direito subsista, necessária será a ação judicial que o assegure; uma força coativa. Direito sem força é faca sem gume: inoperante. Esse princípio está previsto em nosso sistema, principalmente no CPC: "A todo direito corresponde uma ação que o assegura".

NULLUM CRIMEN SINE LEGE; NULLA POENA SINE LEGE (Não há crime sem lei; não há pena sem lei)

Para que um ato seja considerado delito, deverá a lei prescrever sua ilicitude e a pena que o ato provoca. Projeta-se no art. 1.º de nosso Código Penal: "Não há crime sem lei anterior que o defina. Não há pena sem prévia cominação legal". Consta também no inciso XXXIX do art. 5.º da Constituição Federal: "Não há crime sem lei anterior que o defina, nem pena sem prévia cominação legal".

NON BIS IN EADEM (Não é possível duas condenações sobre o mesmo fato)
Para cada falta existe uma sanção. Não se pode punir duas vezes a mesma falta.

OBSERVANTIA LEGUM SUMMA LIBERTAS (A observância das leis é a suma liberdade)
Quem anda dentro da lei não será importunado por ela. Quem cumpre suas obrigações e age honestamente não será incomodado pela polícia e pela justiça, a não ser excepcionalmente.

ONUS PROBANDI INCUMBIT EI QUI DICIT NON QUI NEGAT (O ônus da prova incumbe a quem alega e não a quem nega)
Quem alega, quem ataca, quem age deve provar o que afirma. Quem se defende está liberado de prova. Combina com o princípio já visto do *ACTORE NON PROBANTE, REO ABSOLVITUR* (O autor não provou, o réu foi absolvido)

PACTA SUNT SERVANDA (Os compromissos são para serem cumpridos)
Todo aquele que assume uma obrigação está constrangido a cumpri-la, sob pena de assumir a responsabilidade pela inadimplência.

PERMITTITUR QUOD NON PROHIBITUR (O que não é proibido é permitido)
Vigora no direito o regime de liberdade e responsabilidade de ação. Podemos fazer o que a lei permite ou não proíbe, pois não é delito. Há um provérbio nosso com esse sentido: "proibir o abuso é consagrar o uso".

PATER EST QUEM JUSTAE NUPTIAE DEMONSTRANT (Pai é quem as justas núpcias demonstram)

Muitos consideram a maternidade um fato e a paternidade uma presunção. Entretanto, as justas núpcias, vale dizer, o casamento legítimo e válido faz do pai um pai de fato e de direito.

QUI EXCIPIT NON FATETUR (Quem apresenta exceção não consente)

Quem contesta uma ação ou uma acusação demonstra estar em descordo.

QUI MANDAT SOLVI IPSE VIDETUR SOLVERE (Quem manda pagar é considerado o próprio pagador)

O pagamento libera o devedor tanto se ele próprio pagou, como se mandou alguém pagar. Manifesta-se principalmente nos arts. 930 e 931 do Código Civil.

QUOD NULLUM EST NULLUM EFFECTUM PRODUCIT (O que é nulo nenhum efeito produz)

EX NIHILO, NIHIL (Do nada, nada se tira)

Um ato nulo não tem conseqüências jurídicas em favor de quem o praticou. Um documento nulo não pode produzir efeitos favoráveis a quem o utilize. Tem o mesmo sentido de que do nada, nada se pode extrair.

QUOD ABONDAT NON VITIAT NEC NOCET (O que está em abundância não vicia nem prejudica)

Excesso de provas, pode ser demasiado mas não prejudica. Mais alegações do que as necessárias também não. Todavia, o excesso poderá confundir, se não for colocado de forma adequada.

MOBILIA SEQUUNTUR PERSONAM (Os móveis seguem a pessoa do dono)

Presume-se que as coisas móveis sejam cuidadas e levadas pelo seu dono. É o elemento de conexão adotado no Direito Internacional Privado. Se um passageiro encontra-se no aeroporto com uma mala na mão, presume-se que essa mala seja sua. Não se aplica esse princípio aos imóveis; estes se ligam ao local em que se encontram.

MORS OMNIA SOLVIT (A morte tudo resolve)

Aplica-se no Direito Penal. Se o réu falecer antes do julgamento, não mais poderá ser julgado, pois não será possível prender um morto. Nem sempre se aplica esse princípio. No Direito das Sucessões, por exemplo, a morte não dá o fim mas, ao contrário, o começo à sucessão.

RES INTER ALIOS JUDICATA ALIIS NECQUE NOCET NECQUE PRODEST (A coisa julgada entre as partes não prejudica nem beneficia terceiros)

A decisão tomada pelo juiz num processo produz efeitos para as partes nele envolvidas. Não poderá, entretanto, ter efeitos *erga omnes*, ou seja, criar obrigações para terceiros não envolvidos nesse processo.

RES JUDICATA PRO VERITATE HABETUR (A coisa julgada é tida como verdade)

RES JUDICATA FACIT DE ALBO NIGRUM (A coisa julgada faz do branco, negro)

MAGISTRATUM ESSE LEGEM LOQUENTEM (O magistrado é a lei que fala)

Tendo sido um processo já julgado, com sentença irrecorrível, não caberá mais discussão sobre o mérito da questão.

SIMUL ESSE ET NON ESSE NON POTEST (Não é possível ser e não ser ao mesmo tempo)

Equivale ao princípio lógico da identidade: uma coisa deve ser idêntica a si mesma. Uma afirmação pode ser verdadeira ou falsa, mas não verdadeira e falsa ao mesmo tempo e nas mesmas condições.

SUMMUM JUS SUMMA INJURIA (A maior justiça é a maior injustiça)

O direito não pode ser levado a ferro e fogo. Se for aplicado com excessivo rigor, transformar-se-á em injustiça. Contrapõe-se aos rigores da *DURA LEX SED LEX*. Há um princípio do direito francês que lhe é semelhante: *Un droit porté três loin devient une injustice* (Um direito levado ao extremo torna-se uma injustiça.

TESTIS UNUS TESTIS NULLUS (Testemunha única, testemunha nula)

Faz restrição sobre a capacidade da percepção humana das coisas e relato dos acontecimentos. Todavia, esse princípio não pode ter interpretação radicalmente gramatical. Uma só testemunha pode tomar conhecimento preciso de um fato e relatá-lo com fidelidade.

UBI NON EST LEX NEC PREVARICATIO (Onde não há lei não se deve prevaricar)

Mais ou menos esse princípio corrobora o do *NULLUM CRIMEN SINE LEGE*. O que a lei não diz, não cabe ao intérprete dizer por ela.

UBI EADEM EST RATIO, EADEM EST JUS DISPOSITIO (Onde existe a mesma razão, deve reger o mesmo dispositivo legal)

"É a consagração da analogia. Um determinado fato bem semelhante a outro deve ser regido pela mesma norma legal. Deve ser feita a comparação entre os fatos e as normas.

UBI SOCIETAS UBI JUS (Onde houver sociedade haverá o direito)

Determina a função da lei, que é a de regulamentar o funcionamento da sociedade. A lei surge da sociedade que deve existir. Onde houver um só homem, não poderá haver o direito.

UBI LEX NON DISTINGUET, NEC NOS DINTINGUERE DEBEMUS (O que a lei não distingue, nem nós devemos distinguir)

O que a lei não fala, o intérprete não pode dizer por ela. A lei não pode brotar da imaginação do leitor, vale dizer, deve ser interpretada de forma literal, científica e doutrinária, sem criar idéias que não estejam nem na letra nem no espírito da lei.

UTILE PER INUTILE NON VITIATUR (O que é útil não deve ser prejudicado pelo que for inútil)

Um pormenor não deve prejudicar o todo. Por exemplo: uma cláusula contratual defeituosa não deve anular um contrato útil e válido.

VERBA VOLANT SCRIPT MANENT (A palavra voa, o escrito permanece)

É o princípio que justifica o direito legislado, a lei escrita. Afirmam alguns que a palavra "lei" origina-se de *legere* = ler, devido ao caráter escrito da lei. Se o direito romano não fosse escrito, não teria se salvado, nem haveria o *Corpus Juris Civilis*.

VOX POPOLI VOX DEI (A voz do povo é a voz de Deus)

Ressalta a força dos costumes, a vida normal do povo abrangido pela lei. Ao mesmo tempo em que a lei regulamenta a sociedade, sofre a influência dela. Não se refere esse princípio propriamente à opinião pública, mas ao comportamento público. Na antiga Roma, as leis eram votadas em praça pública, com o povo aprovando uma lei em alta voz; era a chamada *lex rogata*. Está esse princípio na Declaração dos Direitos do Homem e do Cidadão.

3. Princípios modernizados

Diversos outros princípios começaram a se vulgarizar na Idade Moderna, mas de uma forma ou outra ligavam-se ideologicamente à filosofia do direito romano. Nesse aspecto, a França, a Itália e a Alemanha realçaram-se entre os demais países. Apresentamos então alguns exemplos dessa contribuição.

PENSIERO NON PAGA GABELLA (Pensamento não paga imposto)

Um fato ou ato jurídico deve ser considerado pela sua exteriorização e seu efeito. O que estava na intenção de quem o praticou está exclusivamente no seu pensamento.

CHI LASCIA LA STRADA VECCHIA POR UMA NUOVA, SA QUELLA CHE LASCIA, MA NON AS QUELLA CHE TROVA
(Quem deixa a estrada velha por uma nova,
Sabe aquela que deixa, mas não sabe aquela que encontra)

O medo do desconhecido impede o progresso e a modernização. As instituições públicas encontram enorme dificuldade de evoluir e modernizar-se, devido ao receio do desconhecido, ou seja, de que privilégios sejam ameaçados.

FATTA LA LEGGE, TROVATO LO SBAGLIO (Feita a lei, descobre-se a falha)

Não há lei perfeita nem completa; sempre há pontos duvidosos, que exigem interpretação para melhor aplicação. Cada interessado procura interpretar a lei a seu modo e adaptá-la aos seus interesses, procurando um ponto obscuro em que possa se apegar para trazer a justiça a favor de seus interesses.

FRA DUE LITIGANTI IL TERZO GODE (Entre dois litigantes o terceiro se beneficia)

O litígio sempre causa desgaste para ambas as partes, mas alguém se aproveita da situação. Em termos de Direito Empresarial, por exemplo, se duas empresas entram em litígio na justiça, os concorrentes acompanham a demanda com muito interesse, pois algum benefício lhes traz.

QUANDO IL DIAVOLO TI ACAREZZA É SEGNO CHE VUOLE TUA ANIMA (Quando o diabo te acaricia, é sinal que quer tua alma)

Quando alguém é muito solícito a nos auxiliar, é sinal que pretende obter alguma vantagem.

L'OZIO È IL PADRE DI TUTTI I VIZI (A ociosidade é o pai de todos os vícios)

A vadiagem é a grande causa dos crimes. Quem não tem o que fazer, quem não trabalha, tem que encher o tempo e facilmente se resvala para atos que preencham seu tempo e proporcionem lucros, caindo facilmente nas malhas do crime. O trabalho honesto e persistente, por outro lado, mantém o ser humano sem tempo para prejudicar seu semelhante.

DOVE C´ È L´INNOCENZA NON MANCA LA PROVIDENZA (Onde há a inocência não falta a providência divina)

Quando alguém age de boa-fé, quem é inocente parece ter a proteção de Deus, pois a justiça dificilmente se abate sobre os inocentes.

DIS-MOI QUI TI HANTES JE TE DIRAI QUI TU ES (Diga-me com quem andas e dir-te-ei quem és)

As companhias costumeiras de alguém é normalmente o retrato de seu caráter. Quem anda em boa companhia é gente boa, pois ninguém aceita a companhia de malandro, a não ser que também o seja. Quem é pego na companhia de criminosos, sempre é olhado com suspeita.

A BON CHAT BON RAT (A bom gato bom rato)

O malandro sempre acaba encontrando alguém mais malandro do que ele. Quem vive no mau caminho sempre encontra a traição ou o revertível.

ABSENT LE CHAT, DANSENT LES RATS (Se o gato está ausente, os ratos dançam)

Se a justiça e a polícia forem falhas ou ausentes os infratores da lei pululam.

BOIRE, MANGER E COUCHER ENSEMBLE, C´EST MARIAGE CE ME SEMBLE (Beber, comer e dormir juntos, é casamento pelo que me parece)

Reconhece o casamento de aparência, independente de chancela legal. Retrata o concubinato. No direito romano não bastava casar, mas também viver como casados.

LA LOI NE DISPOSE QUE POUR L´AVENIR (A lei só dispõe para o futuro)

É o princípio da irretroatividade da lei. A lei não se aplica a fatos ocorridos antes dela.

PAS DE NULITÉ SANS GRIEF (Não há nulidade sem prejuízo)

Se um ato, embora irregular, não causar prejuízos, não haverá razão para que se pretenda anulá-lo, porquanto não há reparação.

QUI PAIT MAL, PAIT DEUX FOIS (Quem paga mal, paga duas vezes)

Adverte para o pagamento irregular ou malfeito, ou feito a pessoa indevida.

4. *CORPUS JURIS CIVILIS*

1. A cultura romana no Brasil
2. A codificação romana
3. O Código (Codex)
4. O Digesto (ou Pandectas)
5. As Institutas
6. As novelas
7. A Escola de Recife e o pensamento brasileiro

1. A cultura romana no Brasil

Se examinarmos nosso Código Civil, tanto o atual como o antigo, notaremos que ele tem a mesma estrutura, a mesma distribuição que os demais códigos. Consta de vários livros: Parte Geral, Direito das Obrigações, Direito dos Contratos, Direito das Coisas, Direito de Família, Direito das Sucessões. Artigos há de nosso código iguais aos de algum outro código, parecendo que eles tomaram por base algum código anterior. É o que parece mas é o que também acontece. Todos eles partiram de código-padrão, denominado *Corpus Juris Civilis*. É o código do direito romano.

Para maior compreensão do direito brasileiro, teremos que fazer história, teremos que voltar à Antigüidade, ao antigo Império Romano, que floriu por mais de doze séculos: o berço da civilização ocidental. O direito brasileiro é romano; o povo brasileiro é romano, a cultura brasileira é a cultura romana. Por isso, para compreendermos melhor o Brasil é conveniente voltarmos à antiga Roma. No que tange ao direito, a inspiração romana é ainda mais profunda.

Observemos um pau d'água de nossos bares; notaremos que ele não bebe a cachacinha dele sem derramar três gotas no chão. Não sabe ele o porquê, mas sabe que obedece à tradição, que vem da antiga Roma desde 2.500 anos. Os romanos, muito anos antes de Cristo cultivavam a vinha e produziam vinhos preciosos. Beber vinho era quase uma cerimônia, a que davam o nome de "libação"; erguiam as taças e derramavam três gotas ao chão em homenagem aos deuses: manes, lares e penates. Manes era a invocação das almas dos antepassados, por aqueles que os antecederam; lares era a invocação ao lar, à família, para que esta seja protegida e preservada; penates era a invocação da cultura e das tradições romanas.

O caboclo de nossos sertões não deve saber que o seu costume de enterrar os mortos à beira das estradas vem da Roma anterior a Cristo. Os orientais comem com pauzinhos e os brasileiros com garfo, colher e faca; assim agimos porque era o sistema que os romanos adotavam. A maioria dos brasileiros adota da religião cristã, porque o cristianismo foi a religião adotada pelos romanos nos estertores do seu império.

A noiva que corta o bolo e serve o pedaço ao seu marido e depois aos convidados, e leva o ramalhete de flores ao altar e depois o atira às convidadas não imagina que está continuando os antiqüíssimos costumes romanos, de profundo significado. Os romanos porém eram mais simples; não era bolo, mas pão. Na noite de núpcias os noivos repartiam o pão, significando que comeriam juntos doravante e tudo repartiriam para a vida em companheirismo. O que sobrasse davam aos outros numa demonstração de solidariedade. Seriam doravante companheiros em todas as horas; essa palavra deriva de *cum = panis* (com o pão).

Aprendemos desde os primeiros bancos escolares que nosso idioma, a língua portuguesa, é um idioma latino, ou neolatino, vale dizer, oriundo do latim, o idioma falado e ensinado pelos romanos a várias partes do mundo, incluindo-se Portugal, que, naquela época, chamava-se Lusitânia. Com os colonizadores portugueses, o idioma de Roma implantou-se no Brasil. Quem quiser aprofundar-se no estudo de nosso idioma, deverá enfronhar-se no latim, pois nele está a origem do português. Da mesma forma, quem quiser aprofundar-se no estudo do direito brasileiro, imprescindível se torna compreender também o direito romano, que é também a origem dele.

Conforme veremos posteriormente, as invasões bárbaras não abateram a importância do *Corpus Juris Civilis*, uma vez que, após o impacto inicial, os bárbaros de origem germânica tiveram que elaborar seu direito e tomaram por base o direito romano. Salvo da destruição na Idade Média, o *Corpus Juris Civilis* está presente nas codificações européias modernas, nas dos países latino-americanos e de muito outros países.

O *Corpus Juris Civilis*, ou Corpo do Direito Civil, caracteriza-se pelo nítido sentido religioso, como, aliás, o Império Romano do Oriente (ou Império bizantino) apresentava forte influência religiosa. A arte, a filosofia, tudo era impregnado pela religião. O cristianismo transmitiu-se de Roma para Constantinopla, (o islamismo, que hoje predomina na região, surgiu depois), tanto que o *Corpus Juris Civilis* começa fazendo a invocação de Cristo. A legislação justinianéia é intolerante com referência a divergências religiosas, mormente à religião israelita. Por isso, constituiu a base do direito canônico.

2. A codificação romana

O *Corpus Juris Civilis* é o código do direito romano, surgido não em Roma mas em Constantinopla, por iniciativa do imperador Justiniano, do Império Romano do Oriente. Parece esquisito mas a história do Império Romano nos esclarece. Roma elaborou extraordinária civilização e disciplinada cultura. A criação maior do gênio romano foi porém o direito, e eles o criaram com elevado grau de perfeição. Fala-se que o direito é a criança que nasceu adulta. Era o maior orgulho dos romanos e foi o legado maior deles aos povos que eles conquistaram.

Doze séculos durou esse império fulgurante, mas o fim começou a aproximar-se. Sentindo a insegurança de seu império, o imperador Teodósio dividiu-o em dois. Tinha ele dois filhos, Honório e Arcádio, destinando o Império Romano do Ocidente a Honório e o Império Romano do Oriente a Arcádio, o primeiro com sede em Roma e o segundo com sede em Constantinopla. Aparentemente, Honório ficou com a sede tradicional, mas havia a ameaça dos bárbaros, que já estavam tomando conta da Europa. No ano de 476 d.C., os hérulos, povo bárbaro do norte da Europa, tomam Roma e depõem o imperador Rômulo Augústulo, colocando seu rei Odoacro, como imperador de Roma. Foi o fim do grandioso império que se estendeu por todo o mundo ocidental daquela época.

Todavia, o Império Romano do Oriente, com sede em Constantinopla, prosperou. Quando os bárbaros foram invadindo a Itália, muitos romanos fugiram para Constantinopla, levando consigo pergaminhos contendo leis, pareceres, obras de doutrina, jurisprudência e outros documentos jurídicos, salvando então o direito romano. Assim, a queda de Roma representou apenas o fim do Império Romano do Ocidente, mas não de todo o império.

Surge então no Império Romano do Oriente o notável imperador Justiniano, que assumiu o trono no ano de 537 de nossa era. Entre as muitas realizações desse soberano, figura a que o tornou famoso: a recodificação do direito romano, que se encontrava dispersa, apesar de ter havido alguns códigos, como o Gregoriano, o Hermogeniano e o Teodosiano. Dessa tarefa resultou o mais famoso e tradicional código do mundo, conhecido como *Corpus Juris Civilis*, também chamado Código Justinianeu. É constituído de quatro partes, cada uma um código em si: Código, Digesto ou Pandectas, Institutas, Novelas.

3. O Código (Codex)

O *Codex* ou Código foi a primeira parte do *Corpus Juris Civilis* a surgir, no ano de 529 d.C., três anos após a ascensão de Justiniano, por ter sido mais fácil e pela tradição, pois o direito romano já houvera elaborado três códigos anteriores, embora rudimentares: o Gregoriano, o Hermogeniano e o Teodosiano, este último em 438 d.C., quase um século antes. Em 528 d.C., Justiniano constituiu comissão de dez juristas, presidida por Triboniano, o mais famoso jurista do Império Romano do Oriente, assessorado por Teófilo, ambos mestres da Universidade de Constantinopla. Havia mais oito juristas de alto conceito.

Note-se que o Império Romano do Oriente tinha quatro universidades no século VI, enquanto que as primeiras universidades européias, como as de Bolonha, Paris, Salamanca, Praga, Oxford, Coimbra e outras, surgiram apenas séculos depois.

O objetivo dessa comissão era o de compilar as *leges*, isto é, as "constituições imperiais", como eram chamadas as leis promulgadas pelos imperadores romanos. Essa compilação recebeu o nome de *codex* = código, dando origem ao nome da sistematização de leis no mundo inteiro. Foi dividida em 12 livros, contendo parte da legislação romana e foi reformulado por nova edição em 534 d.C..

– O Livro I faz invocação a Jesus Cristo e consagra as fontes do direito. Cuida do direito de asilo e das funções dos diversos agentes imperiais.

– O Livro II trata principalmente do Direito Processual.

– Os livros III a VIII tratam do Direito Privado.

– O livro IX trata do Direito Penal.

– Os livros X a XII cuidam do Direito Administrativo e do Direito Tributário.

Pelo conteúdo do "Codex", nota-se que o Código Civil brasileiro e dos demais países adotaram seu nome, mas não o conteúdo e as divisões, que seguem as do Pandectas.

4. O Digesto (ou Pandectas)

Em seguida, os juristas romanos orientais empreenderam tarefa mais ampla, completa e profunda, surgindo no ano de 533 d.C., portanto, quatro anos após o Código, nova compilação de escritos, baseada na doutrina. Recebeu essa compilação o nome de Digesto, nome oriundo do verbo latino *digerere* (dispor ordenadamente) e também o de Pandectas, nome este de origem grega, com o significado de "conter tudo".

Era obra muito vasta, constituída de 50 livros, com muito mais do que os códigos modernos, que se dividiram de acordo com a especialidade. Tinha nove partes, algumas escritas em latim e algumas em grego. São as nove partes:

1. Parte Geral – 2. Direitos Reais – 3. Obrigações – 4. Direitos Pessoais – 5. Direito das Sucessões – 6. Direito Processual – 7. Obrigações Especiais – 8. Direito Penal – 9. Direito Público.

Era portanto um só código, abarcando todo o direito. O Digesto, ou Pandectas, é obra original, pois antes não havia obras congêneres. Foi como se fosse um tratado de direito, embora seguindo a ordem semelhante à do Código. Foi elaborado por nova comissão, mas também presidida por Triboniano. Surgiu com o nome de *Digesta Justinianum Augusti*.

5. As Institutas

Foi elaborada por três professores de direito: Triboniano, Teófilo, Crátino. Faz parte do *Corpus Juris Civilis*, porque se destinava a ensinar o que constava no Código e no Digesto. Baseou-se em obra produzida séculos atrás, as Institutas de Gaio (século II a.C.). Por ser obra destinada a estudantes de direito elaborada por professores, com fins pedagógicos, as Institutas (ou *Instituitiones*) eram obras simples, de linguagem clara e objetiva, o que facilitou muito a sua divulgação e adoção. Foram a princípio adotadas nas universidades de Constantinopla, Beirute, Cesaréia e Alexandria.

Essa obra, surgida no mesmo ano do Pandectas, em 533 d.C., apresenta as interpretações dos grandes juristas romanos, principalmente Gaio, autor da obra que lhe serviu de inspiração. Era obra mais didática, com nítida natureza pedagógica.

6. As Novelas

O quarto livro que compõe o *Corpus Juris Civilis*, denominado Novelas *(Novellae*, Autênticas ou Plácida) traz a legislação de Justiniano, não do Império Romano do Ocidente. São as leis bizantinas, emanadas de Justiniano e pertencentes ao Império Romano do Oriente. O nome bizantino deriva de Bizâncio, o primitivo nome de Constantinopla. Como Justiniano assumiu o trono em 537 d.C., a maioria das leis são posteriores ao *Corpus Juris Civilis*, ano de 534 d.C., data da segunda edição do Codex; essas leis terminaram em 565 d.C., com a morte de Justiniano.

Fazem parte, porém, do direito romano, como componente do *Corpus Juris Civilis*, uma vez que Justiniano sempre postulou pela fidelidade ao direito da antiga Roma. Como são leis posteriores, modernizaram as leis romanas. A maioria das Novelas foram escritas em grego, uma vez que este era o idioma preferido pela cultura bizantina.

Salvou-se assim o direito romano com o Código, o Pandectas ou Digesto, as Institutas, e as Novelas, que constituem o Código Justinianeu. Salvou-se o pensamento e as criações dos jurisconsultos romanos conceituados, como Gaio, Ulpiano, Papiniano, Modestino, Paulo, e tantos outros. Mais do que salvo, o direito romano, por intermédio do *Corpus Juris Civilis*, prolongou-se pelo mundo atual, incluindo-se o Brasil. O Código Justinianeu inspirou fortemente as Ordenações do Reino, principalmente as Filipinas, que vigoraram no Brasil até 1916, mas se projetou também no nosso revogado

Código de 1916 e no atual, de 2002, quer por meio das Ordenações Filipinas quer pelo Código Alemão no nosso de 1916, quer pelo Código Italiano no de 2002.

7. A Escola de Recife e o pensamento brasileiro

Acontecimento de magna importância cultural, surgida na academia de Recife, foi a chamada Escola de Recife. Denomina-se "escola" o agrupamento de intelectuais com as mesmas tendências, havendo escolas no direito, na filosofia, nas artes, e em outras formas de pensamento. Quando se fala em "Escola de Recife", não se refere à Academia de Recife, à Faculdade de Direito, mas ao movimento cultural surgido realmente na Faculdade de Direito de Recife. Era numeroso grupo de intelectuais cultivando o "germanismo", realçando o direito alemão e a filosofia alemã. Marcante foi sua influência no pensamento brasileiro. Tobias Barreto, professor da Academia, foi o principal componente, mas, no direito, Clóvis Bevilaqua e mais tarde a maiúscula figura de Pontes de Miranda se realçaram. É fruto dessa escola o maior crítico literário do Brasil, Sílvio Romero.

Deve ser realçada na formação da Escola de Recife a seriedade do ensino do idioma alemão, graças à ação dos padres beneditinos do Convento de Olinda, em que começou a funcionar a Faculdade de Direito. Era como o preâmbulo da Academia e muitos dos grandes acadêmicos de Recife tinham passado pelo Colégio de São Bento.

Importante fator cultural passa quase desapercebido na análise da Escola de Recife. Floresceu ela na época em que se desenvolvia na Alemanha os estudos aprofundados do direito romano, revelando-se o *Corpus Juris Civilis*, principalmente o Pandectas. Surgiu naquele momento uma plêiade de cultores do direito romano, chamados de "pandectistas", constituído de grandes juristas. O direito alemão realçou-se sobremaneira, ombreando-se com o italiano e o francês em perfeição e profundidade. Os pandectistas transformaram o direito alemão no sucessor do direito romano, consubstanciado no *Corpus Juris Civilis*, o código compilado no Império Romano do Oriente.

Essa cultura alemã romanizada penetrou no Brasil pela Escola de Recife, e o esplendor dessa seria mais tarde encontrada no Código Civil brasileiro de 1916, mas permanece também no Código de 2002. Entre os vários juristas alemães cultivados, figura Rudolf Von Ihering, "pandectista" dos mais profundos, autor de *A Luta pelo Direito*, obra eleita como a bíblia do movimento germanista de Recife e ainda hoje constitui obra de consulta dos estudantes de direito de todo o Brasil. Vultos insignes dessa tendência revelaram-se Clóvis Bevilaqua e mais tarde Pontes de Miranda.

Não foi entretanto tão chocante o encontro de várias culturas no desenrolar jurídico do Brasil. As ordenações do Reino também eram reflexos do *Corpus Juris Civilis* e no novo Código Civil brasileiro é modelado no Código Civil italiano, que segue com bastante fidelidade os fundamentos romanos. Além do mais, o novo código conservou muito do antigo, mantendo a influência dos pandectistas alemães.

Do embate das variadas culturas, contudo, havia de surgir outra nova entre nós. Nasceu verdadeiramente a cultura brasileira. Com Clóvis Bevilaqua, Teixeira de Freitas, Tobias Barreto e outros juristas, surgiu o autêntico direito brasileiro. Capistrano de Abreu, extraordinário historiador, descobriu os índios e a cultura indianista, revelando-os ao Brasil e despertando o interesse nacional para os temas nacionais. Com Alberto Torres, um dos maiores sociólogos nacionais, surgiram as primeiras análises da sociedade brasileira, estudadas profundamente a partir de suas obras.

A literatura autenticamente brasileira surgiu com dois grandes romancistas, oriundos da Escola de Recife. José de Alencar, acadêmico de Recife, mas formado em São Paulo, ex-Ministro da Justiça, com a influência de Capistrano de Abreu, empreendeu a reação nacionalista. Romancista dos maiores de nossa literatura e jurista de alto renome, apesar de sua cultura formada à base européia, principalmente do germanismo, descobriu também o índio, nossos sertões e nossa gente, nossa natureza e costumes, como cenário de sua imaginação, ao iniciar o seu romance o Guarani, imortalizado depois por nosso genial maestro Carlos Gomes:

*"Verdes mares bravios de minha terra natal,
onde canta a jandaia na fronde da carnaúba".*

Invocar a terra natal, o seu Brasil, o seu Ceará, os mares verdes, o pássaro essencialmente brasileiro e a carnaúba, só encontrada no Brasil, foi o choque que rompeu as margens da literatura brasileira. A partir das obras de José de Alencar, muitos nomes indígenas entraram na nomenclatura patronímica brasileira, como Iracema, Iara, Paraguassu, Moema, Jussara, Peri, Ubirajara, Moacir, Ubiratan, Tibiriçá, e tantos outros. Mais tarde, Graça Aranha, apresentou importante obra, Canaã, em que retrata a aculturação alemã em Santa Catarina, criando novo ciclo na literatura brasileira com essa obra estimulada pelo germanismo da Escola de Recife e a tendência nacionalista brasileira.

5. O DIREITO GREGO

1. Características do direito grego
2. O direito ateniense
3. A legislação ateniense de Dracon
4. A legislação ateniense de Sólon
5. A tirania ateniense: Psístrato
6. A democracia ateniense: Clístenes
7. O auge da democracia ateniense: Péricles
8. A legislação espartana de Licurgo
9. As instituições políticas espartanas

1. Características do direito grego

Pouco se fala do direito grego, relegado a um plano que não condiz com a cultura e tradição da antiga Grécia; é como se não tivesse existido. Todavia, torna-se difícil acreditar que tão luminosa civilização, capaz de apresentar os maiores filósofos da humanidade, a arte exuberante que ainda hoje assombra o mundo, a dramaturgia, a poesia e a literatura que nos brindou com a Ilíada e a Odisséia, não tenha apresentado direito à altura de sua evolução.

Consta da história, e é fato confirmado por vários juristas e historiadores romanos, que três decênviros se dirigiram a Atenas para conhecer o direito grego e nele se inspiraram para a elaboração da Lei das Doze Tábuas. Se eles tomaram o direito grego como fonte de inspiração, é porque a Grécia deveria ser conceituada como detentora de sugestivo direito. Além disso, os gregos ficaram famosos por elaborarem Estado organizado; foram os criadores da democracia, e essa criação nos leva a crer que o Estado grego deveria ser juridicamente estruturado.

Algumas diferenças frisantes entre o direito romano e o direito grego devem ter colaborado pelo ostracismo desse último. O direito romano era um todo monolítico, uniforme e se irradiou de Roma para o mundo, até mesmo para a própria Grécia; esta, por sua vez, era dividida em várias cidades-estados. Cada um com vida própria, seus costumes e tradições. Eram até hostis entre si. Não houve então direito grego, mas direito de Atenas, de Esparta, de Tebas, de Corinto e de outras cidades-estados. Apesar dessa divisão, devida à proximidade das cidades-estados, houve algumas características comuns.

Talvez, o principal problema do direito grego tenha sido o de não profissionalizar a advocacia. Não havia juiz togado, mas o próprio rei era o juiz ou designava alguém para fazer-se de juiz; outros políticos também eram encarregados de julgar questões. A defesa das partes era feita por elas próprias ou por cidadãos de elevado conceito. A superdesenvolvida educação grega criou escolas notáveis, mas não faculdade de direito. Exemplo de julgamento grego foi o de Antígone, que se defendeu, ajudada por seu noivo, que era filho do julgador, Creonte.

Os gregos desenvolveram a noção de justiça e dos deveres na consciência dos cidadãos, de tal forma que eles aprendiam desde os primeiros bancos escolares o que poderiam fazer e o que não poderiam. Assim, todo grego tinha o senso de justiça e deveria defendê-la ainda que não fosse parte da questão. Inexistiram tribunais judiciários, já que o julgamento era feito pelo rei ou por uma assembléia de notáveis, não obrigatoriamente de notável saber jurídico. O sucesso da causa estava na retórica de quem defendia seus interesses. Os gregos não conheceram o lema da Ordem dos Advogados do Brasil-Secção de São Paulo: "Sem advogado não se faz justiça".

2. O direito ateniense

Ubi societas ubi jus = Onde houver sociedade haverá o direito. Sociedade que não seja regulamentada por normas jurídicas será dominada pelos mais astutos, mais fortes e oprimirá os menos favorecidos. A escravidão é conseqüência fatal da sociedade sem direito; a exploração do povo é outra. Assim foi Roma nos seus primórdios, forçando a Lei das Doze Tábuas; assim foi Atenas antes que o direito surgisse. A exploração dos mais fracos pelos mais fortes gera conflitos, assim como aconteceu em todas as sociedades formadas no decorrer da história. Para atenuar os conflitos e a insegurança, os seres humanos apelam para a criação do direito. Essa evolução social constitui a base da teoria do pensador inglês Thomas Hobbes, elaborador da teoria contratualista do direito.

Atenas não poderia ter sido diferente. Havia sociedade formada e estruturada por pressões e crenças, ante a ausência do direito; ela era formada por várias classes, das quais daremos algumas caraterísticas:

EUPÁTRIDAS – Era a minoria dominante, detentora da maioria dos direitos e privilégios; eram os principais proprietários das terras produtivas, num país marcantemente agrícola, formada por latifúndios. Só eles tinham poder político; só eles tinham direitos; só eles ocupavam cargos públicos.

GEORGÓI – Eram pequenos proprietários de lotes agrícolas, que cultivavam para si, vendendo as sobras. Não tinham direitos políticos.

DEMIURGOS – Eram pequenos artesãos, artífices, professores, profissionais técnicos, como ferreiros, sapateiros, farmacêuticos, médicos, marceneiros. Não tinham direitos políticos.

METECOS – Eram os estrangeiros, sem cidadania e direitos políticos; eram tolerados graças ao movimento comercial que proporcionavam.

O importante dessa estratificação social de Atenas era o completo domínio dos Eupátridas, ínfima minoria. Atenas teve durante séculos 230.000 habitantes, dos quais mais de 60% eram escravos, ou seja, 150.000. Dos 80.000 restantes, 20.000 eram georgói e demiurgos. Dos restantes 60.000 cidadãos atenienses, a maioria era constituída de mulheres e menores, de tal forma que verdadeiros cidadãos atenienses eram o resíduo.

A oligarquia eupátrida tinha o conselho da cidade, o Aerópago, constituído só por membros dela, e este conselho elegia os magistrados, chamados arcontes, sendo o superior deles o arconte-epônimo. Os arcontes aplicavam a justiça, baseado num direito casuístico, não escrito, aplicado de acordo com os interesses da oligarquia.

Grave era a posição dos populares, como os georgóis e os dermirgos. Nos momentos de crise contavam com empréstimos dos eupátridas e se não pagassem eram reduzidos à escravidão. Deveriam pagar impostos e, se falhassem, também se tornavam escravos. Essa insegurança dominava o espírito de todos os atenienses e dela também não se livraram os eupátridas, que também se sentiam inseguros e sofriam constantes agressões. Concordaram todos com a elaboração do direito ateniense e encarregaram legisladores para a formulação das leis.

3. A legislação ateniense de Dracon

Foi encarregado o arconte Dracon de elaborar a legislação ateniense. Esse legislador, naturalmente eupátrida, estabeleceu as bases do direito ateniense, fazendo cessar a interpretação do direito pelos eupátridas segundo seus interesses. Formulou maior equilíbrio de poder, criando leis aplicáveis a todos, reduzindo privilégios da aristocracia. Não elaborou uma Constituição para Atenas, pois só cuidou das questões de rotina. Elaborou um código de leis excessivamente rigorosas, em que a pena de morte era a mais comum, a tal ponto de criar o qualificativo "draconiano", para designar soluções rigorosas e extremadas. Um pensador grego afirmou que Dracon não escrevia com tinta mas com sangue.

4. A legislação ateniense de Sólon

O legislador ateniense viveu 80 anos, de 640 a 540 a.C. Assumiu o governo em meio a uma crise geral, resolvendo-a graças à equilibrada legislação por ele elaborada. Seu sistema jurídico coibiu a má distribuição de riquezas, evitando o grande acúmulo nas mãos de poucos enquanto a miséria dominasse a maioria da população. Proibiu a prisão e a escravidão por dívidas, o que manteve a liberdade individual do cidadão.

As classes sociais antes existentes foram mantidas e regulamentadas com todas as classes participando da assembléia popular, a *Ágora*. Deve-se a Sólon a regulamentação da democracia (*demos* = povo + *cratos* = poder), o regime em que o povo escolhe seus governantes e por ele exerce o poder. Todavia, o povo a que se refere a história, representa parcela inferior a 10% da população ateniense, conforme houvéramos falado. Apenas 20.000 poderiam formar a Eclésia (assembléia política), que se reunia na Ágora.

Péricles, considerado o dirigente democrata de Atenas tinha definido a democracia como o regime em que o Estado está nas mãos de muitos e a Aristocracia em que estiver nas mãos de poucos. Entretanto, o poder ateniense estava nas mãos da pequena parcela da população, dominada pelos poderosos. A escravidão era praticada, o que não condiz com a verdadeira democracia. Atenas passou a exercer dominação imperialista sobre outras cidades desde a fase áurea do regime democrático. As crianças nascidas com defeitos graves deveriam ser sacrificadas, vale dizer, condenadas à morte.

Como a legislação de Dracon não encontrou aceitação, a escolha recaiu em Sólon, por seu arconte famoso e aceito por todos. Importante passo de Sólon foi o de abolir a escravidão por dívidas, impedindo assim o empobrecimento da classe média e enriquecimento da aristocracia. Conseguiu desta forma maior equilíbrio na distribuição da riqueza nacional.

Outro passo importante foi a retirada de marcos que demarcavam as terras, tornando-as livres. Os eupátridas poderiam requerer a demarcação de terras que desejassem explorar, como também poderiam fazer as classes menos favorecidas. Ocasionou assim verdadeira reforma agrária, criando minifúndios em grande quantidade, reduzindo os latifúndios a pequeno número. Surgiu em conseqüência a exploração mercantil da produção agrária, com a figura do "intermediário". A agricultura de subsistência tornou-se de exploração e exportação.

A reforma política de Sólon foi fator de grande prosperidade para Atenas. Medida pouco democrática contudo foi a de estabelecer a relação entre a situação econômica e patrimonial do cidadão e seus direitos políticos. Esse critério seria, muitos séculos depois, condenado pela Declaração dos Direitos do Homem e do Cidadão, elaborada por época da Revolução Francesa e foi adotado no Brasil no período imperial. O voto de valoração econômica foi combatido pelos acadêmicos de direito do Brasil, ensejando a adoção do regime republicano. A lei de Sólon reformulou as classes sociais de Atenas, criando outras classes, mas com base no critério econômico. Não deixou, porém, de ser uma evolução social, por ter dado direito a todas as classes, enquanto que, antes de Sólon, só os eupátridas tinham direitos.

As duas classes mais elevadas tinham acesso à magistratura alta; a terceira à magistratura menor. A quarta e última classe obtiveram voto na Eclésia, órgão representativo dos cidadãos de Atenas.

Como críticas a Sólon, no aspecto político e humano, podemos citar a manutenção da escravatura. Os atenienses não poderiam mais ser reduzidos à escravidão por dívidas ou por não pagar impostos, o que provocou falta de escravos; para corrigir essa falha, Atenas invadiu outras regiões, aprisionando seus habitantes e levando-os como escravos. A marginalização das mulheres foi mau exemplo para as gerações futuras. Embora reconhecesse aos estrangeiros (metecos) direito à atividade profissional e mercantil, não dava a eles a cidadania e direitos políticos e nem mesmo aos seus descendentes que nascessem em Atenas. Apesar de tudo o que fez, a legislação de Sólon não conseguiu abater o poder político e econômico exercido pelos eupátridas.

5. A tirania ateniense: Psístrato

O direito criado a partir de Sólon não logrou pacificar os ânimos dos cidadãos atenienses e logo a luta de classes se inflamou. A classe aristocrática não se conformou com a perda de vários privilégios e nem aceitou a concessão de direito às classes menos favorecidas. As classes menores compreenderam que o poder político e econômico de Atenas continuavam nas mãos dos eupátridas, que apenas concediam algumas migalhas aos menores. Assim sendo, a legislação democrática de Sólon conseguiu desagradar todas as classes, malgrado estabelece divisão e equilíbrio de direitos.

Foi quando o sucessor de Sólon, Psístrato, assume o poder e pouco a pouco enfeixa todos os poderes do Estado, para pôr em prática a lei baseada em Sólon. Impôs então a tirania, como única forma de enfrentar o poder aristocrático. Promoveu a reforma agrária, concedendo terras a quem desejasse cultivá-las, trazendo com isso considerável desenvolvimento econômico a Atenas. A tirania de Psístrato diminuiu a distância entre as classes, realizando a democracia de cunho popular preconizada por Sólon.

Interessante notar que as grandes conquistas sociais se deram em países sob regime de tirania ou ditadura. O Direito do Trabalho surgiu na Itália fascista, quando estava sob regime ditatorial e tirânico. Essa mesma legislação protetora dos trabalhadores implantou-se no Brasil sob uma ditadura de cunho fascista, na época em que predominavam regimes de direita. Em Atenas aconteceu de forma idêntica: a democracia não conseguiu vingar no regime democrático, mas na tirania de Psístrato. Outro paradoxo que se realçou em Atenas foi o de que Sólon pretendeu eliminar a tirania dos aristocratas para que triunfasse a democracia, mas ela só triunfou na tirania.

6. A democracia ateniense: Clístenes

A morte de Psístrato pôs fim ao período da tirania, mas deixou a Grécia próspera e estabilizada. Em 510 a.C., meio século após Psístrato ter assumido o poder, outro aristocrata assume o governo desta vez, fazendo retornar a democracia de Sólon. Clístenes (570-507 a.C.) assumiu o governo e empreendeu ampla reformulação do sistema político de Atenas, dividindo o território em uma centena de circunscrições, às quais foi dado o nome de "demos". Cada cidadão pertencia a uma demos, na qual morava, adotando Atenas o critério do domicílio para classificar os cidadãos e não a situação econômica como adotara Sólon, nem a nobreza de nascimento como queria a aristocracia. Não importava também a classe social.

A demos é a unidade básica de organização política do Estado ateniense: a circunscrição de uma aldeia ou comunidade rural com terras agrárias. Atenas passou a ser então uma república agrária e pastoril, graças às demos. Dessas unidades surgiu o próprio termo "democracia" (*demo* = povo + *cracia* = governo). Surgiu também a concepção de que o direito seja o governo de participação popular.

A característica primordial da democracia ateniense era a participação geral nas assembléias populares, a Eclésia, independente da classe social a que pertencia. Continuavam à margem, sem direitos políticos, as mulheres, os escravos e os metecos (estrangeiros). A Eclésia era o órgão principal da democracia ateniense, formada por todos os cidadãos; aprovava as leis e deliberava sobre as questões mais importantes do Estado. Havia outro órgão, a "Bulé", mais restrito, constituído de 500 membros, que examinava os problemas nacionais e encaminhava propostas à Eclésia. Era também um tipo de Conselho Fiscal.

A justiça estava a cargo de um tribunal formado por 6.000 "heliatas", com mais de 30 anos, escolhidos pela Eclésia. Formava comissões para julgar as lides por votação. Os heliatas eram os juízes atenienses mas não tinham formação jurídica.Votavam com base na lei, fortemente influenciada pelo colorido filosófico, religioso e político.

7. O auge da democracia ateniense: Péricles

A morte de Clístenes apagou parcialmente o fulgor da democracia ateniense, mas deixou definitivamente implantada na mente de todos a democracia, embora nunca se tivesse entregado a aristocracia (eupátridas) e nem perdido eles a posição de principal força política.

Bastaria dizer que os próprios reformadores democráticos, como Sólon, Clístenes, Psístrato e Péricles eram todos provenientes da aristocracia. A fase áurea da democracia ateniense foi atingida por Péricles (495-429 a.C.), chamado por alguns como o "democrata popular". Tão brilhante foi seu governo que o século V ficou conhecido como o "século de Péricles", ou Era de Ouro de Atenas". Foi vitorioso na guerra contra os persas (guerras médicas), com efeitos desastrosos para a economia, mas reconstruiu e recuperou Atenas.

A par do sucesso político, militar e administrativo, incrementou ainda mais as idéias de Sólon e as obras de Psístrato e de Clistenes, agindo com rigor contra a aristocracia inconformada. Manteve o equilíbrio do poder, dividindo-o entre as várias classes sociais, mantendo sempre a representação dos demos, pois estes mantinham a economia e a produção.

A democracia de Péricles não foi perfeita, a nosso modo de ver, por uma série de razões. Atenas exerceu domínio sobre toda a Grécia, estabelecendo o imperialismo helênico. Afirmam alguns teóricos da democracia que o imperialismo não se coaduna com os ideais democráticos. Ao assumir a hegemonia sobre todas as cidades da Grécia, o poderio econômico de Atenas exigiu o alargamento da escravidão, que foi conseguido graças à sujeição de outros povos. Os estrangeiros que afluíam em grande número a Atenas no apogeu de Péricles tinham que pagar pesados tributos e prestar serviços militares para Atenas, sem ter direito à cidadania. Outro aspecto da democracia ateniense, e acontece com as democracias modernas, é que o povo fica representado por uma elite aristocrática, o que faz com que a aristocracia nunca perca o poder.

8. A legislação espartana de Licurgo

Surgiu ainda na Grécia a cidade de Esparta, com características diferentes. Era um povo rígido, de hábitos austeros e preparado para uma vida dura. Desenvolveu a educação militar e a cultura física, enquanto Atenas desenvolveu o cultivo da filosofia. Sua orientação política era a de submissão ao Estado. O objetivo máximo da educação espartana era o de formar bons soldados; por esta razão, o Estado encarregava-se da formação dos espartanos, desde que atingisse a idade dos sete anos.

A região do Peloponeso, em que Esparta está situada é de terras férteis, apropriadas para a cultura da vinha e da oliveira. Por isso, formou-se uma sociedade agrícola, com ocupação extensiva da terra. Lá habitava primitivamente um povo pacífico e trabalhador, os aqueos. Os dórios, povo de outra região invadiu as terras dos aqueos, apropriando-se delas e reduziram os antigos habitantes à escravidão. Esparta começou assim graças a uma usurpação.

O Poder Executivo era exercido por dois reis; havia uma diarquia. Os dois dividiam o poder; em caso de guerra, um dirigia as operações militares e o outro dirigia a cidade. Cada rei era de uma linhagem real: um da família dos Ágidas, outro da dos Euripôntidas.

Da mesma forma que Atenas, Esparta compreendeu que não poderia manter um Estado organizado sem lei. Foi então encarregado o legislador Licurgo de elaborar a Constituição espartana e sua legislação, incumbência cumprida com rigor. A grande preocupação de Licurgo foi a de preparar uma legislação coerente e cujas leis fossem rigorosamente observadas. Dois princípios norteavam o direito estabelecido por Licurgo: o respeito à lei e o dever de lutar pelo seu constante aprimoramento.

A orientação política de Licurgo era diferente da de Sólon; para ele os dirigentes de um país não podem ser escolhidos pelo povo, uma vez que o governo poderia ser ocupado por demagogos. Deveria ser criado um sistema em que os dirigentes do país formassem uma elite e fossem os melhores a serem escolhidos. Daí a origem do termo "aristocracia" (*ariston* = melhores + *cratos* = governo). Defendia portanto o governo aristocrático no sentido etimológico da palavra: governo formado pelos melhores.

Num aspecto a legislação de Licurgo apresenta paralelo com a de Sólon e a Lei das Doze Tábuas. Anteriormente, o direito era transmitido pelos deuses; constituía portanto o direito natural, infalível e imutável. Com Licurgo, Sólon e a Lei das Doze Tábuas, passou a ser um direito feito pelos homens e como tal sujeito a mutações de acordo com a evolução social

A sociedade espartana era constituída de três classes rigidamente estruturadas, de tal forma que eram na verdade castas: esparciatas, periecos e hilotas.

Os ESPARCIATAS eram os antigos dórios, conquistadores da região do Peloponeso e donos absolutos do poder e das terras. A terra era dividida em lotes, a que davam o nome de "cleros"; essa divisão facilitava os direitos sucessórios, pois a propriedade era facilmente distribuída aos herdeiros: cada um recebia determinado número de cleros. Só os esparciatas eram cidadãos espartanos e podiam formar os órgãos diretivos e deliberativos do Estado. Dedicavam-se aos negócios públicos, à administração pública e principalmente à atividade militar. As mulheres não tinham poderes políticos: não podiam votar. Não eram tratadas de forma tão discriminatória como em Atenas e Roma. Se o esparciata morresse sem deixar filho varão, a filha poderia herdar lotes, o que representa considerável avanço. Participavam da educação espartana junto com os homens e até faziam exercícios de natureza militar. Participavam também de competições esportivas como no mundo moderno, o que não acontecia em Atenas e Roma.

Os PERIECOS eram a segunda classe; não eram cidadãos e também não eram escravos. Eram estrangeiros e se dedicavam às atividades mercantis, à agricultura e à pecuária, bem como às profissões técnicas, como pedreiros, artesãos, farmacêuticos, professores, médicos. Alguns até enriqueciam. O Estado espartano impunha-lhes porém algumas obrigações: deveriam pagar tributos, sendo portanto a classe que sustentava o Estado. Em ocasião de guerra, deveriam prestar serviço militar como soldados.

HILOTAS, que formavam a terceira classe, eram servos de gleba, mas segundo a lei de Licurgo seriam propriedade do Estado e lotados nos cleros, que pertenciam aos esparciatas, mas cultivados pelos hilotas. Eles eram os antigos aqueos, primitivos donos das terras, dominados e escravizados pelos eupátridas. Podiam ficar com a metade do que colhiam e a outra metade era recolhido ao Estado como tributo. Deixaram de ser donos da terra para pertencer a ela, quando os dórios conquistaram a região.

9. As instituições políticas espartanas

A organização política espartana era do tipo oligárquico, pois todo o poder estava nas mãos da aristocracia, constituída de 9.000 esparciatas. O Poder Executivo, ou seja a diarquia era fraco, mas com funções variadas: religiosas, judiciárias, políticas, administrativas. As questões de família eram julgadas por eles, mas com base na religião.

O órgão deliberativo amplo chamava-se ÁPELA, formada por todos os 9.000 esparciatas maiores de 30 anos; reunia-se uma vez por mês ao ar livre, numa praça pública, um tipo de Ágora dos atenienses e Forum dos romanos. Decidia sobre questões genéricas e elevadas como de política externa. Elegia os magistrados e os membros de outros órgãos.

A GERUSIA era órgão menor, com 30 membros, incluindo-se os dois reis, sendo os 28 eleitos pela ÁPELA e os dois reis vitalícios. Tinha funções judiciárias, funcionando como tribunal superior, e administrativas ao supervisionar o poder executivo (os reis). Importante era a sua função legislativa, como órgão elaborador das leis, cujo projeto era submetida à Ápela; esta porém não discutia o projeto, mas aprovava-o ou rejeitava-o em bloco. Era um tipo de senado, presidido pelos reis.

CONSELHO DOS ÉFOROS era um colégio formado por cinco membros, eleitos anualmente. Convocava as reuniões da Ápela e da Gerusia, controlava a vida econômica do país e fiscalizava toda a administração pública, até mesmo a atuação dos reis. Tinha ainda alguns poderes judiciais, atingindo os periecos: podia condená-los à morte ou ao banimento. Os éforos eram eleitos pelos esparciatas, ou seja, pela Ápela e desde a criação do Eforado os poderes da diarquia foram limitados e controlados.

É conveniente citar que os magistrados e arcontes gregos não eram propriamente juízes, mas administradores públicos. Relembre-se ainda que todos os órgãos acima citados só poderiam ser ocupados pelos esparciatas maiores de trinta anos; as mulheres não participavam deles.

Nota-se então que a legislação de Licurgo não foi democrática mas aristocrática. Permitia a escravidão e o domínio de Esparta sobre as regiões vizinhas, que foram por ela invadidas, entre elas a própria Atenas, que foi por ela submetida. Apesar de os espartanos terem ganho a guerra contra Atenas e mantê-la submissa, continuaram a serem obscuros, enquanto que os dominados atenienses continuaram assombrando o mundo pela sua cultura.

6. O DIREITO MEDIEVAL

1. As eras da humanidade
2. Os visigodos
3. O Código de Eurico
4. Fuero Juzgo
5. Sistema processual: arbitragem
6. A Inquisição
7. Cisão no direito privado

1. As eras da humanidade

Medieval é o qualificativo de uma era da humanidade chamada Idade Média, por ficar no meio da Antigüidade e da era moderna. A história da civilização ocidental aponta várias fases, cada uma delas apresentando certas características e produção jurídica própria. A primeira delas é a Antigüidade, subdividida em duas partes: a Antigüidade oriental e a Antiguidade clássica. A Antigüidade oriental compreende os povos orientais, como os do extremo Oriente: China, Japão, Índia, Coréia e outros. A Antigüidade oriental, para o estudo de nosso direito é a época em que predominaram os povos do Oriente Médio. A Babilônia, mais tarde chamada Pérsia, apresentou-nos o Código de Hamurabi, muito rigoroso nas suas disposições; o antigo Egito não nos apresentou direito sugestivo.

A Antigüidade clássica compreende as grandes civilizações do mundo antigo: a dos gregos e a dos romanos. Os gregos foram sublimes na arte e na filosofia, mas não nos deixaram sugestiva contribuição no direito, a não ser a legislação de Sólon em Atenas e a de Licurgo em Esparta. Em compensação, os romanos criaram o direito, que se transmitiu pelas gerações seguintes, chegando até ao Brasil. Sobre a contribuição romana, já tecemos considerações. A Antigüidade clássica termina no ano de 476 d.C., quando Roma é ocupada pelos povos bárbaros, especialmente pelos hérulos, dirigidos pelo rei Odoacro, que se proclamou rei de Roma. Assim sendo, a Antigüidade clássica, sob o ponto de vista jurídico, vai desde a fundação de Roma, em 753 a.C. até 476 d.C. Durou mais ou menos 1.230 anos.

Em 476, começa então a Idade Média, que terminou em 1453, quando Constantinopla, capital do Império Romano do Oriente cai nas mãos dos turcos, oriundos da Ásia. Durou portanto 1.000 anos, tendo sido denominada "noite dos dez séculos". Essa pecha é um tanto injusta, embora se tenha sucedido a duas grandes civilizações, a grega e a romana, sem atingir o brilho das duas. Foi, todavia, nessa "noite dos dez séculos" que se formaram os povos europeus, os idiomas atuais, o direito medieval. É, portanto, muito sugestiva. Os europeus prezam muito as tradições medievais, como o direito, a literatura, as artes, os costumes, as festas populares, o folclore e outras formas de cultura.

A era moderna inicia-se em 1453, indo até a Revolução Francesa, de 1789, existindo portanto por 336 anos. Foi a época das grandes navegações pelo Oceano Atlântico, resultando na descoberta do caminho marítimo para o extremo Oriente e na descoberta do Brasil. Foi quando o direito europeu espalhou-se pela América e pela Ásia. Nessa época inicia-se o Brasil e o direito brasileiro.

A Revolução Francesa, em 1789, abre a Idade Contemporânea, com a Declaração dos Direitos do Homem e do Cidadão, a Constituição Republicana Francesa, os Códigos nacionais. A Itália perde o domínio jurídico, que passa para a França.

Em resumo, podemos indicar as quatro eras da humanidade:

753 a.C. a 476 d.C. – Antigüidade Clássica.
476 d.C. a 1453   – Idade Média.
1453 a 1789   – Idade Moderna.
1789 a ....   – Idade Contemporânea.

2. Os visigodos

A Europa, no início da Idade Média, era habitada pelos povos romanos, também chamados latinos. Esses povos falavam o latim, o idioma de Roma; tinha o direito baseado no direito romano, no *Corpus Juris Civilis*, logo, adotavam o direito romano; sua cultura era romana e a religião católica era predominante, com a Igreja Católica ligada ao Estado.

Os bárbaros eram povos que habitavam a Europa oriental, como a Polônia, a Rússia, a Escandinávia (Suécia, Noruega, etc.), a Hungria (terra dos hunos) e outras regiões do leste europeu. Os romanos chamavam de "bárbaros" todos aqueles que não eram romanos, ou não habitavam os territórios que eles compreendiam como território romano, os territórios de além-fronteiras. A expressão "bárbaro", em nossos dias, é utilizada no sentido de maldoso, violento, desordeiro. Os bárbaros não eram obrigatoriamente selvagens, não eram tão maus como se supõe. Os hunos, do terrível Átila, por exemplo, constituem a população da civilizada Hungria, que tomou o nome deles. Os vikings formaram o povo sueco e boa parte dos dinamarqueses e noruegueses, hoje países superdesenvolvidos. Os eslavos são hoje os russos, poloneses, tchecos, ucranianos. Os francos dominaram a França, à qual deram o seu nome.

Os vândalos, suevos e alanos instalaram-se na Península Ibérica (Espanha e Portugal), assimilando a civilização romana. Os povos mais importantes eram os godos, divididos em dois grupos: os ostrogodos, que se instalaram na Itália, e os visigodos que se fixaram na Península Ibérica. A cultura de todos eles era rudimentar, o idioma que falavam desapareceu, a arte e a literatura eram toscas, e tosca também era a religião. O direito era o costumeiro. Por isso conservaram eles a condição de bárbaros.

Dominando a Europa, não promoveram atos de selvageria como se poderia supor; não maltratavam os povos conquistados. Antes, porém, fundiram-se com os romanos. Maravilhados com a civilização que encontraram, assimilaram-na pouco a pouco. Abandonaram seu direito tosco, baseado nos costumes e na religião e aderiram ao sofisticado direito romano, e foram criando leis copiadas de Roma. A Idade Média foi o período de transição, em que os bárbaros conquistaram a Europa romanizada e foram conquistados culturalmente por ela. Importante foi nessa transição o papel da Igreja Católica.

Começou desde logo a elaboração do direito medieval, por iniciativa dos povos bárbaros, tomando por base o *Corpus Juris Civilis*, adaptado à mentalidade deles. Participa, porém, na formação do direito medieval o direito canônico, uma vez que os bárbaros, neste caso, os visigodos, adotaram a religião católica e a igreja tornou-se oficial, ligada ao Estado, sendo seus membros considerados autoridades públicas. A Igreja tinha inclusive poderes jurisdicionais, podendo instituir tribunais, como foi o da Inquisição.

3. O Código de Eurico

No século V, em 476, ano da queda de Roma, os visigodos substituíram seu direito consuetudinário por um direito legislado. Eurico, rei dos visigodos, promulgou o primeiro código ibérico, que tomou seu nome. Esse Código foi escrito em pergaminhos, dos quais ainda hoje há um exemplar na Biblioteca Nacional de Paris. Seguiu o estilo do

Corpus Juris Civilis e foi redigido em latim, o idioma romano, adotado pelos visigodos, mas com a influência dos costumes visigóticos e do direito canônico, pois, como já foi visto, os visigodos adotaram o Cristianismo, que era a religião do Império Romano. A religião cristã foi transformada na religião oficial do Império Romano, no século final e depois conservada na Idade Média pelos visigodos.

O Código de Eurico foi revisado e modernizado várias vezes, tendo recebido também os diversos nomes como *LEX VISIGOTO-RUM* ou *LEX ROMANA VISIGOTORUM, LIBER JUDICUM.* Foi o primeiro Código de Portugal e Espanha, tendo vigorado em Portugal até as Ordenações Afonsinas, em 1446, ou seja, quase 1.000 anos. Na Espanha durou mais ainda, só sendo substituído pelo Código Civil, no final do século XIX.

4. Fuero Juzgo

No século XIII, em 1241, surge novo código, com o nome de Fuero Juzgo, redigido no latim popular, ou seja, o idioma espanhol, que tinha o nome de "romance", falado pela população da península. Na verdade, não houve novo Código, mas a tradução do código visigótico do latim para o espanhol. Era o Código de Eurico atualizado, recebido com bastante aceitação pela Espanha e também por Portugal.

Em 711, os árabes ocupam a Península Ibérica, mantendo-a durante 700 anos, só se retirando no final do século XV, já nos tempos modernos. Embora tivessem exercido forte influência, em diversos sentidos, não chegaram a impor seu direito, por ser inferior ao direito visigótico de base romana. Porém, o Fuero Juzgo já tivera tido seu fim em Portugal, quando surgiram as Ordenações do Reino, começando pelas Ordenações Afonsinas.

O Fuero Juzgo encarnava a mentalidade medieval da sociedade ibérica. Entende-se como Península Ibérica, Espanha e Portugal, região habitada antes da conquista romana pelos iberos, povo primitivo da península. Essa mentalidade assentava-se na base romana, a cultura, a religião, os costumes e o direito, levados à Ibéria pelos conquistadores romanos. Elemento fundamental dessa cultura era a religião cristã, uma vez que o Cristianismo se transformara na religião oficial do Império Romano. Só mais tarde, no início dos tempos modernos haveria a cisão na Igreja Cristã, com o protestantismo, marco inicial das igrejas evangélicas.

Sobre essa base latina assentaram-se os costumes visigóticos, com direito não legislado, mas baseado nos costumes. Traço característico do direito visigótico-romano é a influência da religião cristã e do direito canônico. Formou-se então um direito dominado pela orientação religiosa e discriminatória a quem não fosse abrangido pelo direito canônico. Era considerada como lei toda norma emanada da Igreja e a transgressão a essas normas constituíam os crimes mais importantes, muitos das quais punidos com a morte e principalmente na fogueira. O *LIBER JUDICORUM*, ou Código de Eurico, foi refeito em 654, recebendo o nome de Código de Recevinto, nome do rei visigodo daquela época, e tinha 12 livros. É sugestivo o Livro XII, que estabelece normas restritivas aos hereges e judeus.

Todo habitante do reino visigótico-romano, ou todo estrangeiro que falasse contra a fé cristã ou tiverem pensamentos heréticos seria desterrado e seus bens confiscados. Heresia era considerada toda doutrina ou teoria contrária aos ensinamentos da Igreja. Mais rigorosa ainda era a pena para os cristãos novos, ou seja, judeus transformados em católicos, chamados de "placitum" ou "conversos". Quem desses que abandonasse a fé cristã ou a atacasse por gestos ou por palavras ou fosse encontrado com algum escrito nesse sentido estaria condenado a morrer na fogueira. Na mesma pena incorria quem comemorasse as festas judaicas ou fizesse a circuncisão ou o jejum.

Não podia o cristão novo prestar testemunho contra um católico, mesmo porque essa testemunha seria nula, a menos que tivesse licença do bispo local. Só o rei poderia perdoar essa infração. Qualquer pessoa que ajudasse um judeu ou ocultasse suas práticas religiosas seria punido com a excomunhão da Igreja e perderia ¼ de seus bens.

5. Sistema processual: arbitragem

O Código de Eurico, sucedido depois pelo Fuero Juzgo regulamentou o sistema processual do império visigótico no Livro II, denominado "Administração da Justiça, Escrituras e Testamentos". O direito processual era de pobreza franciscana, nem sequer estabelecendo limites entre a justiça pública e a privada. Aliás, os romanos criaram o direito privado com precisão, mas no que tange ao direito público, deixaram a desejar. Reflexo do *Corpus Juris Civilis*, o Fuero Juzgo era falho no direito público, razão pela qual o judiciário medieval primava pela confusão. A Universidade de Salamanca foi criada no final da Idade Média e por isso não havia advogados formados, nem juízes de carreira. A nomeação de juízes era feita pelo rei, muitas vezes um juiz para cada questão; eram nobres, autoridades públicas, sacerdotes e outras pessoas de confiança do rei, recomendados pelos cortesãos ou indicados pelas partes envolvidas num litígio. Não havia concurso público.

Com o desenvolvimento e ampliação do império, o poder de julgar caberia ao príncipe ou ao rei, ou mesmo ao dirigente da cidade, o burgomestre. O juiz era pago pelas partes em litígio e não pelo poder monárquico, motivo pelo qual elas próprias poderiam escolher o juiz para julgar cada caso. Não era, portanto, jurisdição oficial, embora regulamentada pelo Código e o juiz nomeado pela autoridade pública, o que vem configurar um tipo de arbitragem. O juiz era, assim, um juiz arbitral ou árbitro; era nomeado pelo Poder Público, mas indicado pelas partes da contenda.

Para melhor esclarecer esse sistema de resolução de pendências, predominante na Idade Média e também na antiga Roma, procuraremos interpretá-lo à luz do atual direito brasileiro. A arbitragem está regulamentada no Brasil pela Lei 9.307/96, embora estivesse anteriormente regulamentada por outras leis.

A arbitragem é um sistema de resolução de lides, pelo qual as partes escolhem um juiz que julgará possível pendência entre elas. As partes têm também a faculdade de escolher qual será o direito aplicado à resolução dessa lide. A remuneração do juiz fica a cargo das partes. Esse sistema só se aplica quando se discutem direitos patrimoniais disponíveis, ou seja, questões financeiras e que permitem a transação de direitos. Não pode ser aplicado em questões de direito público, de direito de família ou direitos de personalidade.

A arbitragem predomina no direito internacional, uma vez que não existe um judiciário internacional. Predominou na antiga Roma quanto ao relacionamento entre plebeus, com a aplicação do *jus gentium*, já que o *jus civilis* era reservado só aos cidadãos romanos, os "quirites". Como a população de Roma era constituída de apenas 20% de patrícios, aos 80% da população era aplicado o sistema de arbitragem; logo se vê que ela predominava sobre a jurisdição oficial. Esta é a explicação por que a arbitragem imperou no direito visigótico, que era reflexo do direito romano de aplicação popular. Podemos ainda citar que a arbitragem prepondera em certos países adiantados do mundo moderno, como os EUA, o Canadá, o Japão.

6. A Inquisição

Ao falar-se sobre o sistema processual na Idade Média, mais precisamente no direito medieval da Península Ibérica, deve-se falar sobre o tristemente célebre tribunal denominado Santo Ofício ou Inquisição, mormente pela força que possuía e importância apresentada. Este singular tribunal foi criado pelo Papa Gregório IX, tendo como âmbito restrito julgar desvios da crença no seio da Igreja, tais como heresia, bruxaria, charlatanismo. Estendeu-se depois nos âmbitos da vida pública, abrangendo outras infrações penais, como crimes contra a moral e os bons costumes, contra a ordem pública e a Coroa, contra a Espanha, à Igreja e o rei, bigamia, obscenidades, atentados contra a família. Envolveu depois questões políticas e econômicas, deixando de ser tribunal sacro.

O termo "inquisição" deriva de inquirir, indagar e era um tipo de comissão de inquérito, antes que se instituísse como o "Tribunal do Santo Ofício". Instalou-se primeiro na Espanha, mas teve ramificações em outros países como a França. Da Espanha veio para as colônias espanholas da América, mesmo depois da Idade Média. Também se fez sentir em Portugal e até no Brasil colonial, constatando-se a existência de um tribunal no Nordeste. Este tribunal condenou o grande teatrólogo, escritor e poeta brasileiro Antonio José da Silva, cognominado "o judeu", tendo sua família sido exilada do Brasil para Portugal, onde os dois irmãos cursaram a faculdade de direito da Universidade de Coimbra. Posteriormente, a Inquisição portuguesa o condenou à morte na fogueira, sendo executado em praça pública de Lisboa.

Também na Itália a Inquisição deixou sua marca, condenando o extraordinário cientista Galileo Galilei à morte na fogueira, sob a legação de heresia, por ter afirmado que a terra girava em torno do sol e não contrário, como se supunha. Não chegou a ser executado porque a Inquisição considerou sua suposta retratação. Igual sorte não teve o grande filósofo Giordano Bruno, executado na fogueira.

O direito aplicado era o Código de Eurico, o direito canônico e outras posturas do Estado e da Igreja. As penas aplicadas abrangiam a morte na fogueira e no confisco de bens. Essas penas foram as principais responsáveis pelo desvirtuamento do "Tribunal do Santo Ofício". Alguém que tivesse avidez nos bens de algum ricaço, armava uma fraude contra ele e tendo acesso ao tribunal inquisitório, conseguia apropriar-se dos bens, até mesmo dos títulos nobiliárquicos. Poderiam receber gratificações ou participação nos bens as testemunhas que tivessem participado da condenação.

A Inquisição atingiu o auge com a ascensão à sua presidência do famoso juiz Tomás de Torquemada (1420-1498), um monge dominicano de implacável rigor e ferocidade nos julgamentos. Nos onze anos de sua presidência, milhares de pessoas foram sacrificadas na Espanha, dando exemplo a outros países. Entre suas vítimas encontra-se Cristóvão Colombo, que só não foi executado porque a rainha Isabel compadeceu-se dele.

Os direitos de defesa eram totalmente cerceados e as formalidades processuais variavam conforme a vontade dos juízes que compusessem o tribunal. A tortura era largamente aplicada. A punição, ou seja, a execução das sentenças era normalmente em praça pública, perante vasta platéia, muitas vezes com a família sendo obrigada a assistir ao sacrifício. Assim aconteceu com o brasileiro Antonio José da Silva. Geralmente os castigos eram bárbaros ou atrozes.

Na França houve o maior julgamento da Inquisição, sendo julgada não uma pessoa individual, mas uma coletividade de pessoas não identificadas. Foram condenadas 70.000 pessoas que teriam aderido à Reforma Protestante. Não se sabia quem eram, ficando a cargo da polícia apurar quem seriam os executados; deu-se portanto à polícia o poder de julgar. No dia de São Bartolomeu, no 24 de agosto de 1572,

70.000 protestantes foram mortos, ficando conhecido como "A Noite de São Bartolomeu".

A desfaçatez máxima da Inquisição francesa, porém, foi a condenação e execução da heroína Joana D´Arc, acusada de feitiçaria e sacrificada na fogueira. Por ironia do destino, Joana D´Arc seria mais tarde canonizada santa, e hoje é a santa padroeira da França; sua imagem está presente na maioria das igrejas francesas. Segundo o relato de historiadores franceses, a condenação foi obra da Inquisição inglesa em trabalho com sua congênere francesa e resultado do fato de Joana D´Arc haver levado as tropas francesas e vencerem as inglesas.

Em 1992, no quinto centenário da expulsão dos judeus e outros hereges da Espanha e Portugal, D. Carlos, rei da Espanha pediu desculpas publicamente à humanidade, em nome de seu país, pela ação inquisitória. No mesmo dia o Papa rezou pelas vítimas desse tribunal e pediu desculpas em nome da Igreja. Declarou que a Inquisição não encarnava os ideais cristãos e foi mais um tribunal político e econômico, de índole leiga, tanto que até padres foram por ela condenados e executados. É sugestivo o fato de Galileo Galilei estar enterrado numa igreja e Joana D´Arc ter sido canonizada santa após ter sido condenada pela Inquisição.

7. Cissão no direito privado

Novos ramos do direito privado

Os antigos romanos criaram o direito há mais de 20 séculos, dividindo-o em dois grandes ramos, denominados de público e privado. Passados todos esses séculos, essa divisão ainda continua no direito da maioria dos países modernos. Essa divisão era apenas doutrinária, pois a legislação permanecia unificada. É o que se nota no *Corpus Juris Civilis*, no qual estão inseridas as normas de Direito Público, incluindo-se de Direito Penal, Tributário, Constitucional. Assim também aconteceu com o Código de Eurico, repositório de todo o direito daquela época, ou seja, do início da Idade Média.

A esse respeito, será bom recordar as várias eras da história, para se notar que a evolução do direito não sofre solução de continuidade ao passar de uma era para a outra. Assim sendo, já no final da Idade Média notava-se a cisão no direito privado, começando a desgarrar-se do Direito Civil um novo ramo do direito, que iria florir no início da Idade Moderna. Era o Direito chamado, a princípio, de Mercantil, mudando depois para Direito Comercial e nos últimos anos Direito Empresarial. O Direito Privado cindiu-se então em dois, embora interligados: o Direito Civil e o Direito Empresarial.

O desenvolvimento da humanidade e a complexidade das relações econômicas e jurídicas haveriam de forçar o desdobramento do direito em vários outros ramos, que hoje constituem a árvore jurídica. Foi assim que chegamos aos tempos contemporâneos com o Direito Privado partido em quatro ramos primordiais, e novos outros estão surgindo. Assim sendo, modernamente o Direito Privado consta de quatro ramos, a saber:

— Direito Civil.

— Direito Empresarial.

— Direito do Trabalho.

— Direito Internacional Privado.

Vamos tomar como início do Direito Empresarial a publicação, em 1553, da obra de Benvenuto Stracca, *Tratactus de Mercatura seo Mercatore* (Tratado sobre a mercatura e o mercador), quando as obras jurídicas eram escritas em latim. Corresponde essa obra a uma certidão de nascimento do Direito Empresarial. Essa afirmação não é tão radical como parece.

Uma ciência jurídica, como qualquer ciência, nunca será elaborada de um dia para outro, mas vai se formando pelos séculos. Nenhum ramo do direito poderá surgir sem um vínculo com o passado, compreendida a antiga Roma. Muitas instituições do moderno Direito Empresarial assimilaram as contribuições do direito romano e das normas medievais.

As compilações marítimas

As primeiras produções legislativas de realce para revelar o surgimento de nova vertente no direito privado foram as compilações marítimas, códigos em miniatura de normas referentes à navegação no mar Mediterrâneo e no Atlântico. Esses códigos regionais estamparam-se posteriormente nos códigos modernos, entre os quais o antigo Código Comercial brasileiro, engolido depois pelo Código Civil de 2002. São produções legislativas que deram nascimento ao Direito Marítimo, uma vez que naquela época eram muito fortes as transações entre países marítimos e mesmo de algumas regiões interiores.

O Direito Marítimo, como ramo do direito, é anterior ao Direito Empresarial, de que hoje faz parte e suas normas são de caráter especial, distintas das normas do Direito Civil. Sua presença no direito brasileiro já se notara no régio decreto da criação dos cursos jurídicos no Brasil, em 11.8.1827, em que estava inserido o estudo do Direito Mercantil e do Direito Marítimo. Direito Mercantil foi o primeiro nome do hoje chamado Direito Empresarial. O Direito Marítimo era estudado em pé de igualdade com o Direito Mercantil, mas hoje este último é ramo integrado no primeiro. Esses códigos medievais deram nascimento ao Direito Mercantil no início da Idade Moderna.

Entre as muitas compilações jurídicas, podemos citar como as principais, as mais influentes:

TABULA AMALFITANA – É considerada como o primeiro código de direito marítimo encontrado, tendo também muitas disposições de ordem mercantil, como crédito e seguros. Esse Código de Direito Marítimo foi elaborado por época de 1200 a 1300, na cidade de Amalfi, próxima de Nápoles e da Ilha de Capri. Hoje, Amalfi é uma bela cidade litorânea de atividade turística, mas a cerca de 1.000 anos era centro de transações e trocas de mercadorias, principalmente com os árabes e países do norte da África; possuía sugestiva frota de navios.

Em 839 tornara-se independente, proclamando a República Amalfitana. Sua grande obra legislativa foi a elaboração do Código de Direito Marítimo que regulou durante séculos o tráfico de mercadorias no Mar Mediterrâneo. Serviu de modelo para outros códigos marítimos posteriores. Uma das cópias encontra-se hoje no Museu Municipal de Amalfi.

CONSOLATO DEL MARE – Surgiu na cidade espanhola de Barcelona no século XIII, logo após a *Tabula Amalfitana*. Foi elaborado por uma corporação de mercadores marítimos chamada Consulado Del Mare, que existe até hoje. Regulamentava a navegação marítima no Mar Mediterrâneo. Era um código bem vasto, expondo fartamente normas de direito marítimo, muitas das quais se encontram no Código Comercial francês de 1807, e, por via deste, no Código Comercial brasileiro de 1850. Segundo muitos juristas, esse foi o principal Código Mercantil da Idade Média. Era redigido em latim, mas no latim falado popularmente na região de Barcelona, dando a supor que antecedera ao idioma catalão, o que veio confirmar ter ele surgido realmente em Barcelona, capital da região da Catalunha.

Aspecto importante do Consulado Del Mare foi o de ter sido ele traduzido para o italiano pelo insigne jurista LORENZO MARIA DE CASAREGI (1670 a 1737), traçando vários comentários sobre ele. As várias obras de Casaregi, algumas com base no Consulado Del Mare e no Guidon de la Mer, deram nascimento ao Direito Securitário, hoje componente do Direito Empresarial. Esse passo de Casaregi foi completado por outro grande jurista, Ascânio Baldessaroni (1751-1824), graças a uma obra notável, *DELLA ASSICURAZIONI MARITTIME* (Sobre os Seguros Marítimos), completo tratado sobre o direito securitário marítimo. Baldessaroni escreveu suas obras em italiano e não em latim, tendo sido, por isso, mais divulgadas. Com Casaregi e Baldessaroni, o Direito Securitário foi criado na era moderna, mas com os fundamentos que eles trouxeram dos códigos medievais, Consulado Del Mare e Guidon de la Mer.

ROLOS DE OLERON – Na ilha francesa de Oleron, perto da cidade de Bordeaux, foram encontrados alguns pergaminhos enrolados, que tomaram o nome de Rolos de Oleron. É uma compilação marítima, contendo normas de direito marítimo aplicadas nas costas do Atlântico e mesmo do Mediterrâno, principalmente normas sobre o transporte e distribuição de vinhos. Eles apareceram em 1266 e sua aplicação era da França para o norte da Europa.

GUIDON DE LA MER – É outra compilação marítima, elaborada na cidade de Rouen, no norte da França e regulamentava a navegação da França para o Sul. Característica primordial desse código foi ter descrito com certa amplitude os seguros marítimos. Cópia do Guidon de la Mer encontra-se na Biblioteca Nacional da França.

CÓDIGO HANSEÁTICO – Era uma compilação marítima elaborada pela HANSA (ou Liga Hanseática), tipo de associação de cidades alemãs e de outros países, surgida no final da Idade Média. Estabeleceu, a princípio, um tipo de mercado comum, mas se transformou numa aliança política. Dominou as transações marítimas e terrestres no norte da Europa e no Mar Báltico. Era formada por vários mercadores, principalmente alemães, adotando evoluída organização e formando uma frente mercantil, política e até militar. Por mais de três séculos dominou as operações econômicas em todo o norte europeu e parte da Inglaterra, com avassalador controle das transações com a Rússia. As cidades alemãs de Lubeck, Bremen e Hamburgo formaram, dentro da própria Hansa, a Liga Hanseática, mais íntima, para enfrentar os efeitos da guerra dos Trinta Anos, que pretendia abater seu poderio. As normas da Hansa formaram autêntico código e um sugestivo sistema jurídico, denominado *jus hanseaticum*, editado em código em 1614: foi o Código Hanseático, formado em vários séculos, a partir da Idade Média.

COMPILAÇÃO MARÍTIMA DE WISBY – É Código de Direito Marítimo em vigor no Atlântico Norte e no Mar Báltico, abrangendo Noruega, Finlândia, Polônia, Rússia e regiões limítrofes. Tem muita semelhança com os Rolos de Oleron.

Vários outros códigos, principalmente com normas de direito marítimo foram encontrados, como o *CONSTITUTUM USUS*, de Pisa (1161), *LIBER CONSUETUDINORUM*, de Milão (1216), o *BREVE MERCATORUM*, de Pisa (1316), o *CAPITULARUM NAUTICUM*, de Veneza (1255), e vários outros. Esses códigos foram elaborados na Idade Média, mas se constituíram em bases de códigos modernos.

O direito terrestre

Das referidas compilações marítimas nasceria o novo direito, mas adicionado de elementos do direito corporativo e do direito estatutário; esses últimos referiam-se mais a um direito terrestre. O Direito Estatutário é fruto do direito medieval e dos costumes das cidades medievais européias. Não se tinham ainda formado os modernos países europeus e cada cidade constituía um verdadeiro Estado. Uma cidade-estado, por exemplo, digna de nota, era Veneza: possuía sugestiva esquadra mercante e dominava as transações econômicas entre as cidades européias e Constantinopla, portal do Oriente.

Essas cidades-estados tinham um sistema jurídico denominado Estatuto. O direito estatutário de cada cidade serviu de base para um direito administrativo e mercantil, chamado de Direito Estatutário. Esse direito, junto com o Direito Corporativo, também estatutário, por ser baseado no estatuto das corporações, provocaram o novo Direito Mercantil, abrangendo a parte terrestre. Todo esse complexo de normas fizeram nascer o Direito Mercantil, sistematizado doutrinariamente no início da Idade Moderna, incorporando as normas medievais.

Um quarto tipo de direito medieval surgiria entretanto: o direito das feiras. Foi ocasionado pela troca e venda de mercadorias nas feiras medievais; essas feiras eram parecidas com as de hoje, mas, em vez de produtos hortifrutigranjeiros, dominava a venda de especiarias e artesanato, mormente vindos do Oriente, via Constantinopla. Cada feira tinha seu estatuto, provocando novo tipo de Direito Estatutário. Como exemplo bem sugestivo, podemos citar o instituto da falência. Os mercadores das feiras expunham suas mercadorias em bancas e se algum deles não pagasse os compromissos, os credores se reuniam e quebravam a banca do devedor inadimplente. Esse incidente recebeu o nome de bancarrota (banca/rotta = bancas quebradas). Bancarrota foi o primeiro nome de falência, começo do Direito Falimentar.

Esse direito medieval frutificaria mais tarde em dois importantes códigos surgidos na França, por iniciativa do brilhante ministro Colbert:

Ordenação sobre o Comércio Terrestre – em 1673 – também conhecido como Código Savary, o mais atuante de seus elaboradores, contendo as contribuições do Direito Estatutário.

Ordenação sobre o Comércio Marítimo – em 1681 – incorporando as normas de Direito Marítimo, principalmente do Guidon de la Mer.

Esses dois códigos, naquela época denominados "ordenação", forneceram matéria para a elaboração do Código Comercial francês, que viria inspirar o código de muitos países, entre os quais o Brasil.

Retornemos um pouco ao passado. Embora o Direito Empresarial tenha sido sistematizado em 1553, no início da Idade Moderna, surgiu ele na época comunal, em que predominavam na Itália, como em toda a Europa, as comunas e as corporações. As corporações eram organizações gregárias, formadas por profissionais, como alfaiates, ferreiros, sapateiros, ourives, e outros tipos de artesãos, para se estruturarem como classe organizada e atingirem objetivos comuns de natureza profissional, econômica, política, social e jurídica. Recebiam, na Inglaterra, o nome de *guilda*; na Espanha, *grêmio*; na França, c*orporation de metiers*; na Itália, *corporazione*. Essas corporações assumiram papel tão importante no cenário econômico, político e social, que se transformaram em órgãos legisladores, editando normas em seu interesse.

É exatamente nessas normas corporativas, nos estatutos das corporações e em suas instruções, juntamente com o direito estatutário, que se assentou o Direito Empresarial. Muitas eram as corporações, como de artesãos, vidreiros, sapateiros, alfaiates, etc. e dos mercadores. Os mercadores daquela época eram os empresários encarregados da compra e venda de mercadorias, para a satisfação das necessidades do mercado consumidor. Nota-se a correlação entre várias palavras cognatas, umas servindo de étimo para as outras: mercado-mercador-mercadoria-mercatura-mercante- mercantil. Todas essas palavras foram usadas no novo ramo do direito desgarrado do Direito Civil.

O sistema das corporações se alastrou por toda a Europa, incluindo-se Portugal e por via dele o Brasil. Muitos brasileiros já ouviram falar na Baixa do Sapateiro, sem imaginar que essa rua recebeu esse nome porque lá operava a corporação dos sapateiros. Menos conhecida mas muito importante é a Rua do Alfaiate, em Recife, em que funcionava a corporação dos alfaiates nos tempos coloniais. Em São Luiz do Maranhão e outras cidades nordestinas, predominava o sistema das corporações.

O direito surgido das sistematizações das corporações de mercadores recebeu o nome de Direito Mercantil, o primeiro nome de Direito Empresarial. Assim foi denominado por ser o direito da classe dos mercadores, um direito classista e prático, formado paralelamente ao direito comum, o Direito Civil. Não havia uma única corporação de mercadores, mas diversas, por se formarem várias categorias de mercadores. Em Florença, era importante a corporação de mercadores de tecidos de Calimala (nome da rua em que eles eram instalados), a dos cambistas, a corporação dos mercadores de tecidos de seda, outra de tecidos de lã. Com o tempo, pequenos mercadores, tipo lojistas, transformaram-se em grandes empresários, formando corporações próprias, empreendendo ou financiando navegações marítimas, desenvolvendo operações de caráter nitidamente empresarial. Tornavam-se muitas vezes industriais e banqueiros.

Digna de nota era a corporação dos mercadores marítimos, sediada em Barcelona, na Espanha, ainda hoje existente e instalada no mesmo local, ao que parece, há mais de 1.000 anos. Notabilizou-se essa corporação, chamada Consulado Del Mare, por ter elaborado o famoso código que recebeu seu nome, e que serviu de modelo para a elaboração do Código Comercial francês, modelo dos códigos modernos.

A sistematização do Direito Empresarial

Em 1553 surge a primeira obra doutrinária de direito empresarial, fato que se dá com o surgimento desse campo do direito; é o *Tratactus de Mercatura Seo Mercatore* (Tratado sobre a Mercatura e o Mercador), composto por Benvenuto Stracca. Nascido na cidade de Ancona, em 1509, Stracca mudou-se para Bolonha, onde cursou a famosa faculdade de direito, atuando como advogado e tornando-se professor da faculdade. Essa obra sistematizou todo o Direito Empresarial daquela época, compreendido nele o Direito Marítimo, que caminhava com ela *pari passu*. Stracca escreveu ainda outras obras, mas todos foram ofuscadas pelo *Tratactus*.

Surgiu em seguida outro empresarialista, que viveu no final de 1500 e início de 1600, Sigismundo Scaccia, com várias obras publicadas, tendo-se realçado o seu clássico *Tratactus de commercii et Cambio* (Tratado sobre o Comércio e o Câmbio), publicado em 1618, em Roma. Estava assim construída a doutrina do Direito Empresarial, com Stracca e Scaccia. Outros juristas notáveis, como Ansaldo Di Ansaldi, De Luca, Targa, Mantica, Turri e outros, completaram a obra dos dois primeiros mestres, ligados à Universidade de Bolonha, por isso considerados os criadores do Direito Empresarial.

O maior vulto do Direito Empresarial daquela época haveria de surgir posteriormente, embora sem o pioneirismo de Stracca e Scaccia. Giuseppe Lorenzo Maria de Casaregi (1670 a 1737) não era da escola de Bolonha, mas de Gênova, onde nasceu e advogou. Escreveu muitas obras de Direito Empresarial e Direito Marítimo, e traduziu para o italiano a compilação marítima *Consolato Del Mare*, em 1718, elaborada em Barcelona, em latim, traçando valiosos comentários sobre ela. Suas várias obras representam uma contribuição fundamental para a consolidação doutrinária do Direito Empresarial e do Direito Marítimo. Todos os institutos foram tratados profundamente e com clareza, com o mais completo e profundo exame dos usos mercantis e seus princípios fundamentais. Duas obras se sobressaem na vasta bibliografia de Casaregi: *Discursus Legalis de Commercio* (Exposição Legal sobre o Comércio) e *Discursus Generalis Circa Materiam Assecurationum* (Exposição Geral sobre Seguros).

Quase um século após Casaregi, outro grande empresarialista ampliou os estudos do Direito Empresarial. Ascanio Baldessaroni (1751 a 1824), em obra notável, *Della Assicurazioni Marittime* (sobre os Seguros Marítimos), elaborou um completo tratado de seguros marítimos. Baldessaroni escreveu suas obras em italiano e não em latim, tendo sido, por isso, mais divulgadas. Assim sendo, com Casaregi e Baldessaroni criou-se com plenitude o Direito Securitário, integrante do Direito Empresarial. Estava assim consolidado o novo ramo do direito privado, desgarrado do Direito Civil, sistematizado no início dos tempos modernos, mas cujas bases foram se formando no decorrer da Idade Média.

7. DECLARAÇÃO DOS DIREITOS DO HOMEM E DO CIDADÃO

1. As novas idéias
   1.1. O iluminismo
   1.2. O liberalismo
   1.3. O enciclopedismo
2. Os choques com as idéias da época
3. A Revolução Francesa
4. As corporações de ofícios
5. A Declaração dos Direitos do Homem e do Cidadão

1. As novas idéias

É até difícil avaliar a repercussão e a influência da Declaração dos Direitos do Homem e do Cidadão no mundo todo e também no Brasil. Trata-se de uma carta de princípios surgida como anexo à Constituição francesa, ambas aprovadas pela Assembléia Nacional em 1789. Elas marcam o final do regime antigo, a realeza e as instituições estabelecidas por ele. Ao mesmo tempo introduz novas instituições e novas idéias que vieram predominar no mundo após a Revolução Francesa de 1789.

As novas idéias não surgiram repentinamente ou com a Revolução Francesa. Resultaram dos movimentos filosóficos elaborados há um século e do pensamento vigoroso de certos filósofos, como Montesquieu, Voltaire, Rousseau, John Locke, ou dos enciclopedistas como Diderot, D´Alembert. Há três movimentos culturais de efetiva participação nos princípios básicos da Declaração dos Direitos do Homem e do Cidadão: o iluminismo, o liberalismo e o enciclopedismo. Antes de analisarmos os fundamentos apontados, vamos citar os principais objetivos da Declaração dos Direitos do Homem e do Cidadão:

1. Igualdade de todos perante a lei, sem distinções.
2. Abolição de títulos nobiliárquicos, privilégio ou franquia tradicional, abolindo-se a hereditariedade de serventias públicas.
3. Direito de defesa contra qualquer pressão ou opressão material ou moral de agente público ou privado.
4. Liberdade de pensamento, associação, palavra ou culto religioso ou filosófico.
5. Inviolabilidade de domicílio.
6. Abolição de qualquer tipo de escravatura ou servidão de gleba.
7. Proteção e respeito à propriedade privada.
8. Eliminação do dogma do poder divino dos reis.
9. Todo poder emana do povo e em seu nome será exercido.
10. Cabe ao povo a escolha de seus governantes pelo sufrágio universal.

1.1. O iluminismo

Também chamado de ilustração, o iluminismo foi o movimento intelectual grassado no século XVIII, na Europa, especialmente na França. Seus intelectuais concentraram-se principalmente em Paris, que foi, por isso apelidada de "cidade luz". Surgiu essa escola filosófica na época das grandes inovações científicas e tecnológicas, quando também surgiu a Revolução Industrial. Diz o iluminismo que os fenômenos naturais e sociais são explicados racionalmente, ou seja, pela razão; a luz que esclarece os fenômenos é a razão humana. Por esse motivo, o século XVIII foi chamado o "século da luz", de que se originou o nome de iluminismo.

Várias características marcam essa doutrina, além da principal, vale dizer, a razão humana como forma de explicação do mundo. Não foi movimento materialista, por acreditar na presença de Deus no ser humano, na natureza. É, contudo, anticlerical, por combater a influência da Igreja na política e na sociedade; é seu postulado importante a separação entre a Igreja e o Estado.

Para o iluminismo o ser humano nasce bom e feliz; são todos iguais, mas a sociedade o corrompe e o escraviza, ao criar e estimular ambições e interesses. Aliás, quem expressa de forma mais clara e veemente essa natureza humana é o pensador Jean Jacques Rousseau (1712-1778), mormente em sua obra-prima *O Contrato Social*. Preconiza o iluminismo as modificações na sociedade e nas leis, para garantir ao ser humano a liberdade de pensamento, da expressão do pensamento, fazendo vir à tona seus bons atributos, contra o arbítrio e a prepotência.

Nem só os franceses se realçaram como vultos do iluminismo, mas foram precedidos pelo notável cientista inglês, *sir* Isaac Newton (1642-1727) e pelo filósofo alemão Leibniz e o inglês John Locke (1632-1704). Os principais pensadores foram Rousseau, Montesquieu e Voltaire, juntamente com os enciclopedistas Diderot e D´Alembert.

1.2. O liberalismo

Como conseqüência do iluminismo surgiu o liberalismo, nova doutrina econômica e política proclamando a liberdade individual.

Deriva o termo liberalismo de líber = livre. De certa forma, elabora doutrina baseada na máxima: *laissez faire, laisser passer et le monde va de lui-même* = deixe fazer, deixe passar e o mundo vai por si mesmo. Consagra a liberdade individual do cidadão frente ao poder do Estado, cuja obrigação é a defender essa liberdade, principalmente deixando a solução dos problemas privados às próprias partes envolvidas nesses problemas. Destarte, prevê a não intervenção do Estado, uma vez que a dinâmica da produção, distribuição e consumo de mercadorias e serviços é regida por leis que já fazem parte do processo. Como exemplo, é citada a Lei da Oferta e Procura, que estabelece o equilíbrio entre essas várias fases.

Assim, por exemplo, um cidadão quer comprar bananas, que corresponde à necessidade humana e revela seu interesse em satisfazê-la. Vai à quitanda e não encontra suas bananas; o quitandeiro reclama ao agricultor, que produz as bananas, mas o agricultor não tem caminhão para distribuí-la e serve-se de intermediário que faz chegá-las ao quitandeiro. Há como se fosse uma "mão invisível" pressionando todas essas pessoas a trabalhar para que o cidadão possa comer bananas. O que deve fazer o Governo é preservar as leis naturais dessa "mão invisível", criando a ela condições de liberdade para que possa funcionar a contento. Qualquer medida que pretenda refrear essa "mão invisível" é antiliberal.

Outro princípio do liberalismo é o da igualdade de direitos na economia, na política ou no direito. Não pode haver privilégios de classes sociais, profissionais ou econômicas. Todos são iguais perante a lei. Por isso combate todas as formas de discriminações: social, religiosa, racial, ideológica, de origem e as demais. A discriminação gera choques, injustiças, protecionismo estatal. A conexão entre a liberdade e a igualdade para garantir a paz social gerou o lema da Revolução Francesa: Liberdade, Igualdade, Fraternidade.

O liberalismo não significa o alheamento do Governo: este deve atuar decisivamente no controle da economia, mas no sentido de preservar a liberdade e a igualdade, e evitar distorções. Por isso, todos os países liberais criaram leis contra o abuso do poder econômico. Além disso, muitas leis regulamentam as atividades econômicas, políticas e sociais, mas no sentido liberal, ou seja, não de refrear, mas de liberalizar as atividades empresariais e produtivas. A legislação liberal procura reconhecer a legislação que faça o progresso e a economia repousarem no trabalho livre, exercido pela iniciativa dos empreendedores.

1.3. O enciclopedismo

O enciclopedismo não foi propriamente doutrina paralela ao liberalismo e ao iluminismo, mas forma de divulgação, ilustração e defesa das idéias liberais e iluministas. Não deixou, porém, de estabelecer matizes especiais nessas idéias, de tal maneira que elaborou ideologia própria, com bases no iluminismo e no liberalismo. A enciclopédia foi um tipo de dicionário, não de palavras, mas de idéias. Termo de origem etimológica grega, enciclopédia significa "ciclo educativo", e, realmente, a enciclopédia representa sistema organizado de formação educativa, compreendendo os conhecimentos filosóficos, políticos, jurídicos, artísticos da época, num todo homogêneo, de tal forma a representar verdadeiro curso.

A matéria da enciclopédia tinha, todavia, conteúdo iluminista e liberal, voltada mais para a filosofia, a política e o direito. Cuidava principalmente de problemas sociais, políticos, econômicos e jurídicos; o progresso da civilização e aperfeiçoamento das estruturas sociais; o progresso das ciências e a tecnologia, principalmente as inovações oriundas da Revolução Industrial; a liberdade e a igualdade; enfim as tendências da época. A realidade, contudo, foi o conteúdo ideológico da enciclopédia: os ideais do iluminismo e do liberalismo.

Os elaboradores da enciclopédia foram dois filósofos franceses, Diderot e D'Alembert, mas tiveram a colaboração dos filósofos da Revolução Francesa, Montesquieu, Voltaire e Rousseau e de outros intelectuais como Holbach, Quesnay, Turgot, Naubenton, Marmotel, o abade Morellet.

2. Os choques com as idéias da época

Pereceria simples expor as idéias iluministas e liberais, se considerássemos só o mundo atual, sem nos atermos ao período anterior à

Revolução Francesa, no século XVIII, quando essas idéias medraram. Entretanto, muitos pensadores foram presos e perseguidos por adotar tais idéias. O ambiente geral não poderia receber livremente o liberalismo e os postulados do iluminismo, quando predominavam a intolerância, as discriminações, o dirigismo estatal, o poder absoluto dos reis e estes eram o Estado.

A primeira barreira a enfrentar foi a Igreja Católica; esta era ligada ao Estado, era a religião nacional, e seu clero fazia parte das classes dominantes; sua orientação era de total intolerância e rigidez. Sua atuação não era apenas religiosa e muitas vezes discriminava a religião da política, pendendo mais para essa última. Exemplo dessa atuação foi o cardeal Richelieu, o primeiro ministro da França, que não cuidava de religião, mas só de política. Nas guerras religiosas, fez a França aliar-se aos países protestantes contra a Áustria, que era católica, porque era rival político desta. As idéias iluministas eram contra a discriminação religiosa e preconizavam a separação entre a Igreja e o Estado, que resultou em lutas, guerras e revoluções ferrenhas.

A estratificação social da França era rígida; não havia partidos políticos, mas classes sociais bem definidas, e politicamente organizadas, denominadas de "estados gerais". Os eleitores eram divididos em classes (estados) e votavam na sua classe. Assim, os nobres votavam neles próprios, os membros do clero neles mesmos. Havia três estados gerais: nobreza, clero e povo, os três representados no Parlamento. O clero era constituído dos maiorais e não pelos padres de província, isto é, os que atuavam junto à paróquia. Os bispos e cardeais eram políticos e parlamentares, com vida luxuosa.

O povo era a classe desfavorecida e pouco representativa, vale dizer, sem força no Parlamento; a ele pertencia a burguesia, classe de algum poder econômico, formado por agricultores, profissionais-artesãos, pequenos empresários, que lhes dava a faculdade de organizar-se. Na votação das leis, a nobreza e o clero eram unidos, por serem as classes dominantes, enquanto o povo valia um só voto. Além do mais, o povo não era a massa dos mais humildes e necessitados, o "povão", mas uma categoria privilegiada, a burguesia, que defendia mais os seus interesses e não os da população. Contra esse regime tiveram que lutar os iluministas e os liberais.

Esse estado de coisas irradiou-se pelo mundo afora, como no Brasil. Nossa primeira Constituição, de 1824 retratava o direito e a política francesa que antecedera à Revolução, como o "poder moderador", o voto por classes econômicas e outros. Nossa Constituição era o reflexo da portuguesa, e tinha sido praticamente elaborada pelo Imperador D. Pedro I, filho do rei de Portugal, D. João VI.

3. A Revolução Francesa

A ascensão da burguesia reforçou as idéias liberais, o que fez agravar a inquietação popular e fez o povo sublevar, instigado pela burguesia, resultando na tomada e destruição da Bastilha, a prisão símbolo do autoritarismo das classes dominantes e da realeza. O rei e a rainha foram depostos e guilhotinados junto com milhares de pessoas. O triunfo da Revolução Francesa provocou muitas transformações em todos os sentidos, com amplas repercussões internacionais.

Porém, a transformação mais sugestiva, para nós, foi no âmbito do direito. Ruíram as antigas instituições jurídicas e novas surgiram. Elas estão retratadas na Constituição Republicana francesa, na Declaração dos Direitos do Homem e do Cidadão e no Código Civil e Código Comercial da França. Passados quase vinte anos, por iniciativa de Napoleão Bonaparte, a França apresenta em 1805 e 1806 seu Código Civil e seu Código Comercial. As idéias que eles expressam vieram do iluminismo e do liberalismo. Os códigos influenciaram o direito da maioria dos países, provocando o Código Comercial brasileiro de 1850 e o Código Civil de 1916. Por meio da Revolução Francesa o iluminismo, o liberalismo e o enciclopedismo penetraram em todos os países e, de forma bem tardia, no Brasil, pois só se revelaram na Constituição Republicana de 1892 e em leis posteriores.

4. As corporações de ofícios

Muitos desconhecem o que sejam as guildas ou corporações de ofícios, mas essas entidades exerceram forte influência no direito. As corporações de ofícios eram confrarias que organizavam o regime de trabalho profissional. A formação profissional processava-se em escalas, em que havia o aprendiz como iniciante de qualquer profissão; este depois se transformava no jornaleiro como profissional independente, e depois no mestre. Havia assim as corporações dos alfaiates, dos pedreiros, dos carpinteiros, dos tecelões, dos funileiros, dos fundidores, dos vidreiros, dos médicos. A corporação instalava-se numa rua, que, geralmente recebia o nome da profissão. Por exemplo: em Florença há a "Via Calimala", a rua dos tecelões, cuja existência passa de mil anos e era a rua em que estava a corporação dos tecelões e eles exerciam sua profissão naquela rua. A rua Calimala existe até hoje e forma o centro de produtos têxteis mais importante da Europa. Ainda em Florença está a "Via del Calcelaio", na qual se localizava a corporação dos sapateiros e esta rua é ocupada por lojas de calçados e pequenas oficinas produtoras desse produto.

As corporações de ofícios vigoraram também no Brasil e só foram dissolvidas em 1824. Resquícios do sistema é a "Baixa do Sapateiro", em Salvador, em que estava instalada a corporação dos sapateiros; também a "Rua dos Alfaiates", uma das mais tradicionais de Recife, considerada a rua do comércio varejista. Em São Luiz do Maranhão havia corporações de muitas atividades profissionais.

O Direito Mercantil, hoje chamado de Direito Empresarial, era o direito principalmente corporativo; a corporação exercia naquela época papel correlato à moderna empresa. Desenvolvia atividade econômica produtora de mercadorias e de serviços. O regime de trabalho era o adotado pelas corporações, e o Direito do Trabalho era o que regulamentava a carreira dos profissionais na corporação, que monopolizava todo o trabalho profissional e as atividades produtivas. Só podia exercer determinada profissão quem fosse membro da respectiva corporação. Como ela era instituição típica do período feudal e predominante na Idade Média, foi duramente atacada pelo movimento iluminista e depois pelo liberalismo. Por isso, assim que se instalou a Assembléia Constituinte francesa, a "Lei Chapelier" aboliu e proibiu as corporações. Ruiu o direito que as regulamentava, abrindo as brechas para a instituição de novo direito, com base na Declaração dos Direitos do Homem e do Cidadão.

5. A Declaração dos Direitos do Homem e do Cidadão

A história do direito é composta de três fases: 1-Antes da DDHC, 2-DDHC, 3-depois da DDHC. Trata-se de obra da Revolução Francesa; após 14 de julho de 1789, dia do triunfo dessa revolução, foram convocados os parlamentares franceses para formar a Assembléia Nacional Constituinte, destinada a votar nova constituição para o país, que representasse novo direito e novas idéias. Os parlamentares acharam melhor elaborar antes uma carta de princípios que inspirassem a constituição, a que deram o nome de Declaração dos Direitos do Homem e do Cidadão. Apresentada no Parlamento, foi aprovada em 26.8.1789. Sobre essa declaração, a Assembléia Nacional Constituinte pôs as bases da nova constituição francesa. A DDHC consta do Preâmbulo e de 17 artigos.

Preâmbulo

Os parlamentares dizem no preâmbulo que resolveram expor numa declaração solene os direitos naturais sagrados, inalienáveis e imprescritíveis do ser humano. Para os membros da Assembléia Nacional, a causa dos males públicos e da corrupção dos governos é a ignorância, o esquecimento e o menosprezo aos direitos do ser humano; esses direitos serão expostos nos 17 artigos da declaração.

Pretendem os parlamentares que a declaração esteja sempre presente a toda a sociedade, e lembre os direitos e deveres do cidadão. O objetivo é o de que os atos do Poder Legislativo e do Poder Executivo possam ser comparados com o objetivo de toda instituição política e no intuito de serem eles respeitados. O preâmbulo da declaração estabelece direitos e deveres:

– Direitos dos cidadãos e da sociedade devidamente descritos;
– Dever de o Estado respeitar esses direitos.

Em seguida diz que as reclamações dos cidadãos fundamentadas, daí por diante, em princípios simples e incontestáveis, devem vir para manter sempre a constituição e o bem-estar de todos. A ratificação dessa carta de princípios, em 1783, esclarece melhor o que dissera a declaração primitiva sobre o "bem-estar de todos": o fim da sociedade é a felicidade comum. O Governo é instituído para garantir ao ser humano o gozo de seus direitos naturais, inalienáveis, imprescritíveis e sagrados. Em outras palavras, cabe ao Governo garantir a paz social, com a salvaguarda dos direitos fundamentais da nação.

Os 17 princípios

> 1.º – Os seres humanos nascem e ficam livres e iguais em direitos. As distinções sociais só podem ser fundamentadas na utilidade comum.

O primeiro artigo da Declaração consagra o princípio da igualdade e da liberdade, valores que formam com a fraternidade o lema da Revolução Francesa. Todos são iguais em direitos e obrigações perante a lei; não há discriminação de ordem legal. Não nega propriamente a discriminação de outros tipos, como a social e a racial, mas essa discriminação fica à margem da lei. Há discriminações entre patrões e empregados, por exemplo, mas é fundamentada na utilidade comum: uns nasceram para mandar, outros para obedecer; essa diferença é de ordem natural e não jurídica. Há liberdade individual de opção: lutar para poder mandar e outra para obedecer. Esse postulado reflete-se no *caput* do art. 5.º de nossa Constituição:

"Todos são iguais perante a lei, sem distinção de qualquer natureza, garantindo-se aos cidadãos brasileiros e aos estrangeiros residentes no País a inviolabilidade do direito à vida, à liberdade, à igualdade, à segurança e à propriedade, nos termos seguintes:

I – homens e mulheres são iguais em direitos e obrigações, nos termos desta Constituição;

II – ninguém será obrigado a fazer ou deixar de fazer alguma coisa senão em virtude da lei".

Após o advento de nosso Código Civil em 2002, já não pairam dúvidas a respeito da igualdade entre o homem e a mulher. O art. 372 da Consolidação das Leis do Trabalho consagra a isonomia salarial: se o homem e a mulher exercem o mesmo trabalho, o salário também deverá ser o mesmo. Foram banidas das leis brasileiras as disposições que estabeleciam diferença de tratamento legal entre o homem e a mulher. Tenha-se, porém, em vista, que não ficam abolidas as discriminações naturais; no esporte, por exemplo, há regras especiais para o homem e para a mulher.

> 2.º – O fim de toda associação política é a conservação dos direitos naturais e imprescritíveis do ser humano. Estes direitos são a liberdade, a propriedade, a segurança e a resistência do ser humano à opressão.

O direito de associação será garantido no decorrer das disposições da DDHC, mas, para fazer jus à tutela legal a associação deverá revelar objetivos bem definidos, que a caracterize como defensora dos direitos humanos, e das liberdades públicas. O art. 2.º abre a possibilidade de associações políticas por meio dos partidos. Os direitos humanos eram chamados de "direitos naturais" e ficaram bem definidos no art. 2.º: à liberdade, à propriedade, à segurança, à resistência à opressão.

A DDHC antecedeu ao Manifesto Comunista de Marx/Engels, consagrando o direito à propriedade privada, que se transformou num dos pilares do regime liberal. Esta é a principal razão pela qual a DDHC tem sido desprezada pelas esquerdas: o art. 17 estabelece esse direito de forma plena.

Vemos reflexos do art. 2.º da DDHC em nossa Constituição, nos incisos XVII a XXI do art. 5.º:

XVII – é plena a liberdade de associação para fins lícitos, vedada a de caráter paramilitar;

XVIII – a criação de associações e, na forma da lei, a de cooperativas independem de autorização, sendo vedada a interferência estatal em seu funcionamento;

XIX – as associações só poderão ser dissolvidas ou ter suas atividades suspensas por decisão judicial, exigindo-se, no primeiro caso, o trânsito em julgado;

XX – ninguém, pode ser compelido a associar-se ou permanecer associado;

XXI – as entidades associativas, quando expressamente autorizadas, têm legitimidade para representar seus filiados judicial ou extrajudicialmente.

Ao falar em associação, esse termo vai abranger vários tipos, não apenas as associações políticas, como os partidos, mas se incluem os sindicatos, as entidades beneficentes, as filosóficas, culturais, religiosas e demais pessoas jurídicas. No atual direito brasileiro, três tipos de pessoas jurídicas estão previstos: associação, sociedade e fundação, mas se cogita de criar outros tipos mais caracterizados de pessoas jurídicas.

Por princípio geral, as associações sofrem restrições impostas pela lei, em vista de possível inconveniência, como por exemplo, se atentar contra a ordem pública, os bons costumes e a segurança nacional.

> 3.º – O princípio de toda soberania reside essencialmente na nação; nenhuma corporação, nenhum indivíduo pode exercer autoridade que não emane diretamente dela.

Temos que interpretar este artigo da DDHC em correlação com o art. 1.º de nossa Constituição:

> "Todo poder emana do povo, que o exerce por meio de representantes eleitos ou diretamente, nos termos desta Constituição."

Cuida esse dispositivo constitucional da autoridade pública. Os dirigentes do País devem ser escolhidos por aqueles a quem governarão. A DDHC fala em "nação" e nossa Constituição em "povo", mas com o mesmo sentido. É o princípio básico da democracia: o poder soberano do povo. O sufrágio universal é o mecanismo pelo qual se estabelece o regime democrático, pois é o povo que escolhe seus governantes. Assim sendo, o povo é o governo e ao mesmo tempo o governado.

> 4.º – A liberdade consiste em poder fazer tudo quanto não incomode o próximo; assim o exercício dos direitos naturais de cada ser humano não tem limites senão nos que asseguram o gozo desses direitos. Estes limites não podem ser determinados a não ser pela lei.

Aqui está exposto o conceito de liberdade, derivado da teoria de Montesquieu, exposto em sua obra-prima: *Do Espírito das Leis*. Liberdade é o direito de fazer por livre e espontânea vontade tudo aquilo que a lei permita ou não proíba. Se o cidadão pudesse fazer tudo aquilo que fosse proibido não haveria lei, porque todos os demais cidadãos teriam idêntico direito. Por outro lado, o cidadão deve ter o direito de fazer tudo aquilo que a lei permite, desde que respeite também a liberdade de seus semelhantes. Por exemplo, estou no vagão do metrô e quero fumar; não estaria proibido de fumar, exercendo essa liberdade. Porém, a fumaça do cigarro está ferindo a liberdade do passageiro meu vizinho. Estou exercendo minha liberdade, mas tolhendo a do outro. Minha liberdade deve, pois, terminar onde começa a liberdade de meu vizinho.

Não há necessidade de a lei declarar expressamente a proibição de fumar; pode não haver a norma proibitiva, mas há o princípio superior à norma: nossa liberdade termina onde começa a de nosso semelhante.

> 5.º – A lei só tem o direito de proibir as ações prejudiciais à sociedade. Tudo quanto não é proibido pela lei não pode ser impedido e ninguém pode ser obrigado a fazer o que ela não ordena.

Este artigo complementa o anterior quanto ao conceito de liberdade. Procura, porém, reprimir possíveis excessos do legislador, ao estabelecer leis injustas ou prejudiciais à coletividade ou protecionistas de interesses privados. A liberdade não pode ser tolhida pela lei, a menos que esta tenha por fim refrear atos ilegais, como é o caso do abuso do poder econômico. É o que prevê o inciso XXXV do art. 5.º:

"A lei não excluirá da apreciação do Poder Judiciário lesão ou ameaça a direito."

Não poderá assim a lei tolher a faculdade do cidadão em requerer o aparelho judicial quando sentir que seu direito esteja sendo violado.

> 6.º – A lei é a expressão da vontade geral. Todos os cidadãos têm o direito de concorrer pessoalmente ou por seus representantes à sua formação. Ela deve ser a mesma para todos, quer ela proteja, quer ela castigue. Todos os cidadãos, sendo iguais aos seus olhos, sendo igualmente admissíveis a todas as dignidades, colocação ou empregos públicos, segundo suas virtudes e seus talentos.

As leis devem interpretar a vontade popular, já que é o povo que a elabora. Destarte, quem formula as leis são aqueles a quem elas se aplicam. Naturalmente, o povo não tem condições de elaborar as leis, mas escolhe aqueles que deverão votá-las. Seus representantes no Poder Legislativo são escolhidos pelos cidadãos para concretizar a vontade destes. Assim sendo, o povo se manifesta por meio de seus mandatários. Como são milhões os componentes da população, seus representantes representam a vontade geral e não de um ou de alguns; desta forma, não há leis individuais ou casuísticas; elas são abstratas, ou seja, aplicam-se a todos e não a algum em particular.

> 7.º – Nenhum homem pode ser acusado, sentenciado, nem preso se não for nos casos determinados pela lei e segundo as formas que ela tem prescrito. Os que solicitam, expedem, executam ou fazem executar ordens arbitrárias, devem ser castigados; mas todo cidadão chamado ou preso em virtude da lei deve obedecer no mesmo instante; torna-se culpado pela resistência.

O sétimo artigo expressa o princípio da legalidade: o ser humano é livre e pode praticar os atos que quiser, mas não aqueles que a lei proíba. Torna-se então necessário que a lei diga quais são os atos que não podem ser praticados: as infrações das leis. Em outras palavras, crime é o ato que a lei diga que é crime. O princípio da legalidade não foi criado pela DDHC, mas o herdamos do direito romano: *Nullum crimen sine legge* = não há crime sem lei anterior que o defina. Todavia, não estava previsto no direito francês e muito menos era respeitado. Houve necessidade de sua confirmação. No Brasil, este princípio está expresso no art. 1.º do Código Penal e no art. 5.º XXXIX:

> Não há crime sem lei anterior que o defina, nem pena sem prévia cominação legal.

Cada um deve lutar pela sua liberdade se julgar-se com direito a ela. Pode discordar da lei e procurar corrigi-la ou revogá-la, mas não desobedecê-la. Enquanto estiver em vigor, não se deve transgredi-la. Ninguém pode ser processado, denunciado ou condenado e nem preso a não ser que a lei preveja e nos termos processuais. Se, contudo, for chamado à Justiça, deve comparecer, sob pena de revelia.

> 8.º – A lei não deve estabelecer senão penas estritamente e evidentemente necessárias, e ninguém pode ser castigado senão em virtude de uma lei estabelecida e promulgada anteriormente ao delito e legalmente aplicada.

Repete o art. 8.º o anterior, reforçando o princípio da legalidade, ou seja, deve haver lei anterior que defina qualquer ato como crime e com sanção estabelecida na lei.

> 9.º – Todo homem sendo julgado inocente até quando for declarado culpado, se é julgado indispensável detê-lo, qualquer rigor que não seja necessário para assegurar-se da sua pessoa deve ser severamente proibido pela lei.

É outro artigo da DDHC expressando o princípio da legalidade: só é culpado quem assim for declarado pela Justiça sem qualquer sombra de dúvida. A prisão preventiva é aceita, mas quando necessária.

> 10 – Ninguém pode ser incomodado por causa de suas opiniões, mesmo religiosas, contanto que não perturbem a ordem pública estabelecida pela lei.

Talvez não damos tanta importância a esse postulado, por haver atualmente no Brasil liberdade religiosa; a Igreja Católica é separada do Estado e colocada em pé de igualdade com todas as facções religiosas. Não era o que acontecia antes da Revolução Francesa. A Igreja era parte integrante do Estado e os membros do clero eram autoridades públicas. Reinava completa discriminação e ódio de fundo religioso, mesclado com interesses econômicos. Até uns 40 anos atrás havia ainda no Brasil alguns reflexos dessa intolerância. Para maior segurança, nossa legislação enfoca várias vezes essa liberdade. É o que se vê na própria Constituição, em três incisos do art. 5.º:

"VI – É inviolável a liberdade de consciência e de crença, sendo assegurado o livre exercício dos cultos religiosos e garantida, na forma da lei, a proteção aos locais de culto e a suas liturgias.

VII – É assegurada, nos termos da lei, a prestação de assistência religiosa nas entidades civis e militares de internação coletiva.

VIII – Ninguém será privado de direitos por motivo de crença religiosa ou de convicção filosófica ou política, salvo se as invocar para eximir-se de obrigação legal a todos imposta e recusar-se a cumprir prestação alternativa, fixada em lei."

> 11 – A livre comunicação dos pensamentos e das opiniões é um dos mais preciosos direitos do homem; todo cidadão pode, portanto, falar, escrever, imprimir livremente, respondendo pelo abuso dessa liberdade nos casos determinados pela lei.

Este artigo consagra a liberdade de pensamento e da manifestação do pensamento; é o desejo de alguém expressar suas opiniões sobre qualquer assunto. Podemos incluir aqui a liberdade de imprensa, uma vez que ela emite opiniões, ainda que, geralmente, de forma abusiva. Entretanto, o próprio artigo diz que, no uso dessa liberdade, quem fala ou escreve responde por aquilo que diz. As limitações a essa liberdade estão previstas na lei, como os crimes contra a honra (calúnia, injúria, difamação), previstos no Código Penal, ou os dizeres que afetam os bons costumes, a ordem pública e a segurança nacional. É a liberdade responsável de imprensa e de comunicações.

Essa liberdade e essa responsabilidade estão expressas e regulamentadas em nossa Lei de Imprensa, descrevendo minuciosamente como a liberdade deve ser exercida sem ultrapassar os limites da licitude.

> 12 – A garantia dos direitos do homem e do cidadão necessita de uma força pública; por conseguinte, esta força fica instituída para o benefício de todos, e não para a utilidade particular daqueles a quem ela for confiada.

Ao mesmo tempo em que defende os direitos do cidadão, a DDHC aponta os deveres do Estado: cabe-lhe garantir as liberdades públicas (diz-se liberdades públicas e não liberdades democráticas) e os direitos do homem e do cidadão, para que todos desfrutem desses direitos e garantias e não pequenos grupos.

> 13 – Para a manutenção da força pública e para as despesas de administração é indispensável uma contribuição comum; ela deve ser igualmente repartida entre todos os cidadãos, à razão de suas faculdades.
>
> 14 – Todos os cidadãos têm o direito de verificar, por eles mesmos ou pelos seus representantes, a necessidade de contribuição pública, de consenti-la livremente, de acompanhar-lhe o emprego, de lhe determinar a cota, a cobrança e a duração.

A força pública é o aparelhamento do Estado, destinado a garantir as liberdades públicas, a ordem e a paz social, principalmente formado pelo Poder Judiciário. Para manter esse aparelhamento, necessário se torna que o povo se cotize, pague seus impostos, para que estes revertam em seu benefício. Cabe-lhe, entretanto, a faculdade de acompanhar ação do Poder Público na correta arrecadação dos tributos e sua aplicação. Cabe então ao Estado a tarefa de estabelecer as normas de Direito Tributário e de Direito Financeiro.

> 15 – A sociedade tem o direito de pedir a todo agente público as contas de sua administração.

O agente público é o ocupante dos cargos da administração pública, até mesmo os nomeados. São mandatários do povo e, portanto, têm deveres próprios de mandato, principalmente o de prestar contas ao mandante.

> 16 – Toda sociedade na qual a garantia dos direitos não for assegurada, nem a repartição dos poderes determinada, não tem constituição.

A Constituição de um país deve prever a divisão dos poderes de acordo com a origem romana e enaltecida por Montesquieu. A idéia da separação dos poderes é o aspecto mais importante da doutrina de Montesquieu, em que exalta a existência de três poderes: executivo, legislativo, judiciário. Devem eles ser independentes, opondo-se um ao outro, mas observando o sentido de colaboração. Essa oposição e harmonia entre eles garantem a liberdade política e evita a formação do despotismo.

> Pour éviter le despotisme, pour que la liberté soit preservé, il faut que le pouvoir arrête le pouvoir. Les trois porvoirs (législatif, executive, judiciaire) doivent donc être separés, c´est à dire, exercé par des individus ou des groupes differents.
>
> Para evitar o despotismo, para que a liberdade seja preservada, é preciso que o poder controle o poder. Os três poderes (executivo, legislativo, judiciário) devem então ser separados, isto é, exercidos por indivíduos ou grupos diferentes.

A Constituição do Estado implica que nenhum governante possa abusar do poder que lhe foi atribuído. A única garantia contra tal abuso é que "o poder controle o poder", vale dizer, a divisão dos poderes, o executivo, o legislativo e o judiciário (os três poderes fundamentais) devem ser entregues a mãos diversas, de maneira que cada um possa impedir o outro de exorbitar de seus limites, convertendo-se em abuso despótico. A reunião desses poderes nas mesmas mãos, sejam elas as do povo ou do déspota, anularia a liberdade política em que reside a liberdade efetiva. A soberania indivisível e ilimitada é sempre tirânica. O poder corrompe, o poder absoluto corrompe absolutamente. Partindo dessa consideração, Montesquieu traça a teoria da separação dos poderes.

As teorias de Montesquieu a respeito da separação dos poderes carecem de maior relevância no mundo atual, em vista do fato de terem elas se implantado no mundo inteiro. Os órgãos básicos já estão bem definidos e o estudo do direito está bem desenvolvido em nossas faculdades de direito. Como a situação está bem clara, não surgem muitas discussões, de acordo com o brocardo romano *in claris cessat interpretatio* = na clareza cessa a interpretação.

A divisão dos poderes processa-se com a atribuição das variadas funções públicas a seus órgãos específicos, de forma bem definida e sistematizada. Encontraremos essa divisão estabelecida pela nossa Constituição Federal, nos arts. 44 a 144, compreendendo o título denominado "Da Organização dos Poderes". Cuida a Constituição Federal dos vários poderes, órgãos intermediários e atribuição de poderes e funções a esses órgãos, a saber:

Cap. I – Do Poder Legislativo - arts. 44 a 75
Cap. II – Do Poder Executivo - arts. 76 a 91
Cap. III – Do Poder Judiciário – arts. 92 a 144

Mesmo assim surgem discussões e a doutrina de Montesquieu é invocada por membros dos três poderes, principalmente a partir das duas últimas décadas do século XX. No início do ano de 2004 iniciou-se a reação ao Poder Judiciário a respeito do controle externo desse poder, ou seja, os poderes legislativo e executivo agiriam sobre ele. Em contrapartida, há muitas manifestações quanto à hipertrofia do Poder Judiciário, sobrepondo-se aos outros poderes e avocando para si muitas decisões e poderes que não lhe caberiam. Nossos magistrados, por outro lado, criaram o esquema das "liminares" pelas quais um juiz adota decisões repentinas, oriundas de sua exclusiva vontade, sem dar direito de defesa às vítimas de suas decisões. É o abuso do poder, o exercício tirânico das funções jurisdicionais, sem que haja poder superior de controle.

> 17 – Sendo a propriedade um direito inviolável e sagrado, dela ninguém poder ser privado, salvo quando a necessidade pública, legalmente verificada, o exigir evidentemente e com a condição de uma justa e prévia indenização.

A propriedade privada era um dos postulados do iluminismo e do liberalismo e foi bem defendida pela DDHC; era um dos direitos fundamentais tutelados pelo nosso direito, mais tarde expressos no Código Civil e no Código Comercial da França (códigos Napoleão) e posteriormente nos códigos de todo o mundo. A Constituição brasileira consagra esse direito no art. 5º XXII: "é garantido o direito de propriedade". O Código Civil regulamenta esses direitos, também chamados "direitos reais" no capítulo denominado "Da Propriedade". Ocupa desde o art.1.238 ao 1.509.

Iremos encontrar ainda várias disposições referentes à tutela da propriedade na própria Constituição Federal e em leis complementares, como o Estatuto da Terra (Lei 4.505/64). Várias regulamentam a desapropriação da propriedade, estabelecendo limites e exigências para a desapropriação, de tal forma que não fique abalado o direito de propriedade. Uma das exigências é a de que o proprietário seja indenizado.

Modernamente o direito de propriedade vem sofrendo algumas restrições e exigências quanto ao uso da propriedade. O inciso do art. 5.º da Constituição afirma que "a propriedade atenderá a sua função social". Por isso, deve a propriedade tornar-se produtiva, razão pela qual a propriedade sem uso poderá acarretar sua perda.

8. ESCOLA DOS GLOSADORES

3. ESCOLA DOS GLOSADORES

Numa bela região do norte da Itália, chamada Emília, situa-se a importante cidade de Bologna, hoje com população estimada mais ou menos em 500 mil habitantes. Um dos principais motivos da importância e do renome dessa cidade foi a criação da primeira universidade do mundo ocidental, começando com a faculdade de direito: é a Universidade de Bologna, conhecida ainda como STUDIUM ou STUDIO, cuja faculdade de direito ainda hoje atrai estudantes do mundo inteiro. Não se sabe quando teria sido fundada, mas há mais de mil anos atrás já havia referências sobre ela e sua produção jurídica. Suas cátedras têm sido ocupadas por mestres dos mais famosos, provenientes não só da Itália, mas de vários países. Muitos juristas de fama mundial de diversos países orgulham-se de terem passado por seus bancos escolares.

Todavia, seu movimento mais importante na Idade Média deu-se quase um século depois, nos séculos X, XI, XII, que recebeu o nome de Escola dos Glosadores, ou simplesmente Escola de Bologna. Essa escola foi uma corrente do pensamento jurídico, tendo como objetivo fazer a interpretação e comentários do *Corpus Juris Civilis*, o que representou o renascimento do direito romano. Realizou o estudo sistemático, em simples dimensão do *Corpus Juris Civilis*, para esclarecer o seu sentido e atingir sua compreensão e posterior aplicação.

O termo "glosa", de origem latina, tem o sentido de interpretação, comentário; é a explicação e esclarecimento de um texto obscuro, profundo ou desconhecido. Era muito utilizado na interpretação da bíblia pelo Direito Canônico, bem como da Lei Mosaica. É muito usado na linguagem forense, como na expressão: "carece de glosa a necessidade dos filhos menores do recebimento da pensão alimentícia". O singelo Dicionário Escolar da Língua Portuguesa traz esse termo e outros derivados:

Glosa = nota explicativa de palavra ou sentido de um texto; comentário; interpretação.

Glosador = comentador; explanador.

Glossário = vocabulário de termos que necessitem de explanação.

Este termo aplicado no assunto agora tratado tem o mesmo sentido gramatical. Glosa é o comentário que o glosador faz à margem de cada artigo do código justinianeu, formando então autêntica doutrina. Os glosadores construíram uma doutrina jurídica do *Corpus Juris Civilis*, interpretando seus artigos, seus capítulos, a tal ponto de tornar claro o sentido da legislação justinianéia.

Séculos mais tarde, a Escola dos Pandectistas, surgida na Alemanha, renovou a obra dos glosadores, mas estes foram os pioneiros e foram mais amplos, porquanto a Escola de Bologna durou vários séculos e apresentou grande número de glosadores. Os vultos principais foram Irnério e Acúrsio e, entre os demais, sobressaíram-se quatro deles: Búlgaro, Martino, Ugo e Jacopo.

Tão extensa foi a obra dos glosadores que o estudo do *Corpus Juris Civilis* quase desapareceu pois apenas os comentários eram estudados. As glosas foram ordenadas sistematicamente por Acúrsio, de maneira tal a transformá-la em obra de doutrina, sobre a qual se assentaram os estudos jurídicos. A obra de compilação das glosas, empreendida por Acúrsio, recebeu o nome de Magna Glosa. Seu grande mérito, porém, foi a preservação do direito romano, consagrado no *Corpus Juris Civilis*, e também o de inspirar outros movimentos jurídicos, como a Escola dos Pandectistas, surgida na Alemanha no século XIX; esta escola, da qual falaremos muito, exerceu forte influência no Brasil, por meio da Escola de Recife. Era contudo mais apegada ao Pandectas, enquanto a Escola de Bologna era bem mais vasta.

Outro mérito da Escola dos Glosadores foi a extração de muitas citações de caráter filosófico do *Corpus Juris Civilis*, principalmente dos primitivos juristas romanos, verdadeiros criadores do direito, como Ulpiano, Gaio, Paulo, Modestino e Papiniano; essas citações constituem os "brocardos jurídicos romanos", considerados por muitos juristas como a verdadeira filosofia do direito romano. Constituem hoje os PGD – Princípios Gerais do Direito, de que fala nossa legislação, como o Código de Processo Civil, o Código de Processo Penal e a Lei de Introdução ao Código Civil. Vamos apenas citar alguns exemplos, já que faremos estudo mais completo sobre esta questão: "Ninguém está obrigado ao impossível", *Dura Lex sed Lex*.

Houve ainda sugestiva contribuição dessa Escola sob o ponto de vista didático ao renovar o estudo do direito na Faculdade de Bologna, transformando-o em estudo eminentemente jurídico, ao separá-lo de outras ciências, como a filosofia, a política, transformando a lei como fonte primordial do direito.

9. ESCOLA JUSNATURALISTA

1. Sentido de "escola"
2. Escola Jusnaturalista
3. A lição de Antígone
4. Histórico do Jusnaturalismo
5. Síntese das diferenças

1. Sentido de "escola"

Nosso primeiro passo será o de esclarecer o sentido do termo "escola" aqui aplicado, ou seja, seu especial sentido. Escola é um movimento cultural ou ideológico; é o conjunto de pessoas que pensam de forma semelhante, observando os mesmos critérios, os mesmos fundamentos e tendências. Surgem escolas em todos os movimentos ideológicos, em qualquer forma de manifestação de pensamento: nas artes, nas ciências, na literatura, na filosofia, no direito. Surgem em épocas variadas e têm duração longa.

Para compreendermos melhor as escolas jurídicas, será conveniente enumerarmos as escolas literárias. É o caso da Escola Clássica, um conjunto de literatos que produziram grandes obras, revelando nítida influência da cultura greco-romana. Como vivo exemplo, temos o nosso Camões e seu monumental poema "Os Lusíadas", típico dessa escola. Veio depois a Escola Romântica, adotando outros critérios; não se inspirava na cultura da Grécia e de Roma, mas nas fontes nacionais, no interior dos seres humanos, nos sentimentos e outras manifestações subjetivas. Em 1922, realizou-se em São Paulo um grande acontecimento, a "Semana de Arte Moderna", que conquistou a literatura e demais artes. Implantou no Brasil a Escola Modernista; baseava-se na liberdade de expressão, na criatividade, nos problemas da vida moderna.

As artes plásticas, como a pintura, a escultura, também apresentaram suas escolas, como a Escola Clássica e depois outras como a Modernista, a Expressionista, a Impressionista, a Existencialista.

Falando de direito, entende-se por "escola do direito" o conjunto de juristas que interpretam o direito tomando determinado critério para essa interpretação. Essas escolas vão se sucedendo pelos anos, e, uma vez estabelecidas, raramente desaparecem; podem ficar apagadas, mas a qualquer hora surge novo adepto, que as revive.

2. Escola Jusnaturalista

A Escola Jusnaturalista, também chamada Escola do Direito Natural ou simplesmente Jusnaturalismo, foi a primeira a ser notada e as que lhe sucederam foram reação a ela. Essa escola baseia-se na existência de um direito natural, ou seja, que deriva da natureza humana. O próprio termo, *jus* = direito, *natura* = natureza nos dá idéia de que o direito surge naturalmente com o ser humano e faz parte dele. É o direito independente do legislador, da <u>autoridade</u> política que elabora as leis e impõe as sanções à desobediência delas; não é o direito emanado do Estado e imposto coativamente à obediência dos cidadãos.

Considera-se um direito anterior ao homem e acima dele; um direito por natureza, um ideal de justiça e perfeição. É eterno e universal, pois decorre do gênero humano e não de um indivíduo ou de um povo; não se aplica a um país, mas a todos os homens. Não se submete à relatividade do tempo e do espaço. Alguns o consideram fruto do sentimento e não da razão; é o sentimento do justo, do bom e eqüitativo *(ex aequo et bono)*.

O Direito Natural não se contrapõe ao Direito Positivo (direito posto pelo Estado), visto que não constituem essas modalidades conceituais compartimentos estanques. Ocorre, tão-somente, que o direito é olhado sob diversos prismas, mas se completam e se integram na compreensão dogmática do direito. Não formam teorias conflitantes ou antagônicas, não apresentam divergência, mas convergência ideológica, apesar de diferentes entre si.

3. A lição de Antígone

Quem for afeiçoado ao teatro deve conhecer o extraordinário teatrólogo grego Sófocles, que viveu por volta de 500 anos antes de Cristo. Ele escreveu principalmente tragédias, algumas delas muito famosas, como a Antígone. Exemplo bem vivo do Direito Natural é a personagem principal dessa tragédia, Antígone, uma moça de origem nobre, filha do rei de Tebas, que faleceu, deixando, além de Antígone, mais dois filhos herdeiros do trono. No duelo que os dois travaram pelo trono, ambos saíram muito feridos e faleceram logo em seguida.

1. Um terceiro, Creonte, partidário de um dos irmãos, assumiu o trono, tendo dado honras fúnebres ao

seu correligionário, mas ao outro, considerado inimigo, foi negado direito ao enterro, devendo ficar à disposição das aves de rapina. Por um decreto de Creonte, quem prestasse homenagens ou desse a sepultura ao seu inimigo seria condenado à morte.

Antígone compareceu ao enterro de seu irmão, porém desobedeceu a lei e sepultou condignamente seu outro irmão, no que foi apoiada por seu noivo, Hemon, filho de Creonte. Antígone invocou o Direito Natural, contrapondo-o ao Direito Positivo. Havia, pois, choque de dois direitos:

Direito Positivo – Era a lei emanada do Estado e imposta coativamente à obediência dos cidadãos e dotada de sanção, neste caso a pena de morte. A lei proibia que se desse sepultura condigna a determinado homem. Foi essa a lei desobedecida por Antígone, que ficou, portanto, submetida a ela: condenada à morte.

Direito Natural – Era o direito de origem divina e aceito pela população. É o direito que consagra o amor fraterno (foi o amor de Antígone por seu irmão), a igualdade entre os seres humanos, sem discriminações (o outro irmão de Antígone teve honras fúnebres). É o direito independente da autoridade política que vota as leis. É o direito de acordo com a natureza humana, donde o nome do direito: jus+natura. Não foi criado por um ser humano, mas preexiste a ele; é portanto inato, permanente, imutável.

O julgamento de Antígone por Creonte é o confronto entre o Direito Positivo e o Direito Natural, com Antígone invocando o Direito Natural em sua defesa e Creonte o Direito Positivo na acusação. Creonte queixa-se de que Antígone desobedeceu a lei e estava ciente de que a pena por essa transgressão é a morte. É a lei baixada pelo poder constituído. Hemon, filho de Creonte e noivo de Antígone, contesta o poder do rei e sua legitimidade em estabelecer uma lei contrária à natureza humana. Acha Hemon que a lei do Estado deve interpretar a vontade do povo, pois o Estado é o povo organizado.

É a defesa de Antígone:

"Não foi Deus quem promulgou a lei proibindo-me de sepultar meu irmão, mas um homem que não deve sobrepor-se a Deus. O amor aos seres humanos, o sentimento de igualdade entre os homens, o amor à família, nasceram naturalmente com os seres humanos; existiam antes de nós e continuarão após nossa morte.

A lei do homem, a sua lei, nasceu contigo e morrerá contigo. Hoje és rei e amanhã poderá não ser mais; a sua lei poderá ser revogada no momento em que quiseres.

A lei de Deus não poderá ser revogada; ela é anterior a ti e sobreviverá após tua morte. Esta lei mandou-me amar meus irmãos e honrá-los; obedeci a esta lei ao sepultar meu irmão; obedeci a mesma lei ao honrar meu outro irmão, que tu sepultastes."

Creonte retrucou: "Você prestou homenagens ao inimigo do Estado", ao que ela respondeu: "Eu não nasci para partilhar o ódio, mas o amor."

4. Histórico do Jusnaturalismo

Os antigos gregos já se referiam ao Direito Natural. A própria tragédia de Antígone é evidência da exaltação desse direito, mas muito antes já se notava a invocação do direito nascido com o ser humano. Aristóteles foi seu maior apologista. Discípulo de Aristóteles, o filósofo, jurista e orador romano Marco Túlio Cícero promoveu em Roma a divulgação do Direito Natural.

A previsão do Direito Natural vem da antiga Roma, em que Ulpiano o conceituou: *jus naturale est quod natura omnia animália docuit* = o direito natural é o que orienta todos os animais. O termo "animal", a que se referem os pensadores da Antigüidade clássica, origina-se de anima = alma.

Na Idade Média ele foi enaltecido por Santo Agostinho e São Tomás de Aquino, equiparando-se ao direito divino, transmitido por Deus aos homens. Na opinião do "doutor da Igreja", acima dos tribunais terrenos, humanos e falíveis, existe um tribunal eterno, divino e infalível, cujas sentenças são verdadeiramente supremas e inapeláveis, o tribunal da indefectível justiça de Deus, diante da qual tanto os grandes como os humildes um dia comparecerão. Esses princípios retratam-se hoje em dia no apego popular a uma justiça acima da justiça positiva, quando alguém se sente injustiçado, mas manifesta sua confiança no Direito Natural, com esta frase: "Deus é grande".

O verdadeiro criador da Escola do Direito Natural foi, porém, o holandês HUGO GROCIUS, cujas idéias criaram o Jusnaturalismo ou a "Escola do Direito Natural", no século XVI. Para o Jusnaturalismo, o direito natural é o ideal de perfeição e justiça, existente na consciência de cada um, como fonte de inspiração para o Direito Positivo. Esse direito ideal advém da natureza, enquanto o Direito Positivo origina-se da cultura, da produção intelectual do ser humano. Quando o legislador ignora o Direito Natural, sua produção legislativa tende a criar uma justiça injusta.

Naturalmente, o "direito por natureza" encontra fortes opositores, como os juristas que constituíram a Escola Histórica, a Escola do Direito Positivo e a Escola Exegética, das quais falaremos neste trabalho. As teorias negativistas do Direito Natural despertaram, porém, vivas discussões, transformando o Jusnaturalismo num tema importante. Ao historicismo da Escola Histórica, por exemplo, contrapôs-se o "anti-historicismo", defendendo a existência de um direito imanente à natureza do ser humano, sem que dele participem as leis e as convenções, graças à fecunda e singela consideração dos fins, um direito racional, porque a razão o forma com a análise da natureza do ser humano quando foi colocado nesse mundo. Para o anti-historicismo, a razão é a única fonte do direito.

5. Síntese das diferenças

Em síntese, de acordo com as teorias apresentadas, podemos apontar as seguintes diferenças entre o Direito Natural e o Direito Positivo:

1. O Direito Natural tem a sanção na mente do cidadão; no Direito Positivo ela está expressa na própria lei, sendo, pois, automática e externa, organizada pelo Estado.

2. O Direito Natural é um direito justo; é o que deve ser; o Direito Positivo nem sempre é justo; é o direito que é.

3. A vigência do Direito Natural é permanente, eterna; no Direito Positivo a vigência é temporária; vigora só quando a lei adquire eficácia até ser revogada.

4. O Direito Natural preexiste ao ser humano, não sendo criado por ele; o Direito Positivo é criação arbitrária do ser humano.

10. ESCOLA HISTÓRICA DO DIREITO

Nascida na Alemanha, com sua doutrina sistematizada por Frederico Carlos Von Savigny, a Escola Histórica do Direito contou ainda com Gustavo Hugo, Thibaut, Pufendorf, Puchta e alguns outros. Surgiu no início do século XIX, quando a Escola do Direito Natural já revelava sinais de cansaço e enfrentava as primeiras críticas.

É chamada Escola Histórica porque, na sua concepção, o direito é fruto da história de um povo; por isso, o direito não pode ser imutável e universal, como é na concepção jusnaturalista. Se o direito é produto da vida do povo, deve estar em contínua evolução e transformação. É motivo pelo qual o direito não deve ser codificado. O código engessa a lei, tornando-a estática e pétrea, de difícil modificação, o que dificultará sua evolução. Por outro lado, a sociedade está em contínua evolução e o direito que a regulamenta segue-lhe os passos; haverá então um descompasso entre a sociedade e o direito de um lado, e a lei do outro. Apesar da opinião inicial de Gustavo Hugo e de Savigny, outro componente da Escola, Thibaut, era favorável à codificação. Abriu-se uma brecha na firmeza alemã contra o código, que lançou Savigny a ser um grande colaborador no Código Civil alemão de 1892, código este que inspirou o Código Civil brasileiro de 1916.

A fonte básica do direito são os costumes e as tradições do povo. Sendo produto histórico decorrente da consciência coletiva, formado paulatina e gradativamente pelos costumes e tradições, cada nação tem o seu direito em cada época. Não poderá ser eterno, geral e universal, ou seja, o mesmo direito não poderá vigorar para todas as nações e para todas as épocas. A lei também é fonte básica, mas a lei tem os costumes como suas fontes.

As fontes do direito estão na vida social; é o aspecto social dos fenômenos jurídicos. A sucessão dos fatos históricos ocorridos na sociedade humana são as fontes das transformações jurídicas.

Savigny e outros juristas alemães de sua época foram cultores do direito romano e aprofundaram-se no estudo do Pandectas, razão pela qual foram chamados de pandectistas. A Escola dos Pandectistas foi um movimento dentro da própria Escola Histórica do Direito e da Escola do Direito Positivo, mas foi muito sugestiva por fazer retornar o direito romano aos fundamentos do moderno direito. Do estudo dos Pandectas originou-se o projeto do Código Civil alemão, ao qual os componentes da Escola Histórica do Direito deram sua contribuição. E foi no Código alemão que Clóvis Bevilaqua se baseou para elaborar o projeto de nosso Código Civil de 1916.

11. ESCOLA DA EXEGESE

Esse movimento do pensamento jurídico nasceu e floresceu na França, início do século XIX, a partir dos códigos Napoleão, ou seja, o Código Civil e o Código Comercial franceses. Embora ligada aos códigos franceses, por volta de 1804 a 1808, e fosse uma corrente típica do pensamento francês, seus efeitos e sua influência se prolongaram por esses dois séculos e encontram adeptos no mundo inteiro, como acontece no Brasil.

Esta corrente de pensamento concebe o direito como sistema normativo, ou seja, conjunto organizado de normas jurídicas, emanadas do poder constituído do Estado e providas de sanção. A princípio, isto é, no início da Escola, que se deu logo que surgiram os códigos napoleônicos, o Poder Legislativo, por meio dos códigos, era capaz de prever todos os tipos de relações jurídicas e conflitos sociais. Por isso, o direito se reduzia à lei, mais precisamente ao código. A Escola Exegética faz a apologia e a sublimação da lei, elevando-a sobre todas as demais fontes do direito e das vontades humanas.

Essa escola foi fruto do entusiasmo gerado pelos códigos napoleônicos, que provocaram enorme sensação nos meios jurídicos do início do século XIX. Grande parte dos países europeus tomou os códigos franceses como modelo para a elaboração dos seus. Esses códigos revelaram um direito definido, acabado, perfeito e completo. Além do mais, esses códigos eram reflexo dos movimentos iluminista e liberal, triunfante na Revolução Francesa.

O método de interpretação preconizado por essa Escola era o gramatical, literal, razão pela qual ficou também conhecida como Escola Filológica. Deveria ser a interpretação literal do código o sentido da lei. Não se pode criar direito estranho ou fora do texto legal. O juiz deverá aplicar a lei e não criá-la, mantendo-se no estrito sentido dela; o poder de julgar é o de aplicar a lei às situações particulares, graças à correta dedução do texto e sem recorrer a interpretações pessoais que possam deformar a vontade do legislador. Assim sendo, a lei interpreta a vontade do legislador.

É, portanto, o método de interpretação o ponto básico dessa Escola; consistia essencialmente na interpretação e explicação do Código Civil francês, o código Napoleão, num sistema de comentários, seguindo a ordem do próprio código. Esse método contrapunha-se ao da Escola Dogmática, que adotava o método do tratado. Os exegetas exerciam assim a radical hermenêutica do direito. Segundo o dicionário Caldas Aulete, hermenêutica é uma palavra de origem grega, que significa a arte de interpretar o sentido das palavras alheias, arte de interpretar as leis jurídicas e a origem do direito; na teologia é a arte de interpretar o verdadeiro sentido dos textos sagrados. Apegando-se ao texto escrito na lei, os exegetas fizeram a apologia dela, erigindo-a como fonte preponderante do direito, pulverizando as demais fontes. A exegese consistia em indagar a *mens legislatores* (a vontade do legislador), expressa na soberania legislativa.

De acordo com a Escola da Exegese, a lei é essencialmente um comando do legislador. Na suposição de que a expressão do texto legal seja incerta, é necessário remeter à verdadeira fonte da lei, que é a vontade do legislador. Essa pesquisa é de caráter essencialmente histórico: constatar qual foi, na época, a intenção real do legislador. É o que se chama método exegético. O termo exegese foi emprestado da teologia: da mesma forma pela qual o teólogo pesquisa nos textos a intenção divina, o jurista pesquisa a intenção do legislador. Na dúvida sobre o significado da lei, é natural que se pesquise o propósito subjacente do legislador, que será colocado a descoberto, em primeira linha, na história do texto, isto é, nos trabalhos preparatórios e, em segunda linha, na história da época em que ocorreu a gênese da lei.

A aplicação do método exegético no pensamento jurídico é profunda, ao se notar que aparecem, com freqüência, nas discussões jurídicas as expressões "vontade da lei" e "vontade do legislador". Realmente, essa teoria expressa uma verdade fundamental: o sentido de que a lei é, fundamentalmente, um ato de vontade e cada disposição legal responde a intentos, mais ou menos nítidos e coerentes, conforme o caso. É, pois, natural, procurar esse propósito na história.

É escola caracterizada por rigoroso formalismo; o aspecto formal do código predomina, devendo-se lê-lo e interpretá-lo tal qual como está, sem nada acrescentar nem retirar do seu texto: não há direito fora dos códigos. Se o juiz não interpretasse literalmente a lei, conforme a vontade expressa do legislador, vale dizer, de quem faz a lei, estaria substituindo a intenção do legislador pela sua, invadindo assim a competência do Poder Legislativo.

Esse critério vigorou, a princípio. Todavia, tanto a sociedade como o direito que a regula, não permanecem estáticos, mas evoluem. Criam-se ou aprimoram-se as relações jurídicas e aquele ideal de perfeição dos códigos franceses foi se tornando superado. Meio século depois, os códigos começaram a revelar omissões, obscuridades e falhas. Os principais exegetas dos códigos não admitiam fatos da vida jurídica, social e econômica que não estivessem previstos e regulamentados pelos códigos; estes não eram mais tão completos e perfeitos.

Esses exegetas foram morrendo e, muito tempo depois, surgiram outros que notavam as lacunas e omissões da lei, e não a julgavam mais como a única fonte do direito. O brado de alerta foi dado por ilustre jurista francês François Gény (1861-1959), que publicou no final do século XIX sua obra *Método de Interpretação e Fontes em Direito Privado Positivo*. Segundo essa obra, o direito do fim do século XIX estava bem diferenciado do direito do início desse século e o código ficou em desajuste com a vida social e econômica que surgiu, e, a todo instante, surgiam novas formas jurídicas que o código não houvera previsto. Haveria necessidade de se apegar a outras fontes do direito, como os costumes, a analogia, os princípios gerais do direito e outros que surgissem. A interpretação do direito não mais poderia ser exclusivamente literal, mas também lógico-sistemática.

Assim François Gény criou a Escola da Livre Interpretação do Direito, que, apesar do nome, ainda era exegética. Para Gény, a interpretação deveria manter fidelidade à lei, pois a intenção dela era a que determinou seu surgimento, vale dizer, a intenção do legislador. Todavia, a evolução dos tempos deixou omissões no código e haverá necessidade de outros meios para suprir essas omissões. Em outras palavras, deve ser mantido o princípio da Escola da Exegese quando a lei for clara e puder ser aplicada aos fatos particulares. Porém, se for uma nova relação jurídica, não prevista ainda pela lei, a interpretação deverá apelar para outras fontes subsidiárias, passando a ser lógico-sistemática.

O Brasil recebeu a orientação de Gény, pelo que se vê no art. 4.º da Lei de Introdução ao Código Civil:

"Quando a lei for omissa, o juiz decidirá o caso de acordo com a analogia, os costumes e os princípios gerais do direito."

12. ESCOLA CONTRATUALISTA DO DIREITO THOMAS HOBBES - 1587-1666

1. As fases do pensamento
2. O estado natural
3. A reviravolta do ser humano
4. O estado político
5. O exemplo da antiga Roma

1. As fases do pensamento

O filósofo inglês Thomas Hobbes escreveu várias obras, como *De Corpore, De Homine, De Cive,* mas sua obra primordial chama-se *O Leviatã.* O nome de sua obra deriva de Leviatã, grande monstro marinho citado na Bíblia como um tipo de dragão e serpente, de grandes poderes sobre as nações pagãs da Antigüidade, como o Egito. As nações curvavam-se ante Leviatã como se fosse este um deus onipotente. A figura de Leviatã foi imortalizada ao ser retratada numa pintura do extraordinário pintor espanhol Goya, exposta no Museu do Prado, em Madri.

Hobbes traça comparação entre Leviatã e o Estado criado pelos cidadãos para proteger sua preservação e moderar seus interesses, de tal forma que todos se submetiam a ele, como as nações se submetiam a Leviatã. Os cidadãos criam o Estado para garantir com suas leis e sua autoridade a harmonia social e a segurança graças a um tipo de "contrato social". Era, portanto, Hobbes partidário da teoria contratualista de formação do Estado por fruto de acordo entre os seres humanos. São suas palavras textuais muito claras:

> "Diz-se que um Estado foi instituído quando uma multidão de homens concordam e pactuam, cada um com cada um dos outros, que a qualquer homem ou assembléia de homens a quem seja atribuído pela maioria o direito de representar a pessoa de todos eles (ou seja, de ser seu representante), todos sem exceção, tanto os que votaram a favor dele como os que votaram contra ele, deverão autorizar todos os atos e decisões desse homem ou assembléia de homens, tal como se fossem seus próprios atos e decisões, afim de viverem em paz, uns com os outros e serem protegidos dos restantes homens."

2. O estado natural

Para Hobbes o ser humano passou por dois estados, correspondentes a duas etapas da história da humanidade: o estado natural e o estado político.

O primeiro *status* do ser humano é o do estado natural, em que o poder de cada um decorre de sua força, sua astúcia da defesa de seus interesses. Todos têm interesses a tratar e lutam por eles. Muito forte é o comportamento instintivo dos seres humanos, não só pelo instinto de conservação, mas vários outros, como o instinto lúdico (de competição), levando o ser humano a contender uns contra os outros, cada um buscando a vitória e a glória, gerando ambiente de insegurança e desconfiança. A vida humana é então marcada pelo medo.

HOMO HOMINI LUPUS = o homem é o lobo do homem.

BELLUM OMNIUM ERGA OMNES = guerra de todos contra todos.

Estas duas máximas simbolizam muito bem o estado de espírito do ser humano no estado natural; é ele movido pelas paixões, pelo instinto, pela satisfação de suas necessidades. O estado de natureza, essa guerra de todos contra todos tem por conseqüência o fato de nada ser injusto, nada ser ilegal. As noções de certo ou errado, de justiça e injustiça não têm lugar nessa situação.

Onde não houver lei não haverá crime nem injustiça. Na *bellum omnium erga omnes* a força e a astúcia são virtudes cardeais. Justiça e injustiça não pertencem à lista das faculdades naturais do espírito ou do corpo, pois, nesse caso, elas poderiam ser encontradas num homem que estivesse sozinho no mundo. Essa mesma situação de guerra não implica na existência da propriedade, nem na distinção entre "meu" e "teu", mas apenas no fato de que a cada um pertence aquilo que for capaz de o guardar.

O Direito Natural, que os juristas costumam chamar de *Jus Naturale*, é a liberdade que tem cada ser humano de se servir da própria força, segundo sua vontade, para salvaguardar sua própria natureza, isto é, sua vida. É porque a condição humana é uma condição de guerra: a guerra de todos contra todos; daí resulta que nessa situação cada um tem direito sobre todos e tudo; não pode existir para o ser humano, por mais forte e poderoso que seja, a menor segurança.

Ao considerar o homem como o lobo do homem *(homo homini lupus)*, Hobbes contraria o pensamento de Aristóteles de que o "o homem é um animal social", como contraria também o pensamento de Rousseau e de Karl Marx. Assim, sendo, o medo, a desconfiança e a insegurança dominam a mente humana, mesmo do mais forte e poderoso. Os fracos e oprimidos vivem com medo da submissão do mais forte, mas ele age com os mesmos instintos, as mesmas tendências e assim reage pela astúcia. O pobre e fraco pode matar o mais forte, pode assaltá-lo e roubá-lo. Há, portanto, igualdade entre os seres humanos: todos têm armas equilibradas de luta. Essa igualdade é o fator que leva à guerra de todos contra todos. O mais fraco pode matar o mais forte, usando de astúcias e artifícios variados, como fez Davi com Golias. Os homens têm a obrigação de admitir entre eles a igualdade, não havendo qualquer razão pela qual um homem se deva imaginar acima dos outros; nenhum homem pode pretender para si qualquer regalia acima do outro.

Vemos exemplos da teoria de Hobbes na própria Bíblia. Adão e Eva pareciam viver felizes no paraíso celeste, mas Deus teve que expulsá-los do Éden. Tiveram eles dois filhos, Caim e Abel, e todos sabem no que deu essa ligação "fraterna". Em todo o transcorrer da história bíblica, encontraremos inúmeros motivos para acreditar que a teoria de Hobbes, apesar dos exageros, tem alguns pontos de apego à realidade. São as bases em que nosso filósofo se baseia para dizer que "a vida do homem é solitária, sórdida, pobre, brutal e curta".

3. A reviravolta do ser humano

O medo leva o ser humano a raciocinar, a pensar como safar-se dessa situação miserável em que se encontra: entramos assim na era da razão. Na verdade, e a Bíblia nos revela, o ser humano sempre procurou resolver seus problemas. Todos anseiam pela paz social, pela tranqüilidade e convivência pacífica e feliz de todos os seres humanos.

Esse desejo levou cada um a procurar o outro e propor acordo que pelo menos minorasse o medo e a insegurança. A humanidade não poderia permanecer na *bellum omnium omnes* e enquanto não chegarem ao extermínio não deveriam suportar aquela vida que Hobbes chamou de "solitária, pobre, sórdida, brutal e curta".

Entenderam-se e estabeleceram acordo para criar outro estado, a que se chamou "estado político", também chamado "estado social", e estabelecendo o poder do Estado soberano e organizado. A formação desse Estado se deu por acordo, mais precisamente contrato, o "contrato social". Hobbes adota a teoria da formação contratual do Estado. Ao entenderem-se, os seres humanos criam a sociedade, e o Estado é a sociedade juridicamente organizada; foi, portanto, de formação artificial.

O estabelecimento de um novo estado, que passou a ser chamado de estado político ou social foi o imperativo estimulado pelo medo. Os seres humanos formaram a sociedade e o Estado de forma artificial, por um contrato, premido pela preservação da própria vida que se viu ameaçada pelo "estado de guerra" em que o mundo se encontrava. O contrato a que se refere Hobbes não tem o mesmo significado do moderno contrato, mas o de acordo coletivo entre os membros da sociedade, resultando numa transferência mútua de direitos e obrigações. Ao celebrar o contrato social, os celebrantes celebram ainda um pacto: o de cumprir o contrato. Há, pois, contrato e pacto.

4. O estado político

No estado político ou social, seres humanos formalizaram a sociedade, e ao dar-lhe as leis, criaram o Estado, o poder soberano que se encarregará de garantir a sobrevivência e a segurança de todos. O poder do Estado, que deve ser forte e absoluto, deriva da transferência do poder individual de cada cidadão para uma pessoa ou assembléia de pessoas. Essa nova pessoa é o Estado, representado pela figura de Leviatã. Uma vez celebrado o contrato e realizado o pacto, ninguém mais poderá voltar ao estado primitivo: o estado natural. Desaparece o uso arbitrário das próprias razões ou a autotutela de direitos.

Leviatã é o poder soberano e absoluto, enfeixando os poderes que lhe foi transferido por todos os membros da sociedade. Hobbes revela-se partidário do absolutismo, o que não é de se admirar, por ter vivido na época do poder absoluto dos reis, teoria de que os reis foram colocados na terra por Deus para realizar a vontade divina. Eram assim os reis considerados infalíveis e qualquer divergência às suas decisões eram taxadas de blasfematórias. Para Hobbes porém o absolutismo não tem origem divina, mas no pacto social, em que a sociedade vota obediência ao soberano.

Estabelecido o contrato social, surge a necessidade do direito.

Ubi societas ubi jus tem agora sua aplicação. Havendo uma pessoa soberana e onipotente, tem ela o poder de elaborar leis garantidoras dos direitos de cada um, prescrevendo a convivência pacífica entre eles. Só esse poder pode manter a ordem e produzir leis com eqüidade; se houver divisões, ou seja, várias pessoas, as leis fatalmente tenderiam a beneficiar um grupo de pessoas, quando não uma só pessoa.

Entretanto, esse poder absoluto não é tão absoluto assim. Ao transferir seus poderes ao soberano, a fim de preservar a paz social, o cidadão só se desfaz de seu direito pela preservação de sua vida e sua integridade. Se este objetivo não for cumprido pelo soberano, não cumpriu ele sua finalidade, e o cidadão não lhe deve mais obediência e retira o poder outorgado e passa ele próprio a defender sua vida.

5. O exemplo da antiga Roma

Nos primitivos tempos de Roma, muitas pessoas de várias regiões da Itália iam se concentrando às margens do rio Tigre. Logo porém se formaram duas castas bem definidas: os patrícios e os plebeus. Os patrícios eram formados pelos povos mais antigos, como os etruscos e os sabinos, mais evoluídos. Eram a casta dominante e arrogavam-se todos os direitos, embora nessa mesma classe predominasse o *bellum omnium omni.*

Por outro lado, iam se acumulando pessoas esparsas, de origem muito variada, formando massa amorfa e pouco considerada pelos patrícios. Viviam de seu trabalho, como o artesanato e ocupavam-se de toda a produção agropecuária. Não eram considerados como "quirites"; não tinham leis nem governo. Não auferiam direitos de cidadania e serviços sociais, mas tinham de pagar impostos.

Começaram a se retirar de Roma e criar nova cidade, até que cruzaram os braços e recusaram-se a trabalhar para os patrícios, deixando Roma sem víveres e condições de sobrevivência. Foi a primeira greve da história. São os fracos e humildes ameaçando de morte os vizinhos ricos e poderosos. Estes se viram forçados a estabelecer acordo com os plebeus, criando assim o Estado romano. Acharam melhor colocar esse contrato por escrito, donde surgiu a lei. Elaboraram uma lei denominada depois como "Lei das Doze Tábuas", considerada como primeira Constituição do mundo ocidental. O poder do Estado romano era onipotente e muito sérias as obrigações impostas aos membros da sociedade romana, tanto patrícios como plebeus. A *Lex duodecim tabularum* foi um dos exemplos que mais influenciaram as idéias de Hobbes e a teoria contratualista de formação do direito e do Estado.

13. ESCOLA PENALISTA DE CESARE BECCARIA

1. Vida e obra de Cesare Beccaria (1738-1794)
2. Princípios básicos da escola
3. A origem das penas
4. Da pena de morte
5. Penas aos falidos
6. Recompensa para a execução da pena
7. Da delação premiada
8. Pena para a intenção de crime
9. O direito de punir
10. Prática da tortura
11. Presteza das penas

1. Vida e obra de Cesare Beccaria (1738-1794)

O Marquês de Beccaria, cujo nome verdadeiro era Cesare Bonesana era de origem nobre, tendo nascido em Milão, importante cidade do norte da Itália, terra também de Norberto Bobbio, Enrico Tullio Liebmann e muitos outros de elevada fama.

Foi jurista, mas também filósofo, economista, literato, administrador público. Sua posição mais importante, porém, foi a de jurista, pois se formou em direito na Universidade de Pavia, com 20 anos. Foi professor de Direito Público, embora também de economia. Além disso, a sua marcante influência foi na área do Direito Penal, graças à sua obra-prima: *Dos Delitos e das Penas*, publicada em 1764, de forma anônima, pois expor idéias diferentes das dominantes naquela época poderia colocar em perigo seu autor.

Beccaria era tido como agitador de idéias, por ter formado com o magistrado e filósofo Pietro Verri e seu irmão Alessandro Verri um tipo de clube político, denominado "Academia dos Punhos" (Academia dei Pugni). Esse clube lutava pelas idéias iluministas, que agitaram o ambiente na França, preparando a Revolução Francesa. Houve estreita ligação entre Beccaria, os irmãos Verri e demais componentes da Academia dos Punhos com os iluministas franceses, como Montesquieu, Rousseau, Voltaire e os enciclopedistas. Por isso, teve a prudência do anonimato, publicando sua obra-prima sem o nome do autor.

Beccaria casou-se duas vezes, a primeira com uma componente da nobreza, mas a segunda esposa era plebéia, filha de um coronel, o que irritou os pais e demais parentes, provocando rompimento com o pai por toda a vida. Apesar disso, teve duas filhas, que se casaram com nobres. Sua filha Giulia foi a mãe do famoso escritor Alessandro Manzoni, autor de *Os Noivos* (I Promessi Sposi), obra das mais consagradas na literatura mundial.

Sua primeira obra chamou-se: *A Respeito da Desordem e dos Remédios da Moeda no Estado de Milão*, publicada no ano de 1761. Tinha ele 24 anos. Trata-se de uma obra de economia. Após o seu *Dos Delitos e das Penas*, publicou em 1770: *Pesquisa sobre a Natureza do Estilo*, uma obra sobre literatura, e, em 1804, após sua morte, surgiu uma obra póstuma: *Elementos de Economia Pública*, obra de economia.

2. Princípios básicos da escola

Beccaria expõe opiniões muito polêmicas, que encontraram adeptos e adversários. Por esta razão procuraremos expor suas idéias de forma bem objetiva, restringindo nossos comentários e análises aos esclarecimentos necessários, deixando-os a cargo de quem for estudar sua teoria. Adotou ele certos princípios em que procurou se assentar.

Responsabilidade pessoal

O primeiro deles é o de que o ser humano é um ente vivente, racional e moral. Ele sabe o que é certo e o que é errado. Seus atos são praticados por sua opção, por decisão própria, sendo, portanto, o único responsável por seus atos. Não pode ele atribuir a outrem ou à sociedade a responsabilidade por seus atos. Por outro lado, as penas devem recair exclusivamente sobre ele e não a outras pessoas ligadas a ele.

Racionalidade

O segundo princípio é o da racionalidade, assim considerada a isenção de subjetivismo, do senso comum, dos sentimentos, dos dogmas na formulação das leis e dos juízos jurídicos. Deve-se olhar o lado prático das penas: da tortura, dos suplícios e da pena de morte; a utilidade e a eficácia das penas no combate ao crime. Os efeitos sociais e políticos de um tipo de pena atendem àquilo que o legislador pretendia ao criá-la? O que o julgador tinha em mente ao aplicá-la? Ou se tiveram efeitos contrários? Quanto mais subjetivismo e opinião pessoal o magistrado tiver na operacionalidade do direito, menos justos serão seus julgamentos.

Proporcionalidade

A pena deve ser proporcional ao delito. A pena será um mecanismo eficiente de controle social se ela corresponder de maneira proporcional ao delito. A um delito leve, uma pena leve; a um delito pesado, uma pena pesada. A situação parece simples, mas é tarefa difícil para a lógica jurídica: Qual é a causa da pena? Qual é a extensão e a intensidade da pena a ser aplicada a determinado tipo de delito?

Apenas advertimos o estudioso de Beccaria sobre o momento em que ele surgiu e os problemas que enfrentava a sociedade européia daquele momento. Estamos falando em termos de Europa, eventualmente da Itália, de mais de dois séculos atrás. E vivemos no Brasil no início do século XXI, época de bárbaros delitos, com a nação chocada e dividida em suas opiniões, com os ânimos exacerbados. Há patente subjetivismo na elaboração e interpretação dos delitos e das penas, por espíritos dominados pela paixão, exatamente o que Beccaria condenaria.

3. A origem das penas

Há nítida influência do Leviatã, de Thomas Hobbes, na formulação da teoria geral de Beccaria, que adota a teoria contratualista da sociedade e do Estado. Cansado de viver em estado de guerra, caracterizado pelo mal-estar, pela insegurança, os seres humanos uniram-se e estabeleceram um pacto para criar a sociedade e o Estado, e, em conseqüência, as leis, que estabelecem as penas.

Cada um abre mão de uma parcela da liberdade, transferindo-a ao Estado. Assim, se forma a soberania do Estado, constituída pelas porções da liberdade sacrificadas pelos membros da sociedade para o bem comum. O soberano do Estado é o legítimo depositário e administrador dessa soberania e deveria defender os interesses da coletividade contra quem quisesse retomar suas porções e avançar nas dos outros. A forma de defesa foi a de estabelecer leis, definir as transgressões a elas e impor penas aos transgressores. Cabe ao Estado do direito de punir.

A necessidade de segurança fez o Estado criar as leis e as penas, e a necessidade de conservar essa segurança obriga as penas a serem justas, vale dizer, não ir além delas. Uma pena além do limite fixado pela legislação torna-se uma pena acrescida de outra pena. Há dois poderes do Estado: o de quem faz a lei: o legislador; e o de quem aplica a lei: o julgador. Entre eles deve haver a devida proporção: o magistrado deve julgar de acordo com o que estabeleceu o legislador; se o magistrado exorbitar-se, estará aplicando a pena que ele criou, adicionando-a à do legislador.

A finalidade das penas é a de impedir que o infrator de uma norma volte a infringi-la. Quer evitar novos delitos contra a sociedade e servir de exemplo para outros cidadãos, a fim de que estes não façam iguais.

4. Da pena de morte

Para quem realiza estudo rápido e superficial a respeito de Beccaria pode concluir que ele seja contra as penas. Em toda a sua obra fica evidenciado que sua idéia é a contrária. Ele examina as penas mais violentas: a pena de morte, a tortura, os suplícios e a prisão perpétua, denominada ergástulo: manifesta-se contrário apenas a estas ou à forma de aplicá-las.

Os cidadãos concordam, em benefício próprio, de transferir parte de sua liberdade ao Estado, a fim de que este garanta sua segurança. Não se concebe que alguém possa dar poder, ao Estado, de matá-lo. Portanto, o Estado exorbitou-se ao receber parcela de cada cidadão, para agir em seu favor, e, entretanto, age para criar o direito de matar esse mesmo cidadão. Além do mais, o Estado pune o homicídio praticando outro homicídio.

Todavia, há dois momentos em que Beccaria considera a pena de morte útil ou necessária. Um deles é quando o infrator está punido com a prisão, mas, mesmo na prisão, ele reúne poderes para a prática do mal. Neste caso, outras penas tornam-se inócuas e a segurança da sociedade continua ameaçada pelo infrator. Resta adotar então pena mais severa, neste caso, a de morte. Outro momento em que se justifica a pena de morte é se o condenado foge da prisão. Tornou-se inócua a sanção, pois ele não a cumpriu e não poderia a sociedade ficar à sua mercê.

164

Há momentos ainda em que a pena de morte pode ser considerada e interpretada, dependendo das circunstâncias. São os momentos em que a anarquia se sobrepõe às leis, como no caso das desordens, sublevações, guerras, em que as leis não podem ser invocadas. Às vezes, a morte do infrator é a única forma de dissuadir os outros a cometer o mesmo delito. Tratam-se contudo de casos excepcionais e situações anômalas. O que se deve considerar é a situação normal, em que o Estado é senhor de si, dotado de soberania e capaz de exercê-la. No tranqüilo reinado das leis, a própria história revela que a pena de morte não foi útil nem necessária para abolir ou diminuir a criminalidade.

A sensibilidade humana não é muito afetada pela intensidade da pena mas pela duração. Não é o impacto da morte de um criminoso que influi no ânimo, pois é pena rápida e passageira. Não terá o criminoso nem tempo de arrepender-se. Entretanto, a prisão por dez anos será uma pena longa e sofrida, que o privará dos prazeres mundanos, que o deixará com saudades de um namoro, do futebol, de um baile, de uma cerveja, de uma praia, o que ele lamentará por dez anos.

Se fosse dada a um condenado a opção de escolher a sua pena: a morte ou a prisão perpétua, diz Beccaria que a quase totalidade escolheria a morte. A evidência dessa escolha está no grande número de suicídios ocorridos entre os condenados. Outros se submeteram a suicídio lento pela melancolia e nostalgia. Além disso, muitos condenados recebem a pena de morte com descaso e caminham ao cadafalso com resignação ou indiferença. Para outros, representa um alívio fugir de uma vida sem mais objetivos e emoções. A morte acaba com seu estado doloroso; a vida dá-lhe continuidade. A morte pode ser uma dor, mas rápida; a vida uma dor contínua.

A desvantagem da morte como método de pressão é que ela impressiona mais quem a sofre, mas não quem a vê. A reação do público ante a execução de um condenado é bem variada, mas caracterizada pela indiferença. Alguns até se solidarizam com o executado; outros acham que ele foi tarde, mas poucos tomarão essa pena como um freio para suas más ações.

5. Penas aos falidos

Beccaria preconiza formas mais racionais de se penalizar os devedores inadimplentes, principalmente os falidos. Essa posição pode parecer estranha ao mundo hodierno ou Brasil atual, em que "Sua Excelência o Senhor Falido" é muitas vezes um *sociality*, vulto de prestígio e projeção, alvo freqüente da atenção das crônicas sociais, mormente por suas andanças pelos centros turísticos mais badalados, levando a tiracolo as "modelos" mais famosas.

O século XVII, entretanto, era cruel com o devedor inadimplente, pouco importando se ele fosse vítima dos reveses da sorte ou a roda viva dos negócios. Começa pela própria origem do nome, a princípio *banca+rotta* = bancos quebrados. Surgiu o termo nas feiras medievais, em que os mercadores expunham mercadorias em bancos e caso algum não pagasse seus débitos, os credores quebravam seu banco e ai dele se não fugisse a tempo. Predominava a máxima oriunda do direito romano. *Decoctor ergo fraudator* = falido, portanto fraudador. O falido era então um criminoso, seja qual for o motivo que o levou a essa posição. Além das penas severas, estava marcado socialmente para o resto da vida.

O moderno Direito Concursal é ainda mais evoluído do que as idéias de Beccaria, como por exemplo no Brasil. A falência não é um fenômeno de natureza penal, mas econômica ou administrativa, como o possível afastamento dos donos da empresa devedora na sua direção. Caso os dirigentes de uma empresa pratiquem fraudes, como desvio de dinheiro e de bens, não se trata de problema falimentar, mas de crimes. Casos assim não são cuidados no processo falimentar, mas na Justiça Criminal.

Para Beccaria, há falido doloso e inocente. Embora inocente, ele deve pagar pelo mal causado, mas não com a perda da liberdade. Se ele quebrou é porque perdeu tudo o que possuía. Já é um castigo ter ficado pobre. Por que então deveria perder também a liberdade. Suas obrigações porém devem permanecer e se ele conseguir recompor seu patrimônio, seus credores poderão munir-se dos bens do devedor, para solver seus créditos.

Mesmo o falido inocente apresenta classificação: o dolo se distingue da culpa grave e esta da culpa leve. O falido doloso deve ser punido com as penas infringidas aos crimes de falsificação. Essa classificação de culpas e de penas, como por exemplo, quais as leves e quais as graves, deveriam estar previstas em lei e não deixadas ao critério do julgamento do juiz. Seria perigoso relegar essa consideração ao arbítrio judicial.

6. Recompensa para execução da pena

Odiosa prática era observada na época de Beccaria com referência a um réu que desaparecesse e destarte se subtraísse ao julgamento. Era a de gratificar a quem o apanhasse e o trouxesse à justiça. Essa gratificação poderia ser dada pelo Poder Público ou por pessoa privada interessada em sua captura. No oeste americano eram famosos os caçadores de recompensas, decantados em filmes. Até mesmo em nossos dias essa prática retornou com o Aiatolá Komeini oferecendo polpuda recompensa para quem trouxesse ao Irã, vivo ou morto, um poeta britânico que o satirizou em seus versos.

A instituição desse tipo de recompensa transforma um cidadão num carrasco. Dá-lhe autoridade legal de executar uma pena, expondo-o, em contrapartida ao perigo, pois o infrator não se entregará facilmente. Se a gratificação for concedida pelo Poder Público, o beneficiário é transformado num funcionário público temporário, sem nomeação legal. Se for concedida por pessoa privada, serão seres privados invadindo a área da administração pública.

Duas situações podem ocorrer: o réu estar no país ou pode estar em país estrangeiro. Nesta última hipótese, o soberano de um país autoriza seu súdito a praticar ato ilícito em país estrangeiro. Além disso, expõe seu súdito à delicada situação de invasor de um país soberano. Ao mesmo tempo, dará a esse país o direito de agir da mesma forma com ele.

No plano interno a situação é bem diferente, mas igualmente condenável. O Estado que se preza deve ter força para fazer cumprir suas leis. Se, ao invés de fazer sua defesa, tiver que comprá-la a dinheiro, revelará sua fraqueza e fragilidade. Em vez de prevenir um delito, faz nascer centenas deles. O instituto da recompensa é costume só adotado por nações fracas, cujas leis não passam de reparos a um organismo deteriorado em todas as partes.

Essas nações adotam leis que premiam e estimulam a traição e uma guerra clandestina, espalhando a suspeita recíproca entre os cidadãos. Essas leis se opõem à união entre a moral e a política, e a essa união os seres humanos deveriam a sua felicidade, as nações, a sua paz, e o universo um intervalo maior de tranqüilidade e repouso dos males que sobre ele passaram.

7. Da delação premiada

A legislação de alguns países que premiam a delação de delitos por um comparsa é comentada por Beccaria; o prêmio é normalmente a impunidade por sua participação nesse delito. Não chega porém a uma conclusão favorável ou desfavorável, uma vez que aponta certas vantagens e certos inconvenientes nessa prática. Diga-se de passagem, que nos dias atuais essa legislação ainda vigora em alguns países. No Brasil, o problema é discutido, mas nossa justiça tem aceitado a delação premiada e a polícia tem acolhido este instituto, encontrando fórmulas de mantê-lo.

Beccaria acha que para isso deveria haver uma lei geral e não acerto especial para cada caso particular, por uma série de razões. Uma delas é que iria expor demais o delator, transformando-o em foco do esquema. A existência dessa lei revela a concordância com a delação premiada, mas com um certo remorso de estimular a traição e a dissimulação, ao invés da coragem e da honra.

Com a delação legalmente aprovada, por sua vez, haveria sempre a insegurança dos delinqüentes, que temeriam a traição de seus comparsas. Seria uma forma de desestimular o delito. Todavia, entre os delinqüentes, essa insegurança sempre existe pois um indivíduo não fiel às leis, ao bem, à honra, não seria tampouco fiel a seus comparsas. Relatórios policiais do mundo inteiro revelam certos fatos de delinqüentes que praticam um assalto e na hora de dividir os despojos, matam-se.

Pelo lado negativo, a justiça mostra a própria incerteza e a fraqueza das leis ao aceitar a colaboração de quem a ofende. Há um arreglo entre a justiça e o delinqüente, baseado no princípio de que os fins justificam os meios; neste caso, o fim é o bem comum. Além disso, é um prêmio à covardia e, muitas vezes, a covardia é um mal pior e mais freqüente do que o delito, que normalmente exige coragem.

8. Pena para a intenção de crime

É interessante citar, segundo Beccaria, que as leis não punem a intenção de crime, revelada por atos suspeitos. Não se trata de delito consumado, mas a intenção merece uma pena, embora menor. A justificativa dessa pena é a importância de se prevenir uma tentativa de delito, e, entre a tentativa e a prática do delito há um intervalo, que pode proporcionar o arrependimento.

Eis uma opinião de Beccaria merecedora de várias considerações, e disso o autor deste compêndio pode citar um fato ocorrido em São Paulo. Dois ladrões, com longo prontuário policial, foram detidos por se encontrarem em atitude suspeita junto à caixa de um banco. Tinham em seu poder vários cartões bancários pertencentes a outras pessoas. Foram julgados e absolvidos, pois o próprio Ministério Público não os denunciou, sob a alegação de que não foi comprovada a prática de qualquer infração à lei: eles não chegaram a usar aqueles cartões. Um ano depois os dois ladrões foram presos por assalto e outros crimes, que teriam sido evitados se tivessem sido presos pela posse dos cartões bancários. Realmente, não é crime estar com cartões bancários, mas aqueles cartões não pertenciam a eles; como chegaram às mãos deles? Não chegaram a fazer uso deles, mas quem garante que não? O que pretendiam com aqueles cartões?

9. O direito de punir

Foi a necessidade que forçou o ser humano a ceder parte da sua liberdade e a colocou nas mãos do Estado soberano. Porém, cada ser humano não colocou mais do que a porção mínima dessa liberdade: só a necessária para que o Estado soberano possa defendê-lo e induzir os outros a defendê-lo. A reunião dessas porções mínimas possíveis forma o direito de punir. O que passar disso não será mais justiça, mas abuso: é um poder de fato e não de direito.

A justiça é o vínculo necessário para manter unidos os interesses particulares, que, sem ele, se dissolveriam, voltando ao estado de insociabilidade. Todas as penas que ultrapassam a necessidade de conservar este vínculo são injustas por natureza.

Alguns liberam o culpado da pena de um pequeno delito quando a parte ofendida o perdoa, ação que depende da beneficência e da humanidade, mas é contrária ao bem público. O cidadão privado não pode arredar a necessidade do exemplo com a sua remissão; pode só perdoar o ressarcimento da ofensa à sua pessoa e não à sociedade. O direito de punir não pertence apenas ao cidadão, ainda que seja a vítima, mas a todos os cidadãos e ao Estado (o Soberano). A parte ofendida pode renunciar à sua parcela do direito, mas não ao direito que cabe aos outros.

10. Prática da tortura

A tortura do acusado enquanto se forma o processo é considerada uma crueldade consagrada pelo uso na maior parte dos países. Tem várias finalidades: forçá-lo a confessar um delito, recompor as contradições em que ele incorre, apontar cúmplices, ou revelar outros delitos além daquele do qual ele é acusado.

Baseado em quê o direito à tortura é exercido? Não se vê outro além da força, do poder de infligir uma pena ao cidadão para se averiguar se ele é culpado ou inocente. A tortura é uma pena, não prevista pela lei, mas pelo poder arbitrário do torturador. Este quer tirar a dúvida: se for culpado ou inocente. É o dilema que se oferece: o delito é certo ou incerto. É o que a tortura vai apurar: se há ou não delito, e qual o seu autor e o grau de culpa.

Um ser humano não pode ser considerado culpado antes da sentença judicial; esta é que vai declarar se ele é culpado. Ao mesmo tempo, a sociedade não pode tirar dele a pública proteção, a menos que ele tenha violado os pactos estabelecidos. Se houver certeza no delito e as evidências são claras, basta a pena estabelecida por lei; a tortura será inútil. E se não houver certeza, é porque o delito não foi provado e o réu é até então inocente.

Olhando a tortura como critério de verdade, vemos que ele fica subordinado ao poder de resistência do torturado. Pode ele ser um inocente débil e de fraca resistência, o que o leva a confessar delito que não cometeu. Por outro lado, o delinqüente resistente e preparado à dor mantém-se firme e pode ser absolvido. Evidencia-se a fragilidade da tortura como processo de pesquisa da verdade. Portanto, o resultado da tortura é algo que está relacionado com o temperamento e o cálculo; varia em cada ser humano, de acordo com a sua sensibilidade e seu grau de resistência.

Nessas condições, de dois homens igualmente culpados ou inocentes, o robusto e corajoso será absolvido e o fraco condenado, em razão desse exato raciocínio:

"Eu, juiz, devo encontrar o culpado do delito: você, forte, soube resistir à dor da tortura e manteve-se firme; por isso está absolvido."

"Você, fraco, não resistiu à tortura e capitulou; por isso está condenado."

"Mas, Senhor Juiz, confessei o crime porque fui torturado."

"Então, sua confissão é nula e você deveria voltar à prisão para novo interrogatório, mas você vai confessar o delito outra vez; então vale esta mesmo."

O inocente sempre fica em posição inferior em relação ao culpado, ainda que seja declarado inocente. Sofreu tortura, ou seja, sofreu uma pena agonizante por um delito que não cometeu. O culpado, ao contrário, recebeu a tortura como pena bem menor do que a condenação. Em outros termos, ante a tortura, o inocente só perde e o culpado ganha.

Um dos objetivos da tortura é fazer alguém acusar outras pessoas, possivelmente cúmplice de um delito. Contudo, se a tortura não é meio adequado para se obter a verdade, servirá para apurar os cúmplices, já que estes são uma verdade a se obter? Além disso, se um homem acusa a si mesmo, sob tortura, de um delito que não cometeu, poderá seguramente acusar outrem? E se o torturado tiver realmente cúmplices, estes não terão mecanismos suficientes para saber do interrogatório sob tortura e aproveitar-se para se esconder ou fugir?

11. Presteza das penas

Entenda-se como presteza da pena o rápido tempo decorrido entre a prática do delito e a cominação da pena, ou seja, da sentença condenatória. Pode-se também considerar o hiato existente entre a citação do réu no processo até a sentença, isto é, entre a causa (delito) e o efeito (pena). A pena será tanto mais justa e mais útil quanto mais rápida e eminente for estabelecida.

Será mais justa por várias razões. Poupa os acusados dos ferozes e inúteis tormentos da incerteza, que crescem com a força da imaginação e com o sentimento da própria fragilidade. Em segundo lugar, será mais justa porque a privação da liberdade, sendo uma pena, não pode preceder a uma sentença condenatória, a menos que seja necessário.

O cárcere, no caso de prisão preventiva, é a simples custódia de um cidadão que aguarda seu julgamento. É uma prisão provisória e necessária para preservar possíveis provas e evitar o desaparecimento do denunciado. É possível que o réu seja absolvido, portanto, sua prisão deve durar apenas o tempo necessário para essa garantia, devendo o processo transcorrer de forma mais rápida possível e com preferência sobre os demais processos, em que não haja réu preso.

Quanto à utilidade da pena, sua presteza será tanto mais útil quanto menor for o tempo entre o delito e sua pena, isto é, entre a causa e o seu efeito. Será mais forte e duradoura a associação entre essas duas idéias: delito e pena. É, portanto, de grande importância a aproximação do delito e da pena, se desejarmos que na mente rude e vulgar de um delinqüente, a sedutora imagem de um delito vantajoso desperte a idéia de uma pena, em futuro remoto.

Quais as finalidades da pena? Despertar o temor nos demais delinqüentes, para que estes se emendem? Provocar o remorso no autor do delito? Uma pena aplicada dez anos após o delito seria suficiente para fazer seu autor arrepender-se? Teria efeito retroativo aos delitos semelhantes cometidos nesses dez anos? E quanto aos efeitos externos: desestimularia os delinqüentes uma pena que demorasse dez anos para ser aplicada?

14. ESCOLA POSITIVISTA DE AUGUSTO COMTE (1798-1857)

1. Vida e obras principais
2. Características gerais do positivismo
3. A lei dos três estados
4. A classificação das ciências
5. A religião da humanidade
6. A sociologia jurídica
7. Influência positivista no Brasil

1. Vida e obras principais

Nasceu em Montpellier, cidade no sul da França, perto da Itália, mas jovem ainda foi para Paris, onde conviveu com grandes pensadores do século XIX. Cedo entrou na Escola Politécnica e se revelou matemático de raros dotes. Passou depois ao estudo da astronomia e conseguiu o cargo de assistente de seus professores, mas nunca conseguiu ser efetivado como professor. Sua tendência para o magistério, porém, foi concretizada pelo esforço próprio: montou em sua casa um curso de filosofia; sua filosofia não era a costumeiramente estudada, mas constituía o germe da sociologia que ele acabaria criando. Ele próprio chamava o seu curso de "ciência social" e "política científica". O termo sociologia só mais tarde foi citado por ele. Concomitantemente com o curso, foi ele elaborando apostilas de cada ponto e publicando-as durante doze anos. Esses pontos foram depois agrupados, formando, talvez sua principal obra: *Curso de Filosofia Positiva*, publicada em seis volumes.

Há bastante correlação entre a biografia e bibliografia de Augusto Comte. Era ele aluno da escola politécnica e seus primeiros estudos foram de ciências matemáticas. Em seguida enfronhou-se no estudo da astronomia e tanto se entusiasmou com ela que projetou um curso popular dessa matéria. Passou depois para a física e a química. Ao conceber a filosofia como a seqüência de várias ciências, partindo da matemática até a sociologia, Comte revela seus estudos nesse mesma seqüência.

Outro evento da vida de Comte, muito importante na sua formação, foram os contatos com o pensador socialista Saint-Simon, um dos precursores do moderno socialismo, de quem foi secretário de 1817 a 1824. Saint-Simon aprofundou-se nos estudos das sociedades humanas e nas relações econômicas, idéias exatamente formadoras do curso de "ciência social", realizado por Comte.

Outro acontecimento de sua vida, intimamente ligado à sua obra foi a paixão dedicada à irmã de um aluno, chamada Clotilde de Vaux, amor não correspondido. Clotilde era casada, mas seu marido era foragido da justiça; entretanto, manteve-se arredia a um romance extraconjugal. A depressão por que passou Comte foi agravada com a morte prematura de sua amada, dois anos depois de conhecê-la. Foi a fase de grande melancolia e profundas meditações do filósofo, que modificou muito sua forma de pensar e levou-o a elaborar a religião positivista. Inspirado por este romance póstumo, Comte produz sua obra *O Catecismo Positivista*, expondo a religião da humanidade. A Beatriz de Dante reviveu na mente de Comte com Clotilde.

Obras principais:
1830-1842 – *Curso de Filosofia Positiva*
1844 – *Discurso sobre o Espírito Positivo*
1851 – *O Sistema de Política Positiva*
1852 – *O Catecismo Positivista*

2. Características gerais do positivismo

Comte, ainda jovem, começou a trabalhar com o pensador socialista Saint-Simon, de muita importância na sua formação. Seguindo orientação diversa de Saint-Simon e de Fourier, que pretendiam a reformulação da sociedade, idéia também de Hobbes e Marx, Comte achava que a sociedade deveria ser reorganizada após profunda reforma intelectual do homem. Há imperiosa necessidade de se reformular o pensamento humano, extirpando as concepções teológicas e metafísicas dos fenômenos. Impõe-se a adoção da filosofia positiva, por ser ela compatível com o terceiro estado da evolução humana: o estado positivo.

Quando os seres humanos formarem concepção científica do mundo, sem fantasmas ou entes sobrenaturais, quando tiverem novos hábitos de pensar, novos métodos de raciocínio, procurarão eles amoldar sociedade mais perfeita e estável.

A reforma das instituições deveria fundamentar-se nas bases da sociologia por ele elaborada. Na sociedade integram-se a política e o direito, formando a Filosofia Positiva e esta tem caráter instrumental, capacitando-o à reforma de toda a sociedade. Havia portanto nova tarefa a ser cumprida: instaurar o espírito positivo nos seres humanos e estes o instaurariam nas estruturas sociais, políticas e jurídicas. Essa tarefa deverá caber a uma nova elite formada por juristas, sociólogos, empreendedores, economistas, e outras pessoas de mentalidade científico-industrial, capazes de formular os fundamentos positivos da sociedade e desenvolver as atividades técnicas correspondentes a cada uma das ciências. Anteviu assim a era da especialização.

Para Comte, não existem o Direito Natural nem o Direito Subjetivo; o primeiro é teológico, o segundo metafísico. A concepção científica estabelece a relação entre os fatos positivos, formulando as leis. Não é o que acontece com o Direito Natural, que é transmitido aos seres humanos por uma divindade e carece de comprovação científica. Da mesma forma, o Direito Subjetivo tem sua causa numa abstração subjetiva.

O Positivismo surgiu na segunda metade do século XIX junto com o marxismo, época em que se procurava encontrar as causas dos desajustes econômicos. Foi ainda o tempo de intenso desenvolvimento científico e tecnológico e do advento das ciências naturais. As ciências físico-químicas e as biológicas tiveram realce singular nesse período. O positivismo sofreu essa influência, aplicando os métodos peculiares a essas ciências às pesquisas filosóficas. Não se pode, pois, admirar a adoção do novo conceito de filosofia proposto por Comte, concentrando-a na sociedade, considerando esta como a síntese das ciências físico-químicas e biológicas.

Reagiu o Positivismo contra o idealismo excessivo observado na primeira metade do século XI, caracterizado pelos julgamentos *a priori*, pela intolerância intelectual e pela tendência à unificação da experiência por meio da razão. Ao revés, o Positivismo, da mesma forma das ciências naturais, parte da experimentação, da pesquisa, para averiguar os fatos visíveis e sensíveis, procurando inferir as relações que os ligam. Chegou mesmo a radicalizar: só o sensível é real, isto é, tudo o que chega à nossa inteligência é por intermédio dos cinco sentidos.

As características mais marcantes do Positivismo revelam influência por ele exercida e, ao mesmo tempo, sofrida ante aos movimentos ideológicos e políticos surgidos juntamente com ele, e adotando idênticos métodos e critérios. O regime da república democrática, revista por Montesquieu e tão divulgada no século XIX atribui às massas populares a soberania manifestada pelo número de votos, pela quantidade de manifestações, constantes do sufrágio universal. O liberalismo, movimento ligado e paralelo à república democrática prioriza a liberdade individual, a livre concorrência, a lei da oferta e da procura, no conflito e conciliação de interesses econômicos das partes. Paralelamente surge o socialismo, calcado na produção de bens, mas levando sempre em conta a valorização material dos fenômenos econômicos, donde o nome de materialismo-histórico.

Há, portanto, algumas coincidências entre as duas doutrinas materialistas: o Positivismo e o Marxismo. A única realidade existente, o cognoscível, é a realidade física, experimental, que pode ser submetida a testes e ser atingida cientificamente; chega-se assim mais facilmente a uma verdade indiscutível. A metafísica e a filosofia, os valores e lucubrações espirituais, a crença em fantasmas, tudo leva a conclusões sempre discutíveis; não cabem portanto no âmbito do positivismo.

3. A lei dos três estados

Estudando o desenvolvimento total da inteligência humana em todas as áreas, de seus primórdios até nossos dias, Comte afirma ter descoberto uma lei fundamental, à qual estamos submetidos por uma fatalidade, solidamente estabelecidas pelas provas racionais fornecidas pela história.

Esta lei implica que nossas concepções intelectuais em cada ramo do conhecimento passou por três sucessivos estados teóricos diferentes:

teológico ou fictício;
metafísico ou abstrato;
científico ou positivo.

Estado teológico

Pela própria natureza, o espírito humano emprega sucessivamente três métodos de raciocínio, de acordo com as fases. Na primeira fase, isto é, no estado teológico, o ser humano não enfrenta grandes desafios intelectuais e grande variedade de fenômenos e por isso não quer apegar-se a pesquisas e largos recursos do raciocínio. As causas do mundo serão encontradas na vontade e determinação de um ente sobrenatural, situado além do que podem encontrar os sentidos humanos. É uma força que tudo explica e tudo pode; seria um deus ou um espírito.

A fase teológica passaria ainda por três subfases: o fetichismo, o politeísmo e o monoteísmo. O fetichismo povoa a mente humana de divindades, atribuindo a elas uma vida semelhante à dos seres humanos; é o culto prestado a seres inanimados. Na fase politeísta, o ser humano cria vários deuses, como fizeram os gregos e romanos e outros povos da Antigüidade, atribuindo a cada um deles determinados poderes. No monoteísmo, todas as divindades ficam englobadas numa só, num deus único. Foi o que aconteceu no Império Romano após o advento do cristianismo e nas demais nações. Essa fase predominou na Antigüidade, tanto oriental como clássica (Grécia e Roma), terminando com o advento do cristianismo.

Estado metafísico

O estado metafísico ou abstrato segue-se ao teológico sem apresentar grande evolução, pois ambos procuram soluções absolutas para os problemas humanos. No estado metafísico, os agentes naturais são substituídos por forças abstratas ou entidades, como é o caso da consciência na psicologia. A metafísica revela sua impotência de explicar os fenômenos, incapaz de construir um sistema de pensamento coerente, duradouro e lógico. A substituição das divindades sobrenaturais por abstrações personificadas, como a natureza, nenhuma solução traz para a compreensão dos problemas humanos. Pertence a uma faixa intermediária da humanidade.

Estado positivo

É o regime definitivo da razão humana. O espírito humano não explica a razão de tudo por divindades como no estado teológico, nem por entidades imaginárias como a alma, a natureza, o destino, e outras personificações, mas pesquisa as causas e os efeitos de todos os fenômenos da natureza e cada um em particular. É a idade viril da humanidade. Estabelece as leis científicas, deduzidas ou induzidas dos fatos observados.

Os fenômenos naturais são irredutíveis, isto é, não podem todos serem reduzidos a uma só causa, a um só princípio (Deus na fase teológica, ou entidade imaginária, como a alma ou a natureza na fase metafísica). Esses fenômenos são unos, individuais e restritos. Existe realmente uma conexão, uma constante entre todos os fenômenos, mas de forma muito restrita.

Cada ciência ocupa-se de um grupo de fenômenos afins, irredutíveis uns aos outros, vale dizer, não são redutíveis a uma causa única e geral, a um só princípio. A física, por exemplo, cuida dos fenômenos físicos; estes têm uma causa individual e restrita a uma ciência só e não a todas.

O espírito positivo instaura as ciências como investigação do real, do certo e indubitável, do precisamente determinado e do útil. Nos campos social, político e jurídico, o estado positivo do ser humano marca a passagem do intelectual para as mãos dos cientistas e o poder material para as mãos dos empreendedores e empresários.

4. A classificação das ciências

Ao negar a metafísica, assim considerada a filosofia pura, Comte cria nova filosofia a que deu o nome de Filosofia Positiva. Essa concepção de filosofia baseia-se nos tipos de ciências, encadeadas numa formação histórica. O conjunto dessas ciências forma a Filosofia Positiva. São elas:

– matemática – astronomia – física – química – biologia – sociologia.

São seis ciências classificadas segundo o critério de "complexidade crescente e generalidade decrescente". Vamos interpretar melhor essa classificação das ciências de Comte e os critérios que ele adotou para essa classificação. A matemática figura em primeiro lugar por seus fatos serem mais genéricos e mais simples; assim, os fatos matemáticos são os mais comuns, aplicados em todas as áreas, em todos os momentos; não têm complexidade, devido à sua simplicidade. Foi a primeira a surgir, por esse motivo. Pitágoras foi seu grande vulto ou seu criador.

Em segundo lugar surgiu a astronomia, que encontra seu ponto máximo em Galileo Galilei. Estabeleceu as primeiras leis positivas. É de maior complexidade do que a matemática, por adicionar dados quantitativos e alguns aspectos mais complexos, como o movimento. A astronomia utiliza a matemática, mas utiliza os cálculos matemáticos na aplicação do movimento dos astros na atração das massas.

Na escala de complexidade crescente, surgiu depois a física; surgiu não apenas na época posterior, mas também na escala das ciências mais complexas. Ao estabelecer suas leis, a física utiliza os dados matemáticos e também as leis da astronomia.

Vem em quarto lugar a química, cujos fenômenos aplicam os princípios das demais ciências e vai caminhando na escala de complexidade. Os fenômenos químicos são menos gerais, menos comuns dos que os da física.

Vem a biologia em quinto lugar na escala da complexidade crescente e generalidade decrescente. Os fatos biológicos são menos abstratos e simples do que os químicos, da mesma forma que os químicos são menos abstratos e simples do que os físicos e assim por diante. Há outro aspecto a ser ressaltado: da matemática à sociologia, as ciências vão paulatinamente aproximando-se do homem. A biologia ocupa-se dos fenômenos vitais, uma vez que à matéria bruta liga-se a vida humana.

Finalmente, surge a sociologia, chamada ainda por Comte de "física social". É o ponto máximo da complexidade na marcha histórica das ciências. Na sociologia integram-se todas as demais, formando a Filosofia Positiva. O termo sociologia foi criado por Augusto Comte, embora os fenômenos sociais já tinham sido previstos por Montesquieu, considerado este o precursor da sociologia.

A sociologia é a ciência do ser vivo, do ser humano. As ciências mais complexas decorrem das mais simples e abstratas. O ser humano está submetido às leis da gravidade e dos cálculos matemáticos, tanto quanto à matéria inerte, sem vida. Para se conhecer a biologia, ter-se-á que conhecer também as ciências anteriores: matemática, astronomia, física e química.

5. A religião da humanidade

Ao eleger a humanidade como o objeto da sociologia, Comte, ao final de sua vida e de sua evolução intelectual, criou para a sociedade positiva uma nova religião: a religião positivista, a que ele chamou de religião da humanidade. O ser humano deve adorar a própria humanidade, como o "conjunto de seus passados, futuros e presentes que concorrem livremente para aperfeiçoar a ordem universal". Os grandes homens públicos e ilustres serão objetos de veneração e desfrutarão de "imortalidade subjetiva". Para Comte, a *l'humanité se compose de plus de morts que de vivants* = a humanidade se compõe mais de mortos do que de vivos. Ele anunciava a paz, a harmonia e o progresso para o século XX, graças ao advento da religião positivista.

A nova religião universal foi exposta numa das obras de Comte, *Sistema de Política Positiva*, acolhendo em seu seio todos aqueles que tenham contribuído para o progresso da humanidade, que é a divindade máxima. É também chamada de "Grande-Ser". A terra e o ar, ambiente em que a humanidade vive, transformam-se, como ela, em objeto de culto, como o nome de "Grande-Fetiche".

Toda religião precisa ter seu clero; Comte não chegou a formar seu clero mas instituiu-se "Grão-Sacerdote". Seria então o tipo de papa. Embora a nova religião tivesse encontrado seus adeptos, alguns discípulos de Comte dele se afastaram, como o dicionarista Littré. Mesmo entre seus seguidores, a receptividade da "religião sem Deus" foi negativa.

Ao final de sua vida, Comte começou a revelar falta de senso crítico. Tentou estabelecer romance espúrio com uma mulher de nome Clotilde de Vaux, cujo marido era foragido da justiça; esta porém não aderiu aos reclamos de Comte, deixando-o abalado. No auge da depressão de Comte, Clotilde falece, acelerando o abalo de consciência de seu amante unilateral. Comte declarou-a a musa inspiradora da nova religião.

Destarte, a evolução intelectual de Comte constitui frisante contradição com a teoria dos três estados. Segundo nosso filósofo, a evolução histórica do pensamento e da humanidade é seguido também pelo indivíduo. A evolução mental do ser humano segue os mesmos estágios. Na infância, o ser humano tende a encontrar explicação nos entes naturais; a criança, por exemplo, considera certos fatos graças à vitória de São Jorge contra o dragão. O adolescente é normalmente metafísico, sonhador, apaixonado; ele olha os fatos com imaginação fantasiosa. Os jovens são mais criativos e imaginosos. Na terceira idade, o ser humano vê decair sua imaginação e adota concepção positivista dos fatos: ele está no estado positivo, na idade adulta; procura estabelecer leis, as relações entre os fatos e suas causas.

Comte foi pelo menos uma exceção à sua teoria; iniciou sua formação cultural como matemático e de concepção científica; era um rapaz precoce e já nasceu no estado positivo. Transformou-se depois em metafísico, apaixonado e romântico conforme se vê no seu amor pueril por Clotilde de Vaux. Finalmente, resvalou para o estado teológico, de grosseiro fetichismo. Adotou no final de sua vida o estado intelectual que ele tanto condenou, dando o estado divino à terra e ao ar, culminando por intitular-se "Grão-Sacerdote".

Entre outras criações excêntricas, Comte elaborou o Calendário Positivista, composto de treze meses, cada um com o nome de grandes sábios, como Aristóteles e Descartes. Cada dia do ano positivista possui seu patrono, também um benfeitor da humanidade; seriam eles como se fossem os santos do dia.

6. A sociologia jurídica

A sociologia é bem mais extensa do que o estudo da sociedade, pois nela se inclui o direito, a psicologia, a ciência política, a ética. O direito é a atividade da própria sociedade, elaborando as normas que a regerão. A ética tem o mesmo sentido ao estabelecer as formas corretas da dinâmica da sociedade para a vida em harmonia.

A sociologia é considerada por Comte em dois aspectos:

— a sociologia estática — estuda as condições estáticas da sociedade e da vida social em qualquer tempo e lugar. Cuida das instituições necessárias para a manutenção da ordem, e da predominância do altruísmo sobre o egoísmo. A sociedade estática toma a ordem por base.

– a sociedade dinâmica – estuda a evolução da sociedade, com vistas ao progresso. A divisa de Comte é a de que a sociedade estabelece a ordem, que, por sua vez, será a condição essencial do progresso. Era seu lema: *l'amour pour principe, l'ordre pour base et le progrès pour fin* = o amor por princípio, a ordem por base e o progresso por fim. O conhecimento científico é a condição necessária de todo o progresso.

O objeto da sociologia é a humanidade e sua história e evolução encerra a conquista do espírito positivo, eliminando as idéias de entes sobrenaturais e imagens metafísicas. O sociólogo é o filósofo da filosofia positiva, pois a sociologia é o próprio ser humano, conhecendo o essencial das ciências que a precedem. Assim, o sociólogo será obrigado a examinar os aspectos mais importantes da matemática, da astronomia, da física, da química, da biologia. É ele portanto um "especialista em generalidades".

Augusto Comte não foi um jurista e procurou elevar-se acima do direito, embora seja patente sua influência no direito. Ao criar a sociologia, Comte atrelou o direito a ela, considerando-o apenas como uma forma de organizar a sociedade, e o direito seria então conseqüência dela. Não incluiu o direito na sua escala de ciências, por não considerá-lo uma ciência autônoma, mas um fator da sociedade. A inclusão de Comte no direito deu-se então por intermédio de alguns de seus seguidores, na formação das diversas escolas que se sucederam ao Positivismo comteano.

7. Influência positivista no Brasil

É patente a influência de Marx, Montesquieu e Hobbes no pensamento brasileiro, mas Augusto Comte parece ter sido o mais presente de todos, principalmente no movimento republicano. Mesmo antes da morte de Comte, formaram-se no Brasil clubes positivistas, em que se reuniam cultores da filosofia, para cultivar os estudos filosóficos, girando sempre em torno de Augusto Comte. Antes da Proclamação da República foi criado o Apostolado Positivista do Brasil e a Igreja Positivista, que ainda hoje existem no Rio de Janeiro.

A campanha republicana, levantada a princípio pelos acadêmicos de direito, foi encampada por intelectuais cariocas ligados ao positivismo, entre eles Benjamin Constant, de efetiva atuação na Proclamação da República. O lema de Comte "ordem e progresso", foi introduzido em nossa bandeira por Benjamin Constant e as próprias cores dela sofreram influência positivista.

A luta dos positivistas no Brasil tiveram reflexo na primeira constituição republicana e foram eles os promotores de várias inovações constitucionais. Entre elas poderão ser citadas a secularização dos cemitérios, antes administrados pela Igreja. A separação entre o Estado e a Igreja foi outro objetivo alcançado pelos adeptos de Comte, na constituição republicana. Foram eles os maiores defensores da obrigatoriedade do ensino público, alcançada na república.

É de inspiração comteana a formação da escola do direito positivo, levando à maior radicalização do direito objetivo. Para essa escola só existe o direito positivo, ou seja, o direito legislado e que pode ser interpretado para levar a conclusões indiscutíveis, como é o caso do direito legislado. A Escola Positiva do Direito teve seu grande vulto em Léon Duguit, jurista e filósofo de grande penetração no Brasil. Teoria positivista ainda mais acentuada é do filósofo austríaco Hans Kelsen, denominada "Teoria Pura do Direito", tomada essa denominação do título de sua obra principal. Kelsen considera como objeto específico do direito a norma jurídica, e rejeita os aspectos ideológicos e valorativos, as considerações morais e políticas na interpretação do direito.

15. ESCOLA DO DIREITO POSITIVO

É um tanto difícil explicar a Escola do Direito Positivo, em vista das diversas manifestações do pensamento positivo. Dentro da própria escola surgiram movimentos com especiais características e paralelamente foram aparecendo outras escolas que também se declararam de direito positivo. Foram positivistas Hans Kelsen, Norberto Bobbio, Thomas Hobbes e outros não juristas, como Karl Marx. Além disso, classificam-se como escolas de direito positivo a Escola Histórica do Direito e a Escola da Exegese.

Um fator porém une todos esses movimentos: a oposição ao Direito Natural, procurando substituir o universal e imutável pelo particular e mutável, e o que é bom pelo que é útil. Adota o critério econômico e utilitário em vez do critério moral, e o direito conhecido por meio da declaração expressa do legislador ao invés do conhecido pela razão. O conjunto de normas racionais e divinas foi posto de lado, prevalecendo o conjunto de normas postas pelo Estado.

Vem esse direito, etimologicamente, de *positum* (colocado adiante), designação também de "objetivo" *(objectum)*. É o conjunto de normas estabelecidas pela sociedade e colocadas à sua disposição, para adequar o comportamento do homem às necessidades sociais. Modela o funcionamento da sociedade com as regras jurídicas, submetendo-se porém às variações no tempo e no espaço; destarte, o direito positivo vige para um povo, delimitado numa extensão territorial e num determinado tempo. É, pois, contingente e variável.

Jus norma agendi est (o direito é a norma de agir); assim consideravam os romanos o direito positivo. Era o direito colocado à frente dos homens para pautar seu modo de agir; formulava os direitos e as obrigações. Nesse sentido, o direito é o conjunto de normas obrigatórias de comportamento; é patente, pois, seu caráter normativo. As normas, porém, não são apenas as legislativas; o direito positivo (ou o objetivo) compõe-se das leis promulgadas pelo poder competente, mas também as decorrentes dos costumes, da jurisprudência, dos princípios gerais do direito e de outras fontes. O direito positivo constitui-se principalmente da lei, mas a ela também se agregam o costume *(consuetudo)*, a analogia, a jurisprudência, as obras de doutrina, as convenções ou tratados internacionais.

É nesse sentido que empregamos as expressões: o direito brasileiro, o direito romano, o direito italiano ou o direito francês. Por esses motivos, o respeitável jusfilósofo italiano Giorgio Del Vecchio definiu o direito como "o sistema de normas jurídicas que regula efetivamente a vida de um povo em um determinado momento histórico".

O direito positivo proclama o estudo do direito como fato e não como valor; o que é e não como deve ser; não discute se o direito é bom ou mau, se é justo ou injusto, mas se é válido ou inválido, eficaz ou ineficaz. O direito positivo é o direito real, sem se dominar pelo que é o ideal. É o conjunto de comandos emanados da autoridade competente do Estado e providos de sanção; esses comandos devem ser cumpridos, sem discussão se estão certos ou errados, uma vez que seu descumprimento implica numa sanção por parte de quem emitiu a lei.

A Escola do Direito Positivo é a escola da Idade Moderna, enquanto a Escola do Direito Natural era a escola da Idade Média. A era medieval era dominada pela Igreja e a religião era a fonte do direito. Acreditava-se que a lei era a revelação divina e sendo a vontade de Deus, deveria prevalecer sobre o direito revelado pela vontade humana.

A discussão entre Antígone e Creonte revela o que existia na mente do povo. O direito no estado primitivo de vida era imposto pela sociedade e não pelo Estado, pois este era ainda fraco, sem estrutura, sem poder legislativo. Era plena a liberdade do juiz em escolher as normas aplicáveis e com predomínio das normas estatais, porque estas eram dominadas pelo espírito religioso, como é o caso do Fuero Juzgo e do Código de Eurico.

A formação do Estado moderno acompanhou a formação do Estado forte, com a concentração dos poderes em suas mãos. Surgiram os três poderes, plenamente delimitados e estabelecidos. O direito positivo é considerado como o único existente; é o direito posto pelo Estado (*positum* = posto).

As escolas do direito positivo são aquelas que consideram o direito como emanado do poder competente do Estado e imposto coercitivamente à obediência dos cidadãos, por ser dotado de sanção. Deve conservar as características comentadas até agora, ainda que as diversas escolas apresentem matizes especiais. Muitos foram os seus cultores e cada um impõe um ponto de vista pessoal, sem se deixar desviar do eixo central. Pensadores vigorosos dificilmente elaboram doutrinas iguais, mesmo conservando pontos de semelhança. É a razão por que teremos que considerar a Escola do Direito Positivo de Kelsen separada da de Bobbio. A Escola Contratualista de Thomas Hobbes realça a origem do direito como aspecto primordial, enquanto a Escola Marxista apega-se ao objetivo do direito como ponto básico. Examinando porém cada uma delas, faremos conceito bem estável e unitário da Escola do Direito Positivo.

16. ESCOLA MARXISTA DO DIREITO
KARL MARX (1818-1883)

1. Biografia
2. Obras
3. As influências recebidas
4. Fundamento econômico do Estado
5. O materialismo histórico
6. A luta de classes
7. A doutrina de mais-valia

1. Biografia

Karl Marx, filósofo alemão, nasceu em Treves, mas viveu grande parte de sua vida em Paris, Londres e outros locais, tendo falecido em Londres, onde está enterrado. Foi estudar direito em Berlim mas seu gênio inquieto levou-o mais às agitações, reuniões políticas e longas noitadas de discussões políticas e filosóficas. Tinha impulso para escrever e bem moço tornou-se jornalista, assumindo a redação de um jornal da cidade de Colônia. Seus artigos inflamados e suas idéias revolucionárias provocaram seu afastamento daquela cidade. Aos 25 anos vai a Paris, mudança muito importante na sua formação.

Em Paris proliferavam as idéias socialistas e Marx se engajou nesses movimentos; travou conhecimento com as idéias de alguns filósofos socialistas como Charles Marie Fourier, Louis Blanc, Pierre Joseph Proudhon e os ingleses Robert Owen e David Ricardo. Fez até amizade com alguns deles. Foi em Paris que conheceu seu compatriota Frederic Engels, estabelecendo longa amizade e íntima colaboração mútua. Em 1848, estourou na França a Revolução Liberal, dando oportunidade a Marx e Engels para lançarem o esboço doutrinário denominado "Manifesto Comunista". Ambos porém já estavam exilados na Bélgica.

Voltam a Paris e Marx retorna ao jornalismo e luta com a Revolução Liberal. A derrota de todas as agitações sociais exila novamente Marx e Engels, que se radicaram na Inglaterra. Foi a fase mais produtiva de Marx. Fundou a Primeira Internacional, uma associação internacional de operários, para lutar pelos interesses dos trabalhadores. Houve certos paradoxos na vida de Marx. Embora tivesse dedicado sua vida aos trabalhadores, nunca foi ele um trabalhador nem teve algum trabalhador entre os seus amigos. Casou-se com moça rica, mas esbanjou o dinheiro da mulher nas tabernas. Teve sete filhos, três dos quais morreram de fome. Escreveu vários livros e artigos para jornais, mas geralmente gratuitos. Nunca exerceu trabalho remunerado, tendo falecido logo após sua esposa, em precárias condições. Encontrava-se constantemente em estado de embriaguez.

2. Obras

1841 – *Das Diferenças da Filosofia da Natureza de Demócrito e de Epicuro* – Tese de formatura na Universidade de Jenna.

1844 – *Crítica da Filosofia do Direito de Hegel* – É um esboço da interpretação materilista da dialética hegeliana.

1844 – *Manuscritos Econômico-Filosóficos* – Esboço do socialismo humanista.

1845 – *A Sagrada Família* – Escrito em conjunto com Engels, contrapondo-se à dialética idealista de Hegel e propondo a dialética materialista.

1845 – *Teses sobre Feurbach* – Contrapondo-se ao materialismo-estático de Feurbach e propondo o materialismo-histórico, ou seja, dinâmico.

1846 – *A Ideologia Alemã* – Composta juntamente com Engels, expondo a filosofia marxista.

1847 – *Miséria da Filosofia* – Contrapondo-se à obra "Filosofia da Miséria" de Pierre Joseph Proudhon.

1848 – *O Manifesto Comunista* – Última obra em conjunto com Engels.

1852 – *O 18.º Brumário de Luis Bonaparte* – Interpretação de acontecimento na França, sob a luz do marxismo.

1858 – *Esboço de Crítica de Economia Política*.

1859 – *Da Crítica da Economia Política* – Exerce análise crítica da vida ocidental.

1867 – *O Capital* – Primeiro volume de sua obra-prima – Expõe de forma ampla a doutrina marxista. Os volumes 2 e 3 foram completados postumamente por Engels e publicados em 1884 e 1885.

3. As influências recebidas

Difícil se torna interpretar Marx sem a influência que sobre ele exerceram outros pensadores. É em sua longa estada em Paris que Marx conviveu com muitos pensadores, movimentos e idéias que o contaminaram. Quem mais o influenciou foi seu mestre Hegel, da Universidade de Jenna e Berlim, que descreveu o sistema costumeiro de elaboração de idéias a que deu o nome de dialética. Para Hegel, a dialética é o desenvolvimento interminável de idéias, composto de três momentos:

Tese – É a idéia inicial;
Antítese – É a negação racional, a idéia contrária à tese;
Síntese – É a nova idéia surgida pelo sucesso da antítese, mas absorvendo os elementos mais positivos da tese.

A síntese, por sua vez, vai constituir nova tese, que sofrerá nova antítese, provocando outra síntese, numa sucessão interminável e contínuo aperfeiçoamento das idéias. É a dialética idealista de Hegel. Tão grande foi a ascendência do pensamento de Hegel sobre Marx que uma das primeiras obras do discípulo foi a interpretação da filosofia do seu grande mestre, denominada "Crítica da Filosofia do Direito de Hegel".

À dialética idealista de Hegel, Marx contrapôs a dialética materialista: ao idealismo histórico o materialismo histórico. Marx opõe-se de forma mordaz não só a Hegel mas aos socialistas utópicos com quem conviveu em Paris, como Charles Marie Fourier e Pierre Joseph Proudhon. Diz ele que todos vivem nas idéias, nas nuvens, mas não descem à dura realidade da terra; à vida real. Existe uma dialética, mas na natureza, na vida material, independente das idéias. Ao contrário, as idéias representam uma realidade social, ou seja, segundo a ciência da Lógica, a idéia é a representação mental de um objeto. Para Marx, o movimento da história, da sociologia e do direito se faz pela contradição, pela oposição das idéias predominantes, provocando as transformações pela síntese. A nova situação resultante da síntese é a oposição triunfante, mas sempre absolvendo as realidades da situação anterior à tese.

Outro pensador, também discípulo de Hegel, e colega de Marx, Feurbach (1804-1872), exerceu influência na formação do marxismo. Materialista radical, Feurbach é a antítese de seu mestre Hegel: ao idealismo dinâmico de Hegel, propõe o seu materialismo estático. Para Feurbach tudo é matéria e não sai da matéria: o barro é mistura de terra e água, mas seca e a água volta a ser água e o barro a ser terra; a água transforma-se em vapor que no frio da atmosfera transforma-se em gelo e depois se desfaz, voltando a ser água. Será assim sempre matéria.

Dois filósofos chocaram-se na mente de Marx; ele combateu os dois, mas aceitou parcialmente as idéias deles, compondo a sua. Do idealismo histórico de Hegel, Marx rejeita o primeiro mas aceita o segundo; do materialismo estático de Feurbach, Marx aceita o primeiro mas rejeita o segundo; formou-se assim o materialismo histórico. O termo "histórico", adotado por Marx, tem o sentido de "dinâmico", "em movimento".

Está ainda no pensamento de Marx o do anarquista francês Pierre Joseph Proudhon (1809-1865). Extremado, radical, Proudhon examinou a relação capital-trabalho, considerando impossível essa convivência. Dizia Proudhon que o homem é bom e seria até capaz de morrer por seu semelhante, mas não trabalhar para ele. Os filhos começam a trabalhar com o pai, mas não vêem a hora de livrar-se dessa submissão. Essa teoria parece ter inspirado a teoria da mais-valia e da luta de classes. Essas idéias de Proudhon foram descritas em vários escritos, mormente em sua obra, *Filosofia da Miséria*.

Marx publica em seguida sua obra *Miséria da Filosofia*, em que afronta o pensamento de Proudhon, mas, ao mesmo tempo que o combate revela a assimilação de certas idéias levantadas pelo anarquista francês. Outra obra de Proudhon de sugestiva influência sobre Marx chama-se *O que é a propriedade?*, a mais vibrante do autor. A conclusão a que chegou Proudhon é a de que "a propriedade é um roubo". Não é possível a um ser humano formar grande patrimônio pelo trabalho, por mais hora-extra que faça, mas apropriando-se indebitamente do patrimônio alheio. Proudhon era apaixonado, subjetivo, ao contrário de Marx, mais objetivo e sentimentalmente comedido, assentado em bases mais científicas do que passionais. Encontra-se essa interpretação marxista na consideração da propriedade privada. Não considera Marx que a formação da propriedade privada seja roubo ou crime, pois opera-se nos termos da lei, embora as leis sejam frutos da política dominante, retratando fielmente os interesses das classes conservadoras.

Pode-se citar ainda como precursor de Marx o filósofo francês Charles Marie Fourier (1772-1837), que idealizou e tentou implantar o sistema de cooperativas de trabalho, para evitar que o trabalho humano fosse explorado por outras pessoas. Foi o criador do socialismo utópico, ao qual Marx contrapôs o socialismo científico. Fourier pode ser considerado o criador do moderno socialismo e sua influência é marcante em seus sucessores, como o próprio Marx.

4. Fundamento econômico do Estado

Ao adotar o materialismo histórico, Marx constata que o erro dos idealistas e dos criadores do socialismo utópico residia no excessivo apego às idéias, sem descerem à terra, ao sistema de relacionamento entre o ser humano e a natureza. Cada povo tem economia peculiar a ele, conforme a maneira com que ele explora a natureza, extraindo dela os elementos necessários à sua subsistência. Há nações dotadas de carvão e metais, formando assim economia de modalidade mais industrial; outras existem de economia baseada mais na agricultura.

É o substrato econômico do Estado; a economia constitui o alicerce do Estado, inserindo-se nele a formação política e social, as classes de pessoas e o sistema jurídico. Se houver modificação no alicerce deverá haver modificação no edifício que se assenta sobre ele. O Estado que se estabelecer sobre a nação agrícola terá certas características políticas, sociais e jurídicas consentâneas com a base econômica desta nação. A nação industrializada terá o Estado com características bem diferentes. Seu sistema jurídico regulamentará uma sociedade industrializada, constituída principalmente de empresários e operários.

As leis interpretam o povo que elas disciplinam; este povo, porém, exerce atividade econômica que lhe é própria e suas leis interpretam essas peculiaridades, a natureza do local em que esse povo vive. O que ocorre porém é que a economia não é estática, mas muito dinâmica, apresentando transformações constantes. Modifica-se então constantemente o alicerce, a estrutura básica do edifício estatal. Apesar da reação dos reacionários, cedo ou tarde o edifício deverá amoldar-se ao seu alicerce, senão apresentará problemas vários, podendo até ruir. Essa transformação é inevitável.

Se o Estado, assim considerado como o sistema político, social e jurídico for se amoldando paulatinamente ao substrato econômico modificado, ficará como o edifício amoldado ao seu alicerce. Nem sempre essa evolução se processa de maneira paulatina; normalmente exige a transformação rápida, violenta. Não é assim evolução mas revolução. Considera-se revolução a transformação repentina, rápida e profunda de alguma coisa. Nem sempre porém a revolução significa luta armada, como a Revolução Francesa ou a Revolução Bolchevista. Decorre às vezes de evolução tranqüila, silenciosa, ainda que profunda. As relações sociais, a estrutura política e as leis representam a estrutura econômica de um povo. Em sua obra *Miséria da Filosofia*, em que Marx se opõe a Pierre Joseph Proudhon, diz ele:

> "As relações sociais são inteiramente interligadas às forças produtivas. Adquirindo novas forças produtivas, os homens modificam o seu sistema de produção, o modo de ganhar a vida e modificam suas relações sociais. O moinho à mão faz nascer a sociedade para com o senhor feudal; o moinho a vapor ou à eletricidade faz nascer a sociedade para com o capitalista".

Na Idade Média o sistema fundiário baseado na propriedade feudal formou o sistema social-jurídico do feudalismo. O uso do carvão e do ferro, aproveitando a energia elétrica e a produção em massa fez surgir o moderno capitalismo e o liberalismo. As leis interpretam o novo Estado decorrente do sistema econômico. Elas são votadas pelos representantes do povo, mas estes representam a situação dominante e por isso as leis surgem para proteger o *status quo* existente. Serão elas mudadas quando for mudado o sistema econômico que elas tutelam.

5. O materialismo histórico

A doutrina marxista recebe normalmente o nome de "materialismo histórico", o primeiro termo emprestado de Feurbach e o segundo de Hegel. A evolução das sociedades humanas processa-se pela dialética, quando a situação reinante começa a revelar os sintomas de superação, provocando o surgimento de movimentos sociais, econômicos e jurídicos que se lhe opõem (antítese), procurando transformar a situação reinante (teses), aprimorando-a e assim evoluindo com o aperfeiçoamento constante. Entram em choque a tese e a antítese. Os que lutam e conseguem as inovações chamam-se progressistas e aqueles que combatem as novas tendências e lutam para manter o *status quo* reinante recebem o nome de reacionários.

Marx olha o ser humano como dotado de instinto gregário (tendência para a vida social) e do instinto de evolução, o que leva a sociedade a aprimorar-se e buscar a perfeição. Suas idéias são bem diferentes de Hobbes; não concorda Marx com o *homo homini lupus*, nem com a *bellum omnium omnes*. Ao analisar-se o contexto histórico do ser humano desde os seus primórdios, nota-se que havia o espírito de coletividade e de coletivismo, o instinto gregário, confirmando o dito de Aristóteles de que "o homem é um animal social". Todos compartilhavam da natureza, que era de todos, da mesma terra que lavravam; a caça também era compartilhada pela sociedade. Os seres humanos inseridos nessa sociedade primitiva eram solidários e se esforçavam em prover também as necessidades de seus semelhantes além da sua. De certa maneira, Marx segue a doutrina do filósofo francês Jean Jacques Rousseau a esse respeito.

O materialismo histórico descreve a história das sociedades humanas, em todas as épocas, pela evolução dialética materialista, por meio dos fatos históricos, principalmente os econômicos, apegando-se pouco às idéias. Interpreta a história como ciência: os fatos pelas suas causas, e essas causas são sempre materiais, mais comumente as mudanças econômicas. Há rigoroso determinismo econômico na evolução da sociedade.

Aumentou a população e alargaram-se as áreas de exploração econômica e a vida humana foi se tornando mais complexa. O sistema de relacionamento entre eles tendem à exploração de uns pelos outros, estimulando a cobiça pelo poder e a tendência para a acumulação de patrimônio, causado pelo sentimento de segurança. Para se sentir seguro, o ser humano procura acumular patrimônio que lhe garanta a tranqüilidade, estabilidade e segurança.

Surgiram, em conseqüência dessa evolução, a política capitalista e a escravidão. O coletivismo começou a declinar, surgindo certos movimentos econômicos e sociais, como o feudalismo, o mercantilismo, o capitalismo e vários outros, todos porém revelando a tendência de concentração do patrimônio nas mãos de número cada vez menor de pessoas.

6. A luta de classes

O sistema de exploração econômica provoca o aparecimento de várias classes de pessoas, cada uma caracterizada por certas doses de poderes, de *modus vivendi*, de condições econômicas diferenciadas. Todavia, todas as classes compõem apenas duas mais amplas. Uma delas é a classe forte, poderosa e dominante, composta por uma minoria; esta domina a economia e a produção, mantendo a outra sob controle e dominação. A outra classe, representada pela maioria dos membros da sociedade, constitui a força de trabalho. É a classe dominada e fraca.

Recebem elas denominações diferentes, conforme as relações econômicas da época. Na antiga Roma o sistema de relações econômicas determinaram o aparecimento das classes dos patrícios e plebeus. Na Idade Média o sistema de propriedade fundiária, com a formação dos feudos, apresentou longa evolução no processo histórico das relações entre cidadãos. Formaram-se assim duas classes amplas com senhores feudais e os servos de gleba. Contudo, os plebeus eram escravos de seu senhor e o servo de gleba era escravo da terra; as terras porém tinham dono, o que tornava o servo de gleba subordinado ao dono da terra, ao suserano.

No mundo moderno a luta das duas classes continuou, mas a classe dominadora aumentava constantemente e outras subclasses iam se formando, principalmente no século XVIII, com a formação da burguesia. A França oficializou e definiu bem as classes sociais do país, como sendo a nobreza, o clero e o povo; todavia, o povo não era a massa dos trabalhadores, mas a burguesia, nova classe economicamente ativa e dominante. A Revolução Francesa constitui o mais sugestivo exemplo da dialética materialista.

Devido à mudança de exploração econômica surgiu a burguesia, constituída pelos produtores de vinhos, pelos mercadores, feirantes agropecuaristas, pequenos industriais e outros agentes produtivos. E a burguesia triunfante impôs novo modelo de Estado, com novo sistema jurídico, calcado na Declaração dos Direitos do Homem e do Cidadão e na nova Constituição Republicana. Integraram esse sistema o Código Civil e o Código Comercial, denominados "códigos Napoleão", visto terem sido eles elaborados por duas comissões nomeadas por Napoleão Bonaparte.

O mundo atual apresenta novo modelo econômico, caracterizado pela superestrutura política, social e jurídica montada sobre esse modelo econômico. Duas classes sociais predominam em nossos dias: a classe capitalista, em que se transformou a burguesia triunfante da Revolução Francesa, e o proletariado, resultante e sucessora dos artesãos, agricultores e demais obreiros, que haviam participado da Revolução Francesa como coadjuvantes.

A designação de proletários decorre de ser esta classe estimulada a aumentar sua prole, alargando assim a oferta de mão-de-obra no mercado de trabalho. Para a classe capitalista empregadora, o aumento da oferta de mão-de-obra a beneficia, baseada no princípio de que "quando dois empregadores vão à procura de um empregado, o salário tende a aumentar; quando dois empregados vão à procura de um empregador, o salário tende a diminuir". Nessas condições, o trabalho, fonte de sustento do trabalhador, tornou-se mercadoria submetida à lei da oferta e da procura. E o mercado de trabalho pode ser facilmente manipulado pelos empregadores, mas não pelos empregados.

A evolução dialética da vida social iria se aperfeiçoando paulatinamente com novas sínteses, em que os direitos do proletariado vão se alargando e predominando, até que o proletariado será a classe única, desaparecendo a classe capitalista. Conseqüentemente desaparecerá o capital, por ser valor fictício; o capital não cria o trabalho, mas ao contrário. Curiosamente, Marx combateu demais o capital, ao invés de defender o trabalho, de tal maneira que a obra em que expõe suas idéias contra o capital e a favor do trabalho acabou por se chamar *O Capital* e não "O Trabalho".

Marx chama de revolução essa escalada do proletariado para o poder, invertendo-se as posições na pirâmide, com o proletariado no topo. A revolução iria aperfeiçoando a sociedade a tal ponto de o Estado ser a ditadura do proletariado, constituindo a sociedade perfeita, em que não haveria mais crises, exploração do homem pelo homem, distribuindo-se os recursos da natureza eqüitativamente, ou seja, "a cada um de acordo com a necessidade e a todos de acordo com a possibilidade" (esta citação constava da Constituição da União Soviética).

A sociedade perfeita, ponto mais avançado do socialismo científico recebeu a designação de "comunismo".

O materialismo histórico seria processo lento, talvez em meio século. Pelos séculos afora as classes trabalhadoras muito lutaram, mas foram doutrinadas segundo os interesses da classe dominante. O direito, o sistema de ensino, a formação moral, a religião, a família e outros fatores moldaram a mentalidade proletária, fazendo com que ela aderisse às idéias capitalistas. Todavia, o progresso segue leis imutáveis à medida que a classe proletária vai opondo sua antítese à situação reinante, vale dizer, à tese. Segue-se novo estágio sempre com a vitória da antítese proletária, aperfeiçoando-se até chegar ao ponto máximo de perfeição: a perfeição comunista: a luta de classes é o instrumento pelo qual a história caminha para a eliminação das classes, só sobrando uma. Haverá assim a produção planejada e controlada por todas e não subordinada aos interesses de grupo pequeno de empresários.

Após examinar a teoria marxista da luta de classes, muitas dúvidas e paradoxos levantam-se à nossa mente. A luta de classes terá seu fim, quando a classe proletária instalar-se no poder e instituir a ditadura do proletariado. Segundo a dialética hegeliana, o comunismo constituir-se-ia em nova tese e provocaria nova antítese, como aconteceria também com a dialética marxista. Para Marx não; o comunismo seria o ponto máximo da perfeição e não poderia aperfeiçoar-se mais, razão pela qual, ainda que houvesse alguma modificação política, social e jurídica, só seria dentro do comunismo. Não previu Marx que sua doutrina viesse um dia a ser aplicada na União Soviética, onde, após setenta anos afrontou totalmente suas previsões. Foi o que aconteceu em outros países. O desenvolvimento científico demonstra a inviabilidade da previsão marxista.

Outro paradoxo permanece sem explicação. A classe capitalista é a classe forte e mantém a classe proletária em regime de dominação, até mesmo forjando a mentalidade dos proletários favorável aos capitalistas. Todavia, a classe fraca e dominada acaba por eliminar a classe forte dominante, não ficando esclarecido como poderia ter ocorrido esse triunfo.

A família, a religião, o direito, e as próprias classes sociais, constituem criação do capitalismo para manter o domínio sobre as classes proletárias, segundo a opinião de Marx. Entretanto, todo ser humano é fruto de uma família, pelo menos a constituída de marido e mulher; somos portanto frutos da família e não criadores dela: pelo menos é o que se deduz do Direito de Família. Seguindo a esteira de Feurbach de que Deus não criou o homem mas o homem criou Deus, Marx afirma que o homem criou a religião com finalidade prevista: a manutenção do predomínio da classe dominante. Contudo, a psicologia vem demonstrando que a religião provém de instinto poderoso; a religião nasce com o homem, de tal maneira que não existe homem sem religião. Ainda que não haja sociedade, que surja um homem isolado e sem ninguém que lhe ensine a religião, ele criaria a própria religião, fabricaria em sua mente o seu Deus, sem que tivesse a intenção de um dia explorar seu semelhante.

7. A doutrina de mais-valia

A exploração capitalista, ou seja, por meio da classe dominante é injusta e selvagem, gerando má distribuição de renda. A formação do patrimônio pessoal só é conseguido pela apropriação do patrimônio social, como previra Proudhon. Marx não considerava a propriedade um roubo, como dissera Proudhon, visto que o acúmulo de riqueza nas mãos de alguns se processa por esquemas previamente traçados. Empregador e empregado celebram contrato de prestações recíprocas: o contrato de trabalho, devidamente regulamentado pela lei. Se o empregador cumprir as suas prestações contratuais, não será criminosa a retenção que ele faz de sua parte.

É o regime econômico de exploração, devidamente regulamentado pela legislação vigente da sociedade; faz parte do regime capitalista. Não quer dizer, porém, que o proletário deve renunciar à luta pela eqüidade. A doutrina de mais-valia é a lei do sistema capitalista; é a sobra do valor do trabalho executado pelo trabalhador, que passa para o patrimônio do empregador. Assim por exemplo, o empregado fornece ao empregador o trabalho que vale 100, mas o empregador não pode pagar 100, pois não poderia sobreviver; aí ele paga 50, ficando com os outros 50. Destarte, quanto mais empregados tiver, maior lucro vai auferir o empregador e quanto menos pagar maior será o lucro dele.

O lucro empresarial, é portanto, sustentado pelo trabalho do empregado, ficando este obrigado a vender sua força de trabalho a preço bem inferior ao real valor. Olhando sob outro prisma, Marx afirma que o empregado trabalha, por exemplo, oito horas por dia, mas o patrão só lhe paga quatro; essas quatro horas constituem o lucro do patrão. Essas quatro horas são a mais-valia do trabalho do empregado. Assim se justifica o enriquecimento do capitalista, a acumulação de riquezas nas mãos de uns poucos, já que o número de empregadores é bem menor do que o de empregados. O trabalho dos empregados é um dos fatores da produção e entra no valor do produto produzido pelo empregado, que é vendido a preço bem superior.

Para Marx, o trabalho é então uma mercadoria, comprada a baixo preço, e depois vendida a alto preço, ou seja, o preço da venda é a mais-valia do preço de compra. Essa mais valia é agora fator de enriquecimento do empregador. Se o trabalhador quiser comprar o produto que ele fabricou terá de pagar o preço do empregador, isto é, com a mais-valia. Eis por que o trabalhador tende a ficar cada vez mais pobre e o empregador cada vez mais rico. Havia naquela época, e permanece ainda hoje, o provérbio de que "o trabalho enobrece o homem", modificado pelos marxistas de que "o trabalho enobrece o homem e enriquece o patrão".

17. ESCOLA NORMATIVISTA DO DIREITO - DE HANS KELSEN (1881-1973)

1. Vida e obras
2. O normativismo jurídico
3. O "ser" e o "dever ser"
4. O Direito é o Estado
5. O Direito e a moral
6. A hierarquia das leis
7. A influência de Kelsen

1. Vida e obras

Hans Kelsen era austríaco mas nasceu em Praga, capital da Checolosváquia. Fez o curso de direito na Universidade de Viena e completou seus estudos em Heidelberg, com o grande jurista Jellinek e o sociólogo Max Weber. Redigiu o projeto da constituição da Áustria de 1920 e foi membro da Corte Constitucional, o mais alto tribunal de seu país. Lecionou em diversas faculdades da Europa.

Devido à anexação da Áustria pela Alemanha nazista, Kelsen fugiu para os Estados Unidos, por ser judeu. Lecionou em duas das mais conceituadas universidades americanas: de Harvard e Berkeley, tendo falecido nesta última cidade.

Obras: Escreveu uma infinidade de obras, entre livros, pareceres e artigos, como Teoria Geral da Lei e do Estado, e Teoria Geral das Normas. Sua obra primordial, porém, foi a Teoria Pura do Direito.

2. O normativismo jurídico

Kelsen é positivista. Despreza os juízos de valor, rejeita a idéia do Direito Natural, combate a metafísica. Sua teoria normativista reduz a expressão do direito a um só elemento: a norma jurídica; é esta o objeto da Ciência do Direito, o estudo apenas da norma jurídica. É razão pela qual se chamou a escola, por ele criada, de Escola Normativista do Direito, ou Normativismo Jurídico.

Por isso, pretende Kelsen depurar a Ciência do Direito dos fatos e dos valores – dos elementos oriundos da sociologia, psicologia, economia, ética, axiologia (ciência dos valores) e outras ciências. Daí o nome de sua doutrina Teoria Pura do Direito. Ele quer impor o direito como ciência específica, ocupando-se apenas do Direito Positivo, da estrutura normativa.

Não quer dizer que não existam a moral, a axiologia e as outras, ou que elas sejam irrelevantes, mas as condições de ordem valorativa estão fora da Ciência do Direito. A teoria realista do direito não conhece o direito ideal, emanado de uma autoridade transcendental, mas apenas o direito positivo, estabelecido pelo ser humano, emanado de uma autoridade competente.

A ciência jurídica deve ser vista como ciência autônoma, desvinculada da ciência natural e de outras intenções, como a política, a sociologia, a economia, a religião. Tem como objeto o estudo da norma jurídica e a sua conseqüente descrição.

A doutrina pura do direito quer conhecer só e exclusivamente o seu objeto. Procura responder à pergunta: o que é o direito? Não pergunta: como deve ser e como se deve produzir o direito? Para descrever o direito como ele é, propõe então delimitar o conhecimento do direito ante as disciplinas complementares, como a política, a ética, a psicologia, etc. É um ponto em que ele bate a todo momento. Se esses limites não forem determinados, separando-se o direito das outras disciplinas afins, cairemos num sincretismo metodológico, que virá obscurecer a essência do direito e perturbar os limites de seu objeto. O sincretismo é o sistema filosófico que consiste em combinar as opiniões e os princípios de diversas escolas, o que leva comumente à confusão dessas opiniões.

Assim, apresentando o direito como matéria puramente descritiva, evitaremos qualquer juízo de valor na exposição do direito. O jurista, como teórico do direito, propõe-se a procurar resolver problemas referentes à natureza e função do direito, eliminando considerações éticas sobre ele. A consideração ética das normas jurídicas não é tarefa da ciência jurídica. Por isso, o jurista não deve avaliar o direito mas tãosomente a descrevê-lo.

3. O "ser" e o "dever ser"

Reconhece Kelsen a divisão das ciências em explicativas (especulativas ou descritivas). As ciências explicativas são as que tratam do ser e que têm por objetivo a realidade como ela é. As suas leis são naturais e suas relações respectivas são de causalidade (se A é, B é), necessárias, compondo elos infinitos. A ciência do direito é ciência explicativa, uma vez que procura conhecer o direito como ele é – tal como a ciência faz com seu objeto – e não como deve ser.

No domínio da natureza, a forma de ligação dos fatos é a causalidade. Tudo o que acontece tem sua causa, tem sua razão suficiente. Para Kelsen, a ciência do direito não tem por objeto o desenvolvimento e aperfeiçoamento do direito mas apenas a sua descrição. É por isso ciência explicativa (especulativa ou descritiva).

O outro tipo de ciências, as ciências normativas tratam do "dever ser", tendo por objeto realidade como ela deve ser. As leis das ciências normativas são normas de comportamento, sendo as suas relações de imputação (A deve ser B), obrigatórias, compondo elos finitos. O direito é ciência normativa.

A imputação é um mandamento, um imperativo, um comando. A ciência normativa utiliza o princípio da imputação e não o princípio da causalidade, este próprio da ciência explicativa. Não utiliza a fórmula "se A é, B é", mas a fórmula "Se A é, B deve ser".

Vamos analisar melhor essas fórmulas para mais compreender a diferença entre a ciência explicativa e a normativa:

1 – Se A é, B é. – Exemplo: Se o metal esquentar ele se dilata.
2 – Se A é, B deve ser. – Exemplo: Se houver crime, deve haver sanção.

Vemos aqui, como lembra Kelsen, a existência da ciência do "ser" (SEIN), como as ciências naturais, e a ciência do "dever ser" (SOLLEN), pertinente ao direito, à ordem jurídica. Portanto, direito é "dever ser", porque vigora no mundo da liberdade.

A realidade "dever ser" é a realidade segundo as leis normativas, os imperativos categóricos, as regras éticas de comportamento. O princípio que governa essa realidade é o da imputação: consiste ela em atribuir uma conseqüência face à prática de determinado ato, como por exemplo: "você emitiu uma nota promissória? – Vai ter que pagá-la".

Há muita diferença entre direito e Ciência do Direito. O objeto da Ciência do Direito é o estudo da norma jurídica, ou seja, do Direito Positivo; está ela integrada por um conjunto de proposições normativas, cuja função é descrever o direito positivo. Disse Kelsen: "A ciência jurídica procura apreender o seu objeto "juridicamente", isto é, do ponto de vista do direito. Apreender algo juridicamente significa apreender algo como direito, o que quer dizer: como norma jurídica ou conteúdo da norma jurídica, como determinado pela norma jurídica".

4. O Direito é o Estado

Para Kelsen o direito é a ordenação coercitiva do comportamento humano. O Estado é a ordem normativa positiva que regula o comportamento dos cidadãos que o compõem; e o poder só pode ser exercido na forma jurídica, por dirigentes juridicamente designados sobre os dirigidos juridicamente definidos. Por isso, o Estado é o Estado de Direito.

O Estado é poder porque ele é uma ordem que impõe aos cidadãos um determinado comportamento, por meio de normas imperativas e coercitivas. Em certas circunstâncias, o cidadão deve adotar este ou aquele comportamento; se não seguir esse comportamento, o Estado aplicará ao infrator das normas impostas pelo Estado uma sanção. Pelo que se nota, o Direito e o Estado constituem o mesmo fenômeno: o Direito é o Estado. O Estado é, portanto, a personificação da norma jurídica, que é a ordem coativa do comportamento humano.

Considerando o direito apenas o conjunto de normas impostas coativamente à obediência dos cidadãos, normas que prevêem sanção punitiva, chega-se à conclusão de que não há diferença lógica entre Direito e Estado: o Direito é o Estado e o Estado é o Direito. Outros analistas de Kelsen chegam a posição mais radical: se o Estado é o próprio Direito, então não existe o Estado.

5. O Direito e a moral

Analisaremos agora como Kelsen aprecia a relação entre o direito e a moral, que, para ele, são ciências autônomas e irredutíveis, não se incorporando uma à outra, embora sejam ambas ciências do comportamento humano. Recebe a moral, também, o nome de ética, mas preferimos o primeiro, a fim de que não tendamos a ligá-la à "ética profissional", norteadora do comportamento do advogado. A moral é uma ciência por criar cientificamente normas de comportamento para o homem, no seu relacionamento, não só com seus semelhantes, mas também no círculo mais amplo de sua existência. Suas leis sobrelevam-se, porém muito além das relações jurídicas, razão por que constitui mais um ramo da filosofia do que uma ciência. Formula a doutrina do correto comportamento, do bem comum, da arte de viver acertadamente, dos meios que levam o homem à consecução do bem perfeito.

O grande problema das relações moral/direito está em se saber se ambos são eqüipolentes, ou se afastam parcial ou totalmente, quer dizer, se um está contido no outro ou não. A esse respeito, parece não mais haver dúvidas de que direito e moral são realidades separadas, duas ciências autônomas, mas com muitos pontos de contato.

Esses pontos de contato não são aceitos por Kelsen. Analisa ele profundamente esse problema, utilizando as duas expressões: ética e moral. O posicionamento dele é o de que são duas ciências autônomas e irredutíveis uma à outra. As normas jurídicas não se correlacionam com as normas éticas. O direito é interpretado sob o critério de normatividade e validade, não tendo portanto nada a ver com a ética. As normas jurídicas são o objeto de estudo da Ciência do Direito; as normas éticas são objeto de estudo das ciência da ética.

Nessas condições, as discussões jurídicas não devem versar sobre o que é bom ou mau, ético ou aético, certo ou errado, mas sobre o que é lícito ou ilícito, legal ou ilegal, válido ou inválido. O direito positivo está errado se ele contrariar a norma jurídica, mas ele não deixa de ser válido, pois direito e moral são realidades separadas. A norma é válida, ainda que abale os alicerces morais. A norma pode ser válida e injusta, ao mesmo tempo, da mesma maneira como pode ser inválida e justa. O jurista não deve preocupar-se com o que é justo ou injusto.

Para Kelsen portanto, direito e justiça são realidades distintas, embora não antagônicas. Não nega ele a justiça nem a combate, mas apenas é indiferente a ela. Discutir a respeito da justiça é a missão da ética não do direito; a ela cabe dizer o que é certo ou errado, o que é justo ou injusto.

A ética é ciência autônoma e não cabe ao direito nela infiltrar-se, por haver diferença de objetivo e de método, barreiras intransponíveis entre elas. Além disso, pergunta Kelsen: O que é justiça? – Eis a discussão que levará a muitas conclusões e todas elas discutíveis. Não poderá, pois, ser objeto de estudo de ciência positiva.

A norma, em si, não é verdadeira nem falsa, mas válida ou não-válida, vigente ou não vigente. A sentença do juiz pode partir de um juízo verdadeiro ou falso, mas a norma individual por ele formulada não é verdadeira ou falsa, mas válida ou não-válida.

Analisando a opinião de Kelsen, não são poucos os jusfilósofos e juristas que dele divergem. Realmente, direito e moral são ciências autônomas, mas é difícil aceitar a opinião de que o direito seja indiferente à moral. Aliás, é questão bastante discutida e formaram-se diversas escolas de interpretação. O insigne jurista uruguaio Eduardo Couture, elaborou o código de princípios encontrado comumente em muitos escritórios de advocacia, dizendo no art. 4.º:

> "Teu dever é lutar pelo direito; mas se acaso um dia encontrares o direito em conflito com a justiça, luta pela justiça".

Logo adiante, no art. 8.º:

> "Crê no direito como o melhor instrumento para o humano convívio; crê na justiça como objetivo normal do direito; crê na paz como o substitutivo piedoso da justiça; acima de tudo, crê na liberdade, sem a qual não há direito nem justiça nem paz".

Essas peças, de intenso conteúdo filosófico, afrontam a posição de Kelsen e dos positivistas.

6. A hierarquia das leis

As leis possuem variada força de imposição e abrangência, tendo como que uma hierarquia e subordinação de umas às outras, formando um todo coerente e recebendo, uma das outras a sua validade. A estrutura normativa hierarquizada forma uma pirâmide, apoiada em seu cume, assim graduada:

1 – constituição   3 – sentença
2 – lei   4 – atos de execução.

A sentença, para Kelsen, é norma jurídica individualizada, mas deverá estar fundamentada na lei, da mesma forma que a lei deverá estar fundamentada na constituição. Assim, se uma sentença violar a lei, deve ela ser reformada; se uma lei violar a constituição, deve ela ser reformada também.

Há porém um ponto delicado na teoria de Kelsen. A ordem jurídica é um conjunto sistemático de normas, constituindo uma unidade. A validade desse sistema repousa sobre uma norma única e superior, acima da escala hierárquica, à qual Kelsen deu o nome de norma fundamental. Essa norma fundamental legitimaria toda a estrutura normativa; é o suporte lógico da integridade do sistema.

A sentença fundamenta-se na lei, e a lei na constituição. E a constituição, em que se fundamenta? Para Kelsen, é na "norma fundamental", que também é chamada de norma hipotética. Poderia ser a constituição anterior, em que a nova se fundamentou. E se um país não tiver ainda constituição, como seria o caso do Brasil, logo após a Independência? Em casos assim, poderia ser um novo regime político reinante ou um poder constituído, como a Assembléia Nacional Constituinte.

A idéia da norma hipotética contraria o Positivismo. Seria uma sociedade imaginária, um regime político, uma revolução triunfante ou um órgão político. Na opinião de muitos e até de positivistas, Kelsen estaria desviando para a fase metafísica, que ele próprio tenta descartar da interpretação do direito.

A hierarquia brasileira

A teoria de Kelsen, no que tange à hierarquia das leis, é aceita e seguida por quase todos os juristas brasileiros. Todavia, as idéias evoluem e se transformam no tempo e no espaço, como também o próprio sistema jurídico e legislativo. Quase um século separa Kelsen de nossos dias, exatamente do ano de 2007, em que este compêndio está sendo elaborado. O direito e as legislações se ampliaram em muitas ramificações, de tal forma que teremos que atualizar e modernizar a hierarquia kelsiana com o nosso sistema. Essa pirâmide fica formada da forma descrita a seguir.

As leis possuem variada forma de imposição e abrangência, tendo como que uma hierarquia e subordinação de umas às outras. Num sentido geral, sob esse aspecto, classificam-se elas em constitucionais, complementares e ordinárias. É a mais importante e sugestiva das classificações.

As leis constitucionais são formadas pela constituição e outras diretamente ligadas a ela, como as emendas à constituição. As disposições da constituição são mais gerais, por se aplicarem à generalidade dos casos, a todo ramo do direito e a todos os cidadãos. Cuida a constituição dos princípios básicos aplicados às diretrizes do país, aos direitos e garantias individuais, da organização do Estado e dos poderes constituídos do Estado, da justiça, da ordem econômica, financeira e social, e dos demais assuntos mais elevados do direito nacional. Colocam-se as leis constitucionais acima de todas as outras e estas têm que se adaptarem às primeiras, sob pena de poderem perder a eficácia por inconstitucionalidade.

Há como que uma pirâmide decrescente, em que a Constituição coloca-se no alto do cone e as outras leis as seguem. O art. 59 da Constituição Federal nos dá a sucessão das leis, a saber: emendas à Constituição, leis complementares, leis ordinárias, leis delegadas, medidas provisórias, decretos legislativos e resoluções. Mais ou menos, a pirâmide hierárquica segue a ordem adiante: Constituição – Emendas à Constituição – Leis complementares – Lei Ordinárias – Lei delegadas – Medidas Provisórias – Decretos – Resoluções, portarias, instruções, circulares, etc.

A lei complementar destina-se a tornar executável a Constituição, ou seja, cria normas para o exercício das disposições constitucionais. Assim, por exemplo, a Constituição diz que o casamento não é mais indissolúvel; houve porém necessidade da Lei do Divórcio a fim de que a dissolução do casamento se processe dentro de normas definidas. Outro caso: diz o art. 153 que compete à União instituir imposto sobre importação de produtos estrangeiros. Há porém necessidade de uma lei complementar para que a União exerça esse poder e dê as diretrizes básicas: como se chamará esse imposto, qual será sua alíquota, como será pago, como será recolhido?

7. A influência de Kelsen

Kelsen é um jusfilósofo, isto é, filósofo direcionado ao direito. Seus conceitos filosóficos não se destinaram a aplicação genérica mas ao campo do direito. É uma das razões porque foi por demais marcante sua influência no pensamento jurídico de todo o mundo, como no Brasil também.

Outro aspecto relevante da filosofia kelseniana é o de ser ele positivista, quando no Brasil é frisante o prestígio do positivismo, que se nota em muitos juristas brasileiros, como Clóvis Bevilaqua, Pontes de Miranda, Tobias Barreto, Sílvio Romero e muitos outros. Basta examinar as obras didáticas de Introdução ao Estudo do Direito e de Filosofia do Direito para se notar as inúmeras referências a Kelsen. Alguns o combatem mas todos o levam em consideração.

Pesa ainda o fato de ser ele alemão, pelo menos no sentido lingüístico, pois era austríaco e nascido em Praga, capital da Checolosvaquia, de origem israelita. Era porém de idioma alemão e surgiu na época em que a cultura alemã predominava, mormente na filosofia e no direito, por várias razões, como por exemplo, pela escola dos pandectistas, que tiveram notável ascendência sobre a Escola do Recife, movimento jurídico e filosófico surgido na Faculdade de Direito de Recife.

É sugestivo notar que a cultura alemã introduziu-se no direito brasileiro, graças ao Colégio Beneditino de Olinda, dos padres alemães da Ordem de São Bento. Grande parte dos alunos da Academia de Recife haviam cursado o Colégio Beneditino, que muito cultivava o idioma alemão. Clóvis Bevilaqua, Tobias Barreto, Pontes de Miranda e vários outros juristas exerciam domínio do idioma alemão, o que os introduziu nos estudos da filosofia e do direito germânicos. Conseqüência dessa formação cultural foi o nosso Código Civil de 1916, elaborado por Clóvis Bevilaqua com base no Código Civil alemão.

Entretanto, os padres beneditinos tinham esperança de fazer seus alunos penetrarem no pensamento de religiosos alemães, quando aconteceu exatamente o contrário. As obras de pensadores materialistas e positivistas alemães parecem ter exercido hegemonia sobre os ex-alunos do Colégio Beneditino, no qual, aliás, começou a funcionar a Faculdade de Direito de Olinda, que 27 anos depois transferiu-se para Recife.

Kelsen surgiu depois, mas na mesma esteira da cultura alemã, motivo de sua aceitação inicial. Embora fosse criado na religião israelita, não se nota qualquer traço da cultura judaica e religiosa em suas obras. Sendo positivista radical, era materialista. Como Augusto Comte, considerava que só o sensível é real, só o que vem pelos sentidos à nossa mente pode ser objeto do conhecimento. O ser humano só tem um modo de conhecer: o positivo, vale dizer, o sensível.

É patente o valor do maior jusfilósofo do mundo, a profundidade de seu pensamento, sua riqueza bibliográfica coerente, constituída de centenas de obras, artigos, conferências e pareceres. Inegável é a aceitação de suas idéias no mundo inteiro, como se vê também no Brasil.

Acreditamos, porém, que dentro em breve se levantará a reação às suas idéias. Os pensadores alemães são muito profundos, pesados e de idéias rudes. O brasileiro é mais superficial e não vê o mundo de forma muito séria. Podemos dizer que o brasileiro seja o poeta do direito. Nossas idéias, nossa filosofia de vida, nossa mentalidade não se coadunam com a teoria kelseniana.

Torna-se difícil para nós encarar o direito apenas como conjunto de normas jurídicas, um grande esqueleto de normas. Mais difícil é dissociar o direito dos grandes problemas sociais e humanos que esperam encontrar no direito suas soluções. Algumas idéias não soam de forma muito clara para a mente brasileira. O Estado é o Direito? E a norma fundamental?

18. ESCOLA POSITIVA DO DIREITO PENAL

1. Biografia de Cesare Lombroso
2. Obras
3. A Escola Positiva do Direito Penal
4. Idéias sucessoras às de Lombroso
5. Superação da Medicina Legal de Lombroso

1. Biografia de Cesare Lombroso

Cesare Lombroso nasceu na cidade de Verona, bem conhecida como a terra de Romeu e Julieta, em 1835. Quis estudar medicina, matriculando-se na Universidade de Pavia, laureando-se em 1858, aos 23 anos. Profissionalmente, foi médico, e intelectualmente um filósofo.

Começou o exercício da medicina imediatamente ao ser laureado médico, especializando-se mais na psiquiatria. Ao ser nomeado diretor do manicômio na cidade de Pesaro, iniciou sua ligação com os doentes mentais, a quem dedicou grande parte de seus estudos e sua vida. Importante foi sua vivência psiquiátrica, ao relacionar a demência com delinqüência. Suas experiências nessa área forneceram a ele as bases para a produção de sua obra *Gênio e Loucura*, publicada em 1874.

Cedo também passou a ser médico da penitenciária de Turim e de outras cidades; foi nomeado médico militar, o que justifica seu vínculo intelectual com os delinqüentes e os militares, mormente os marinheiros. Grande parte de suas pesquisas contou com a participação de marinheiros.

Aos 30 anos assume a cátedra na Faculdade de Medicina de Turim, que só deixou no final de sua vida.

2. Obras

1874 – *Gênio e Loucura*

1876 – *O homem delinqüente*

1891 – *O delito*

1891 – *O anti-semitismo e as ciências modernas*

1893 – *A mulher delinqüente, a prostituta e a mulher normal*

1893 – *As mais recentes descobertas e aplicações da psiquiatria e antropologia criminal*

1894 – *Os anarquistas*

1894 – *O crime, causas e remédios*

3. A Escola Positiva do Direito Penal

Não só criador da Antropologia Criminal foi Lombroso, mas suas idéias revolucionárias deram nascimento a várias iniciativas, como o Museu Psiquiátrico de Direito Penal, em Turim. Deu nascimento também à Escola Positiva de Direito Penal, movimento de idéias no Direito Penal, constando da forma positiva de interpretação, baseada em fatos e investigações científicos, demonstrando inspiração do positivismo de Augusto Comte. Mais precisamente, a escola de Lombroso é a do positivismo evolucionista, inspirada por Darwin, de quem Lombroso fala constantemente. A Escola Positiva do Direito Penal surgiu com a vida de Lombroso, no século XIX.

Um apego positivo aos fatos, por exemplo, é o estudo dedicado às tatuagens, com base nas quais Lombroso fez classificação dos diversos tipos de criminosos. Dedicou exaustivos estudos a essa questão, investigando centenas de casos e louvando-se nos estudos sobre as tatuagens, desenvolvidos por vários cientistas, como Lacassagne, Tardieu, de Paoli, e até mesmo os da antiga Roma. Fato constatado e positivo é que os dementes, em grande parte, demonstram tendência à tatuagem, a par de outras tendências estabelecidas, como a insensibilidade à dor, o cinismo, a vaidade, falta de senso moral, preguiça, caráter impulsivo.

Outro apego científico para justificar suas teorias foi a pesquisa constante, na medicina legal, dos caracteres físicos e fisiológicos, como o tamanho da mandíbula, a conformação do cérebro, a estrutura óssea e a hereditariedade biológica, referida como atavismo. O criminoso é geneticamente determinado para o mal, por razões congênitas. Ele traz no seu âmago a reminiscência de comportamento adquirido na sua evolução psicofisiológica. É uma tendência inata para o crime.

Pelas idéias de Lombroso, e é o ponto muito criticado de sua teoria, o criminoso não é totalmente vítima das circunstâncias sociais e educacionais desfavoráveis, mas sofre pela tendência atávica, hereditária para o mal. Enfim, o delinqüente é doente; a delinqüência é uma doença.

A reação desfavorável à teoria lombrosiana baseia-se na consideração de que ele despreza o livre-arbítrio e não deve o criminoso ser responsabilizado, uma vez que ele não tem forças para lutar contra seus ímpetos. Essa idéia seria a forma de defesa dos advogados criminalistas. Todavia, Lombroso não era defensor dos criminosos; o criminoso de ocasião deveria ser segregado da sociedade, por ser perigo constante para ela. Ele não fala em pena de morte, mas se mostra favorável a ela e à prisão perpétua.

Num opúsculo publicado em 1893, denominado "As mais recentes descobertas e aplicações da psiquiatria e antropologia criminal", Lombroso expressa o seguinte pensamento:

> "Na realidade, para os delinqüentes-natos adultos não há muitos remédios; é necessário isolá-los para sempre, nos casos incorrigíveis, e suprimi-los quando a incorrigibilidade os torna demasiado perigosos".

Apesar da crueza e a dureza de seu pensamento, Lombroso procura ser brando com as palavras, mas o trecho acima exposto nos faz entender que a única solução é a morte ou, quanto muito, a prisão perpétua.

Todavia, vamos repetir que Lombroso não considera desculpável o comportamento delituoso, causado por tendências hereditárias. Não apenas os traços físicos e certas formas biológicas levam o ser humano ao crime. Outras causas existem e estas podem mascarar ou anular as tendências malévolas de certos indivíduos. Não se justifica a renúncia à luta, por parte do delinqüente e dos que estejam à sua volta, contra os fatores congênitos ou inatos que o inclinam para a vida delituosa.

Os fatores extras são muito variados: o clima, o grau de cultura e civilização, a densidade de população, o alcoolismo, a situação econômica, a religião. A consideração dada a esses fatores torna pétreo um Código Penal para um vasto país, pois em cada região predominam fatores muito diferentes.

Mais de um século depois, parece que as idéias de Lombroso ganham corpo, pelo menos no Brasil atual.

4. Idéias sucessoras às de Lombroso

É patente a influência de Lombroso sobre seus posteriores, nas áreas do Direito Penal, da Criminologia e da Medicina Legal. É principalmente na Antropologia Criminal, ciência da qual ele foi o fundador, com a colaboração ainda em vida de Ferri e Garofalo, que Lombroso assume papel de maior relevância. Íntima sucessora dele foi sua filha, Gina Lombroso Ferrero, biógrafa e colaboradora, responsável pela divulgação inicial de suas idéias. Aliás, Gina colaborou com o pai em várias obras.

Outra filha de Lombroso, Paola, notabilizou-se na pedagogia e na psicologia infantil, escrevendo numerosas histórias infantis e criando a psicologia infantil, com nítida influência de seu ilustre pai. O marido de Paola, notável criminalista Mário Carrara, escreveu várias obras de Direito Penal e Criminologia. Carrara foi ainda o diretor do Museu de Psiquiatria e Criminologia, criado por Lombroso em 1898. Lombroso teve cinco filhos, mas só Gina e Paola adquiriram fama. Gina por sua vez foi casada com o historiador Guilherme Ferrero, grande divulgador da teoria lombrosiana.

Infelizmente, a família de Lombroso sofreu perseguições por ser de origem israelita, sendo obrigada a refugiar-se na Suíça, o que veio a truncar o trabalho de divulgação das obras do mestre. A princípio, a Itália fascista não tinha conotação anti-semita, mas o tratado com a Alemanha nazista fez o país acompanhar a perseguição aos judeus; embora Lombroso já fosse falecido, sua família sofreu as conseqüências da origem.

Os sucessores mais importantes de Lombroso e participantes do trabalho e dos estudos do grande mestre, foram Garofalo e Ferri. Raffaelle Garofallo (1851-1920) foi com Lombroso e Ferri fundador da Escola Positivista do Direito Penal e da Criminologia; ele considerava esta como o conjunto de conhecimentos referentes ao crime e ao criminoso. Seus estudos previram a formação da Psicologia Criminal.

Por outro lado, Enrico Ferri (1856-1929), professor da Universidade de Turim, era advogado criminalista e pendeu mais para o aspecto sociológico; é o que atesta sua mais importante obra: *Sociologia Criminal*, publicada em 1892. Fez parte da comissão elaboradora do Código Penal italiano, mas o projeto dessa comissão foi substituído por outro. Ferri formou com Garofalo, Ferrero, Carrara, Gina e Paola, os grandes vultos da Escola Positiva do Direito Penal, mas esta escola teve poucos seguidores, uma vez que as idéias da Medicina Legal evoluíram para outra direção.

5. Superação da Medicina Legal de Lombroso

Os modernos cultores da Medicina Legal consideram fracas as teorias lombrosianas. As pesquisas nos crânios e esqueletos não chegam a formar segura conclusão sobre as correlações da ossatura com o comportamento psicológico. Os fatos são insuficientes para autorizar a tendência hereditária (atávica) de um ser humano para a vida criminal, causada pela conformação física.

As pesquisas de Lombroso ocorreram por volta de 150 anos atrás, quando não havia recursos suficientes para os exames, como por exemplo, o DNA. Lombroso não pôde contar com dados mais seguros e científicos em que pudesse se basear.

Alguns de seus críticos se apegam até mesmo na literatura, como a história dos irmãos corsos: eram xifópagos e do mesmo sangue; nasceram ligados e foram separados. Todavia, viveram em ambientes diferentes e cada um formou seu tipo de personalidade. Portanto, pode o criminoso nascer com certos caracteres degenerados, mas poderá modificar-se por seu esforço e pelo tipo de educação que receber. O ser humano é, portanto, fruto do meio em que vive e se desenvolve. Ele pode nascer doente, mas a doença pode ter cura, o que, aliás, Lombroso nunca negou.

Segundo os criminalistas, o autor de um crime deveria ser então encaminhado a um médico e não a um juiz. Outros afirmam que muitos criminosos se recuperam e outros entraram na vida criminal em fase adiantada de sua vida, tendo revelado anteriormente vida normal. Poderíamos estar generalizando alguns fatos isolados. É a razão pela qual a Escola Positiva do Direito Penal teve curta duração e sua revivescência muitos anos mais tarde mudou os critérios adotados a princípio por Lombroso.

Todavia, o mundo todo reverenciou a figura de Lombroso, como a cidade de São Paulo, que deu o nome de "Professor César Lombroso" a uma rua no bairro do Bom Retiro.

Entretanto, são incontáveis os méritos de Lombroso, segundo reconhecem os próprios críticos. Estudou apaixonadamente, mas com seriedade e dedicação, durante anos e sem esmorecimento, o crime e suas causas, bem como a figura do criminoso. Muitas de suas conclusões tornaram-se relevantes e úteis ao direito. É marcante seu empenho à procura das causas do crime e seus remédios; procurou ainda conhecer o criminoso e suas diferenças do ser humano comum e normal.

É conveniente ainda ressaltar que não apenas os fatores atávicos, hereditários, influenciaram a tendência para o crime. O meio ambiente, a educação, o clima e vários outros fatores foram analisados e invocados por Lombroso. O livre-arbítrio não foi colocado à margem. Há pois um complexo de fatores influenciando a formação do delinqüente.

Um fato, porém, foi confirmado pela psicologia moderna e por muitas teorias médicas e psicológicas: há correlação entre o físico e o psíquico, ou seja, a conformação física provoca caracteres psicológicos e psiquiátricos, e vice-versa. Por outro lado, os sucessores de Lombroso defenderam a teoria de que fatores psicológicos influenciam a formação fisiológica e os caracteres físicos. Por exemplo, a vida criminal acaba na formação de caracteres físicos, de tal forma que o criminoso pode trazer na face os traços reveladores de sua vida facinorosa. Da mesma forma como estados de angústia, inveja, inconformismo, revolta, vingança, ódio, desavenças na família, no trabalho e demais ambientes em que vive o ser humano, podem causar transtornos na sua fisiologia, como diabete, úlceras, desacertos de pressão, hipertensão arterial, aumento da taxa de colesterol e outros fatores patológicos.

19. ESCOLA SOCIOLÓGICA

12. ESCOLA SOCIOLÓGICA

Esta escola surgiu no final do século XIX, quando a sociologia foi criada pelo filósofo francês Augusto Comte e sistematizada por Emile Durkhein. Para essa escola, o direito é um fato social, um evento originado do convívio do ser humano na sociedade. O pensador pertencente a essa escola LEVY BRUHL (1857-1939) conceitua o direito como "conjunto de normas obrigatórias que determinam as relações sociais impostas a todo momento pelo grupo a que pertencemos".

No dizer de Aristóteles, "o homem é um animal social", significando que não pode viver isolado; é obrigado a conviver com os outros seres humanos que vivem à sua volta. Isolado, o ser humano não conseguiria sobreviver, devido às suas deficiências: não corre como muitos animais, não voa como os pássaros, não nada como os peixes. Ficaria em estado selvagem, sem conseguir desenvolver-se. Com o progresso e o aumento da população, mais aumenta sua vida grupal e sua dependência ante seus semelhantes. Depende do padeiro, do leiteiro, do motorista do ônibus, do médico, do farmacêutico, do professor, do jornaleiro, do metrô, das indústrias, dos bares e restaurantes.

Ubi societas ubi jus: de acordo com este secular princípio romano, não se pode viver em conjunto com outras pessoas sem regras de comportamento. Quem vive isolado não precisa do direito, mas se houver duas pessoas formando um grupo, o direito tem que interferir, criando normas que regulamentem o relacionamento entre ambas. Portanto, o direito é ciência social, destinada a regrar o funcionamento da sociedade. As leis são regras de comportamento para disciplinar o comportamento dos indivíduos na sociedade, ditadas pelas conveniências e necessidades sociais. Não são, portanto, imutáveis e universais, porquanto há muitos tipos de sociedades em que o ser humano vive e as leis regulamentam cada um deles. Além disso, conforme a sociedade se modifica, o direito deve ir se amoldando às novas situações.

Até esses aspectos, nenhuma novidade nos traz a Escola Sociológica do Direito, pois todos os juristas os reconhecem, desde a antiga Roma, muitos anos antes que surgissem a sociologia e a Escola Sociológica do Direito. O que parece um desvio de critério é que essa escola pretenda reduzir o direito a um capítulo da Sociologia, superdimencionando a participação científica desta.

A íntima conexão entre a sociologia e o direito está reconhecida até mesmo pelo MEC – Ministério da Educação e Cultura, do Brasil, ao incluir a sociologia entre as matérias obrigatórias do curso de direito. Mais recentemente foi também adotada a matéria de História do Direito, ou seja, das transformações ocorridas nas sociedades humanas, em correlação com as transformações jurídicas. Essa íntima conexão sociologia-direito fez surgir um ramo especial da sociologia, a sociologia do direito, tendo por objeto de estudo os fatos sociais como fontes geradoras do direito: é o caso dos costumes.

Os fatos sociais constituem fontes do direito e também causas das transformações processadas no direito. Como exemplo frisante podemos indicar nosso atual Código Civil. Por que foi tão reclamada a revisão do Código de 1916? É porque a sociedade brasileira alterou-se muito no decorrer do século XX; essas alterações exigiram a evolução do código e sua adaptação à nova realidade social.

Têm seu nome ligado a essa escola Leon Duguit, Levy Bruhl, Emile Durkhein, Augusto Comte, todos franceses, o que nos leva a crer ter sido a França o berço dessa escola.

20. ESCOLA DA TRIDIMENSIONALIDADE DO DIREITO
Miguel Reale – 1910-2006

1. Vida e obras
2. Realce da axiologia
3. A TTD - Teoria Tridimensional do Direito
4. Desequilíbrio dos fatores
5. A evolução dialética do direito

1. Vida e obras

O maior filósofo brasileiro faleceu em 2006, tendo nascido em 1910 em São Bento do Sapucaí, no Vale do Paraíba, Estado de São Paulo. Morreu em São Paulo, em 13.4.2006, com 95 anos, ainda lúcido e em plena atividade. Trata-se, como Kelsen, de jusfilósofo, vale dizer, voltado mais para o direito. Exerceu a advocacia e o magistério, como professor da Faculdade de Direito da Universidade de São Paulo. Foi fundador e presidente do Instituto Brasileiro de Filosofia, por mais de meio século, que, por sua vez, editou a Revista Brasileira de Filosofia, pelo mesmo período.

Ocupou vários cargos públicos, mas sua vocação sempre foi para o magistério, a advocacia e a filosofia. A maior participação desse ilustre homem público foi como presidente da comissão encarregada de elaborar o novo Código Civil, cujo projeto tramitou por 27 anos no Congresso Nacional, sendo finalmente promulgado pela Lei 10.406, de 10.1.2002. Escreveu inúmeros artigos para jornais e revistas, realizando muitas palestras sobre o novo Código, até mesmo depois de promulgado. Desempenhou assim o papel correlato ao de Clóvis Bevilaqua. Talvez tenha sido esta a maior obra desse insigne jurista.

É membro da Academia Brasileira de Letras Jurídicas e da Academia Paulista de Letras Jurídicas, bem como de muitas outras organizações nacionais e internacionais. Foi contemplado com muitas condecorações em vários países. Seus indiscutíveis méritos são reconhecidos mundialmente. Foi diretor da Faculdade de Direito e por duas vezes reitor da Universidade de São Paulo.

A França honra e prestigia seus vultos intelectuais. No centro de Paris há uma praça denominada de Panthéon, em que está localizada a faculdade de direito. Em frente à faculdade, fica o Panthéon, antigo templo, transformado em santuário. Por essa razão, a faculdade de direito é chamada de Panthéon-Sorbonne, sendo Sorbonne nome de um padre, fundador da universidade, a segunda do mundo, tendo mais de oitocentos anos, após a de Bolonha com mais de mil anos. Lá no Panthéon estão as tumbas dos grandes juristas, filósofos, literatos, poetas e outros pensadores; lá estão os filósofos Rousseau e Voltaire, o extraordinário poeta e prosador Vítor Hugo, o teatrólogo Molière, o romancista Emile Zola e muitos outros. No pórtico desse monumento figura a inscrição: "Aos Grandes Homens, a Pátria Reconhecida".

Todos esses filósofos, com todo respeito que merecem, devem-se curvar à profundidade e ao vigor do pensamento de Miguel Reale. Se este notável filósofo brasileiro tivesse nascido e vivido em Paris, teria fatalmente seu lugar reservado no Panthéon e erigido na posição de maior filósofo do mundo moderno. Pensador coerente, profundo, seguro e vigoroso, resiste a qualquer crítica. Suas idéias irradiam-se pelo mundo afora. Não apenas pela sua teoria da tridimensionalidade do direito, mas seus estudos e pareceres em todos os campos da ciência jurídica.

Afrontou e contrapôs-se aos grandes pensadores, exercendo crítica ponderada e criteriosa às ideologias predominantes, principalmente a de Kelsen, a quem rendeu muitas homenagens, mas ousou discordar desse "monstro sagrado" da filosofia do direito.

Já está na hora de o Brasil erguer o seu Panteão, com a inscrição: "Aos seus grandes intelectuais, as homenagens do Brasil". Ficará ele aguardando o ingresso de Miguel Reale e devem seguir-se a ele Clóvis Bevilaqua, Pontes de Miranda, Haroldo Valladão, José de Alencar, Joaquim Nabuco, Barão de Cotegipe, Rui Barbosa, Castro Alves, Gonçalves Dias, Carlos Gomes, Carvalho de Mendonça e tantos mais.

Obras: Vastíssima e variada é a bibliografia do mestre em apreço, distribuindo-se em vários campos do conhecimento, principalmente na filosofia e no direito. Nem iremos querer enumerar suas obras, pois seria exaustivo. Iremos apenas apontar algumas que consideramos as mais importantes, por ordem cronológica:

1934 – O *Estado Moderno*
1935 – O *Capitalismo Internacional*
1935 – *Formação da Política Burguesa*
1940 – *Teoria do Direito e do Estado*
1953 – *Filosofia do Direito*
1968 – O *Direito como Experiência*
1968 – *Teoria Tridimensional do Direito*
1973 – *Lições Preliminares do Direito*
1978 – *Estudos de Filosofia e Ciência do Direito.*

2. Realce da axiologia

As ciências filosóficas são as ramificações da filosofia, tradicionalmente estudadas. A filosofia apresenta várias ciências integradas nela, denominadas ciências filosóficas, sendo a própria filosofia considerada ciência. É ciência por estudar os fatos pelas suas causas, por ter objetivos definidos e métodos próprios.

As ciências filosóficas mais aplicáveis ao direito são a lógica, a psicologia, a ética, a epistemologia, a ontologia, a gnoseologia, a teodicéia e seguem-se outras, todas elas porém, de um modo ou outro, estão ligadas ao direito. Entre elas devemos situar o direito, ciência filosófica bastante descurada nos estudos até agora e pouco referida. Foi realçada entretanto na filosofia por Miguel Reale e salientada como das mais relevantes.

A Axiologia é o ramo da filosofia que estuda os valores. Considera-se "valor" o julgamento que o ser humano faz dos fatos e das coisas. Cada um dá a determinado fato uma relevância e o valoriza de acordo com o seu modo de ver e de sentir. Vejamos uma flor: o botânico a vê como o órgão de reprodução da planta; a dona de casa como objeto de adorno; o poeta como fonte de inspiração espiritual. A jovem romântica guarda como mimo a flor que recebeu de presente de seu namorado, enquanto um motorista olha com indiferença a flor que se encontra à beira da estrada. Cada um dá a essa flor determinado valor.

O proprietário de uma casa quer vendê-la e dá-lhe determinado preço; o potencial comprador dá-lhe preço bem inferior; o avaliador especializado dá-lhe outro. Se diversas pessoas dela forem fazer avaliação, chegariam a preços diferentes. Por quê? Eis aqui descrita a ciência dos valores. Cada um dá a essa casa, à compra e venda dessa coisa, determinado valor, segundo os critérios de valorização, vale dizer, de julgamento. O dono do imóvel dá a essa casa, à compra e venda dessa coisa determinado valor, segundo seu interesse. O dono do imóvel dá um valor estimativo, por ter morado anos nela, em que nasceram seus filhos e lá passou bons momentos de sua vida. O potencial comprador dá o valor de uso, baseado no aproveitamento dela; a Prefeitura dá-lhe valor venal e o avaliador real. Há em cada apreciação um critério de valorização; é portanto subjetiva, por haver critério pessoal.

Passemos aos valores jurídicos, como a honra: é um bem jurídico e deve ser tutelado pela lei. Digamos que um jornalista chame certo político de ladrão: ofendeu sua honra. É fato por demais freqüente e muitas vezes levado a julgamento judicial. As decisões judiciais têm sido as mais variadas; ora resulta em absolvição, ora em pesadas condenações.

Há um fato: a agressão à honra de alguém. Cada juiz dá porém a esse fato determinado valor. A honra é um bem a ser preservado? Chamar alguém de ladrão será agressão à honra? Que prejuízo poderá advir ao ofendido: de ordem moral, de ordem pessoal, de ordem financeira? É a valorização do fato, o valor que se dá a ele. Pelo valor que atribuir ao fato, o juiz aplicará a norma, a lei. Vai absolver o réu, vai aplicar leve sanção ou pesada sanção?

A Axiologia é a ciência dos valores, dos valores que os seres humanos dão a determinado fato. A atribuição de valor a um fato ou a uma coisa é subjetiva, por ser pessoal, particular. Cada um de nós é guiado em nossa existência pela prioridade de certo valor e por critério de avaliação, que dá sentido à nossa concepção de vida. Marx dava aos fatos concepção histórica, utilitária e econômica; o poeta dá à poesia o valor estético, sem nenhuma conotação econômica. Da mesma forma o escultor, ao julgar uma escultura, daria a ela valor de natureza estética.

Eis a razão pela qual a Axiologia teve papel de realce na concepção da Teoria Tridimensional do Direito, pois o valor é um dos três elementos que compõem o direito na sua interpretação tridimensional.

3. A TTD-Teoria Tridimensional do Direito

O ponto básico da TTD é o de que o direito deve ser interpretado e aplicado na consideração de ser constituído concomitantemente de três fatores: fato, valor e norma. Esses três elementos devem ser olhados como um todo. Embora se distingam uns dos outros, não se pode considerar como compartimentos estanques: eles se integram solidamente numa unidade: o direito. Fato, valor e norma não existem separados uns dos outros, mas coexistem numa unidade concreta.

238

FATO – Na experiência jurídica há sempre um fato ordenado valorativamente em um processo normativo; em todo fenômeno jurídico surge sempre um fato – um fato subjacente – como o fato social, técnico, um acidente, um crime, um pagamento, e tantos outros. É um fato do comportamento humano.

VALOR – Não é possível a concepção de uma norma (lei), sem analisar as condições físicossociais adjacentes, os costumes reinantes, as necessidades humanas, enfim sem avaliar os valores das sociedades, das normas e dos fatos. É a questão axiológica: o valor é o elemento ético do direito, o ponto de vista sobre a justiça. O valor confere determinada significação ao fato observado, inclinando ou determinando a ação dos operadores do direito no sentido de atingir ou preservar certa finalidade ou objetivo.

NORMA – A norma representa a relação ou medida que integra um daqueles elementos ao outro; o fato ao valor. É o aspecto normativo do direito. Será conveniente esclarecer que o termo "norma" tem três sinônimos perfeitos: lei, regra, preceito; além de outros com sentido semelhante.

O importante da TTD é o de que essa realidade fático-axiológica-normativa se apresenta como uma unidade, havendo nos três fatores uma implicação dinâmica. Esses três elementos não só se exigem reciprocamente, mas atuam como elos de um processo, de tal modo que a vida do direito resulta da interação dinâmica e dialética dos três fatores que a integram.

Não podem eles ser separados nem interpretados cada um de *per si*; eles formam uma síntese integradora, em que se terá que explicar cada um dos fatores em correlação com os demais. Só se alcança a aplicação do direito no conjunto dos três fatores.

Vamos examinar este exemplo:

FATO – Ulpiano, possuidor de bens, faz doação de todos os seus bens a determinado donatário – mas não reserva para si o suficiente para poder viver. É acontecimento pessoal e social.

239

VALOR – A vida do doador fica ameaçada; se ele passar por dificuldades financeiras graves e não tendo mais bens, como irá se arrumar? Sua vida está ameaçada e portanto estamos dando um valor à vida, ao bem-estar de um ser humano. Há o aspecto moral e psicológico da questão; é o aspecto valorativo da situação em que ficaria o doador. É o elemento ético do direito, o ponto de vista sobre a justiça.

NORMA – É preciso evitar esse flagelo e, para tanto, o Estado impõe aos cidadãos uma norma de comportamento; a norma jurídica a ser observada coativamente. Vamos encontrar essa norma no art. 548 do novo Código Civil:

> "É nula a doação de todos os bens sem reserva de parte, ou renda suficiente para a subsistência do doador".

Neste presente caso, fato, valor e norma estão intimamente vinculados; há interdependência entre os três fatores que constituem o direito. A referência a um deles implica a referência aos demais.

4. Desequilíbrio dos fatores

Não haverá equilíbrio, na interpretação do direito, quanto à relevância dos três elementos, mas haverá a predominância de um deles. Um juiz, por exemplo, ao julgar uma questão, poderá ater-se rigorosamente à norma; outro dissecaria o fato, apegando-se aos pormenores dele, colocando em segundo plano a valoração desse fato. Outro porém preocupar-se-ia mais com o aspecto moral da questão.

Será o caso de se pensar: nesse caso o direito teria interpretação pessoal, subjetiva, olhando-o sob o ponto de vista do operador do direito; esse critério pode levar a decisões conflitantes ou, pelo menos, diferentes uma das outras. Sem dúvida! Está aí a riqueza do direito e a efetividade da TTD. Não se pode olhar de forma fria, matemática e por demais objetiva o direito. Se assim fosse não haveria necessidade nem de juiz e nem de interpretação. Poder-se-ia coletar todos os dados do fato, enquadrá-los na norma e colocá-los no computador e dele sairia a sentença computadorizada.

Vamos ver assim que o direito não pode ter estrutura fragmentária, como está previsto por algumas ideologias e alguns jusfilósofos. Não vai ficar centrado num só elemento, adquirindo caracteres particularizados, como:

Factual – como quer o sociologismo, os sociólogos e certos filósofos como Augusto Comte e Karl Marx.

Valorativo – como proclamam os idealistas e o Direito Natural.

Normativo – como defendem os normativistas, cujo vulto máximo é Kelsen.

A este respeito, vamos esclarecer melhor as teorias supracitadas. O critério factual, apegando-se apenas aos fatos é próprio dos sociólogos e baseado no positivismo de Augusto Comte. O direito é olhado pelos fatos sociais, mais precisamente, o direito é um fato social. Trata-se ainda de critério marxista, porquanto Marx apega-se aos fatos, mas de forma ainda restrita e utilitarista: os fatos econômicos.

O apego ao aspecto valorativo é próprio do idealismo e do Direito Natural; este possui nítido conteúdo moral e se atém à análise crítica dos fatos, dando-lhes porém valoração sob o ponto de vista ético.

O aspecto normativo parte principalmente da Teoria Pura do Direito, elaborada por Kelsen, que se centraliza na norma e dela não deve sair. Querer ligar a norma a critérios subjetivos e situá-la no campo da ética seria perturbar a concepção científica do direito e cair em especulações dispersivas. Por isso, Kelsen preferiu reduzir o direito à norma.

5. A evolução dialética do direito

O TTD apresenta uma relação dialética entre os três fatores que constituem a experiência jurídica. Esta evolução de idéias recebeu o nome de "dialética de implicação e polaridade". Por essa dialética uma idéia vai implicando a outra. Elas se implicam mas não se anulam nem se destróem. Os três fatores mantêm cada qual sua identidade mas sem se separar. Não se trata então da dialética hegeliana, em que a primeira idéia é absorvida pela segunda e se transforma numa terceira.

É que fato, valor e norma atuam como elos de um processo, pois o direito é uma realidade histórico-cultural. Destarte, a vida resulta da influência recíproca e dialética desses três atores. Essa dialética é representada por esta equação:

Se é fato, deve ser prestação;

Se não for prestação, deve ser sanção.

Vejamos como se aplica essa equação:

1 – Ulpiano emite nota promissória a favor de Modestino, no valor de R$10.000,00, vencível em 30.9.2004.

Este é o fato: Ulpiano deve R$10.000,00 a Modestino e promete pagar.

2 – Esse débito deve ser pago: essa é a prestação, a obrigação de cumprir o compromisso.

3 – Se Ulpiano não pagar, poderá sofrer processo de execução; sofrerá sanção.

Há na equação acima descrita um fato, um fato de ordem econômica, isto é, um crédito.

Há também um valor, um valor de garantia, pois Ulpiano garante a Modestino que irá pagar; há um aspecto moral de cumprir compromisso assumido.

Das relações que devem existir entre os dois elementos, surge a norma legal, unindo fato e valor. Essa norma é a Convenção de Genebra, a lei que regulamenta a nota promissória. Assim se integraram os três elementos na dialética de implicação-polaridade.

Esta dialética, aplicada à experiência jurídica, faz com que fato e valor se correlacionem mas permanecendo irredutíveis um ao outro, ou seja, sem se reduzirem entre si, sem se confundirem. Essa é a característica da polaridade: cada um tem seu pólo, mas voltados ao mesmo fim. Como se sabe, polaridade é a característica da agulha imantada que se dirige a determinado ponto.

Por outro lado, fato e valor exigem-se mutuamente, um implica o outro. Essa é a característica da implicação; essa implicação dá origem à norma jurídica, como momento de realização do direito.

21. EVOLUÇÃO DO DIREITO NO BRASIL

1. Período colonial
2. Os Tratados Internacionais
3. O Tratado de Methuen
4. Antecedentes da Independência
5. O Direito após a Independência

1. Período colonial

A evolução do direito no Brasil obedece, mais ou menos, à própria história do país. A fase mais duradoura foi a do Brasil Colônia, que durou 322 anos, desde a descoberta em 1500, até a nossa independência em 1822. O direito vigorante tinha que ser o direito da Metrópole, já que o Brasil fazia parte do Império português. Não integralmente, pois havia um direito especialmente ligado ao Brasil, como por exemplo, algum decreto imperial que se referisse exclusivamente ao Brasil ou às colônias. Não era direito do Brasil, mas sobre o Brasil.

Outros consideram como parte integrante do direito brasileiro alguns tratados internacionais que diziam respeito ao Brasil, ainda que tenham sido celebrados alguns deles antes de 1500. É o caso da Bula *Inter Coetera* de 1493 e o Tratado das Tordesilhas de 1494, sobre os quais iremos comentar. Também se liga ao direito brasileiro o Tratado de Methuen, que não falou em Brasil, mas teve muitos reflexos entre nós.

Todavia, o direito predominante é o direito vigorante no Brasil durante o período colonial (1500-1822). Era forçosamente o direito português. Esse direito assentava-se no código da época, que não recebia o nome de código mas o de "Ordenações". A palavra "código" foi adotada com o surgimento dos códigos franceses, chamados de "códigos Napoleão", entre 1804 a 1807: eram o Código Civil e o Código Comercial.

As ordenações, denominadas "Ordenações do Reino", eram o Código português, elaborado com base no *Corpus Juris Civilis*, mas com muita influência do Direito Canônico. As Ordenações tinham estrutura e ordem bem parecidas com as de nossos códigos atuais, já que o modelo de todos eles foi o CJC. As ordenações evoluíram com o tempo, de tal maneira que surgiram três ordenações, que receberam o nome dos reis inspiradores ou a promulgaram. Foram as seguintes:

1446 a 1514 – Ordenações Afonsinas.
1514 a 1603 – Ordenações Manuelinas.
1603 a 1822 – Ordenações Filipinas.

As Ordenações Filipinas vigoraram em Portugal até ser promulgado seu Código Civil. Interessante notar que as ordenações vigoraram, entre nós, até 1917, quase um século após a nossa independência. Não conseguimos elaborar nosso Código Civil, razão pela qual ficamos com o Código português até que o nosso entrasse em eficácia, a partir de 1 de janeiro de 1917.

Sofreram ainda as ordenações a influência do Código visigótico em vigor em toda a Península Ibérica na era medieval, sobre o qual falaremos em breve.

2. Os Tratados Internacionais

Esses tratados não são brasileiros, mas estabeleceram normas sobre o Brasil e tiveram influência em nosso direito e em nossa história. Vejamos como isso aconteceu. Como se sabe, os portugueses foram os desbravadores do Oceano Atlântico e levaram suas naves ao extremo Oriente. Da mesma forma como fizeram os romanos, não levaram apenas suas naves, mas também o seu domínio, sua cultura, o seu direito.

Em seguida, outros povos, como espanhóis, holandeses e ingleses também se aventuraram pelos mares, disputando seus domínios, e chocando-se com os interesses lusitanos. Os concorrentes principais foram, a princípio, os espanhóis, com acirrada luta pelo domínio dos caminhos marítimos. Para evitar conflitos armados, os dois países submeteram a discussão do problema à arbitragem, sendo escolhido o Papa como árbitro.

A Espanha aceitou de imediato o sistema de julgamento confiando no Papa Alexandre VI, que era espanhol. Este exarou então sua decisão pela Bula *Inter Coetera*, estabelecendo uma linha imaginária de 100 léguas além da Ilha de Cabo Verde, dividindo o mundo entre Espanha e Portugal. As terras a oeste da linha seriam da Espanha e a leste de Portugal. Nesses termos, o Brasil deveria pertencer totalmente à Espanha, pois essa linha atingia Recife. Contra essa bula revoltaram-se os portugueses e lutaram pela sua revogação. A Bula *Inter Coetera* é de 1493.

Como resultado dessa luta, no ano seguinte, em 1494, o Papa convocou Espanha e Portugal para um tribunal na pequena cidade espanhola de Tordesilhas, perto da fronteira de Portugal, que resultou em um tratado, tendo tomado o nome da cidade. Este tratado alongou a linha para 370 milhas além da Ilha de Cabo Verde, o que incluiria o Brasil, mas a linha era, mais ou menos, de Belém a Florianópolis. A metade do atual Brasil seria da Espanha, compreendendo o Rio Grande do Sul, Mato Grosso, Amazonas e outras regiões. Os bandeirantes, mais tarde, avançaram por essas regiões, conquistadas para o Brasil, com a invocação de outra bula, a *Uti possidetis*, que estabelecia um tipo de usucapião: "a posse pelo uso".

Assim sendo, o Tratado de Tordesilhas garantiu o Brasil como território português. Por esta razão, inclui-se o Tratado de Tordesilhas como parte do direito brasileiro; é uma lei internacional referente ao Brasil; graças a essa lei pôde vigorar o direito português entre nós por mais de três séculos.

3. O Tratado de Methuen

Falemos agora sobre o Tratado de Methuen, celebrado entre Portugal e Inglaterra para vigorar entre os dois; não falava no Brasil, mas os efeitos dele tiveram sérios reflexos entre nós, infelizmente reflexos negativos. Methuen era o nome do embaixador inglês em Portugal, que intermediou o tratado. Por essa convenção, o vinho português poderia ser importado pela Inglaterra, com 30% de desconto. O crédito aberto a Portugal seria coberto com a importação de produtos industrializados ingleses.

Com essa política, os produtores de vinho de Portugal tornaram-se os donos do poder e dominaram a política portuguesa. Para os ingleses, passou a ser ato de patriotismo tomar vinho português. Em compensação, a entrada facilitada de produtos industrializados ingleses anulou qualquer tentativa de industrialização portuguesa, incluindo-se as colônias, como o Brasil, que ficou impossibilitado de manter qualquer tipo de indústria, transformando-se em mero fornecedor de matéria-prima.

O Brasil foi vitimado pelos efeitos do Tratado de Methuen; não houve qualquer progresso em nossa economia, já que todo esforço de Portugal era o de aumentar a produção de vinhos, deixando em abandono suas colônias. Tanto quanto Portugal, o Brasil tinha suas operações econômicas concentrada na Bolsa de Mercadorias do Porto. Essa submissão foi o ponto de partida para nossa independência.

4. Antecedentes da Independência

Entre as leis imperiais que diziam respeito ao Brasil merecem citação especial algumas que antecederam à Independência, mas podem ser consideradas como parte integrante da legislação brasileira. Foram leis decorrentes da vinda de D. João VI para o Brasil. Para interpretarmos convenientemente essa legislação, teremos que descrever a situação política da Europa no início do século XIX. Tudo começou com Napoleão Bonaparte; o imperador francês quis dominar o mundo, mas esbarrou na resistência da Inglaterra.

Napoleão determinou a Portugal que rompesse relações com a Inglaterra, mas este sofria ainda os efeitos do Tratado de Methuen e a Inglaterra era seu principal parceiro econômico. Se o rei atendesse às exigências francesas teria de enfrentar os interesses dos vinhateiros de seu país, classe dominante da economia portuguesa. Como o rei titubeasse em sua decisão, Napoleão mandou riscar Portugal do mapa da Europa, determinando a invasão do território português e a prisão do rei. Quando as tropas francesas, sob o comando do general Junot chegaram a Lisboa, não encontraram nem o rei nem a Corte. Tinham se dirigido ao Brasil, com toda a administração do país, instalando no Rio de Janeiro a sede da monarquia portuguesa.

Foi quando se tornou consultor do rei o ilustre jurista e homem público brasileiro, o Visconde de Cairu, que preparou para o rei a "Lei de Abertura dos Portos do Brasil às Nações Amigas". Não era uma lei sumária, mas regulamentava as operações de comércio exterior, desde a produção de bens até a colocação deles no mercado externo.

Esta lei é um marco na história do direito, pois foi a primeira promulgada no Brasil e dizia respeito aos nossos interesses. Devido a essa lei, o Brasil colocou-se em contato com a mundo, principalmente a Inglaterra. Podia doravante exportar e importar livremente o que quisesse. Formou-se nova classe dominante, constituída de empresários, que dominou nossas relações externas e internas, chamada de "comerciantes". Foi essa classe que elaborou depois o Código Comercial de 1850. Sem querer e nem imaginar, Napoleão Bonaparte exportou para o Brasil as idéias da Revolução Francesa, fruto da burguesia triunfante. Essa lei foi a principal responsável pela nossa Independência; com a expulsão dos franceses, Portugal chamou de volta D. João VI e exigiu dele a revogação da Lei e a concentração de todas as operações econômicas de Portugal e suas colônias na Bolsa de Mercadorias do Porto.

Contra isso, a classe empresarial brasileira que já dominava a política e a economia do Brasil revoltou-se, levando D. Pedro I a proclamar a Independência. D. João VI voltou a Portugal, mas deixou seu filho no Governo do Brasil em estado de semi-independência. D. Pedro I baixou inúmeras leis para o novo Estado semi-independente, normas essas que se incorporaram à legislação brasileira.

A abertura dos portos brasileiros às transações diretas com outras nações teve extraordinário alcance. Não havia esses contatos antes, todas as operações de comércio exterior teriam que ser realizadas por intermédio da metrópole. Com o Brasil mantendo intenso ciclo de relações com os demais países, criaram-se normas reguladoras das transações marítimas, regulamentação de portos e de navegação interna e externa. Houve ainda necessidade de elaboração de normas de direito administrativo, já que no Brasil nada havia.

É conveniente repetir que essa importantíssima legislação foi promulgada quando não existia ainda o Brasil independente, mas eram leis editadas no Brasil, referentes ao Brasil e vigoravam só no Brasil, razão pela qual podemos considerá-las como direito brasileiro. Não se pode deixar de reverenciar, na criação do direito brasileiro e na independência do Brasil, a figura do Visconde de Cairu, cujo nome era José da Silva Lisboa. Formado em Coimbra, o Visconde de Cairu (1756-1835) havia publicado, em 1801, a primeira obra de direito publicada no idioma português (antes as obras jurídicas eram escritas em latim), denominada *PRINCÍPIOS DE DIREITO MERCANTIL*. Foi sob a influência e orientação deste notável brasileiro que D. João VI promulgou as três leis já referidas.

Outra lei se incorporaria à primeira; foi a lei que criou a Real Junta de Comércio, Agricultura, Fábricas e Navegação do Brasil, precursora da Junta Comercial. Essa Lei obrigou a criação de inúmeras normas para regulamentar as atividades produtivas e estimular as iniciativas econômicas. Deu início à legislação empresarial brasileira. Uma das iniciativas desse órgão, com o apoio do governo imperial, foi a de empreender a elaboração de um Código Comercial brasileiro, tarefa atribuída ao próprio Visconde de Cairu. Não se concretizou essa iniciativa, mas Cairu apresentou o plano do código.

A fundação do Banco do Brasil, destinado, segundo o alvará que o criou, à emissão de bilhetes pagáveis ao portador, operações de descontos, comissões, depósitos pecuniários, saques de fundos particulares e do "Real Erário", para a promoção da indústria nacional pelo giro e combinação de capitais isolados. As operações do Banco do Brasil introduziram o uso do cheque, da letra de câmbio, da poupança e investimento, de vários contratos, de financiamento e até de operações de mercado de capitais. Avolumaram-se as regulamentações, enriquecendo um direito eminentemente brasileiro, que viria a constituir o direito da nova nação.

5. O Direito após a Independência

Proclamada a Independência em 1822, sentiu o Brasil a necessidade de elaborar seu direito, começando com a Constituição nacional, o Código Civil, o Código Empresarial e o Código Penal. Houve uma independência política, mas não jurídica, visto que continuava vigorando no Brasil o direito português. O Brasil necessitava de legislação própria e esta se foi formando pouco a pouco, embora com muito vagar, mas essa morosidade aconteceu em muitos países. A primeira lei importante no novo país foi a Constituição de 1824, dando a estrutura jurídica de nosso país e os princípios que regeriam nosso direito. Na verdade, não foi uma constituição, mas uma "carta outorgada", imposta pelo Imperador, uma vez que a Assembléia Nacional Constituinte perdia-se em discussões estéreis e as idéias de nação independente não estavam bem sedimentadas.

Havia necessidade de elaboração de códigos, já que a recente codificação francesa despertara o interesse pelos códigos. Oito anos após a Independência surge o Código Criminal do Império. Dizem os criminalistas que esse primeiro código era de sugestiva perfeição. Em 1850 tivemos o Código Comercial, promulgado pela Lei 556. Em 1832 foi nomeada uma comissão encarregada de apresentar o anteprojeto do Código Mercantil (designação adotada naquela época). Foram convidados grandes empresários do Rio de Janeiro, dedicados ao comércio: José Antonio Lisboa, Honório José Teixeira, Inácio Ratton e Guilherme Midosi; para presidência dessa comissão foi indicado Limpo de Abreu. Não era comissão de juristas, mas de empresários. Alterou-se com a saída de uns e entrada de outros; integrou-se depois nessa comissão o cônsul da Suécia, Lourenço Westin, cujo país havia há pouco apresentado seu Código Comercial. A entrada de um jurista ilustre, José Clemente Pereira, que assumiu a presidência da comissão, em lugar de Limpo de Abreu, propiciou a elaboração do projeto, que, por modelo do Código Comercial francês, chamou-se Código Comercial. Apresentado o projeto no Congresso Nacional, foi aprovado em 1850, pela Lei 556. Esse código vigorou até 10.1.2002, tendo sido revogado nessa data pelo novo Código Civil, que o absorveu.

22. HISTÓRIA DOS CURSOS JURÍDICOS NO BRASIL

1. Os antecedentes do Onze de Agosto
2. O Onze de Agosto
3. O Curso Anexo
4. Começa o curso
5. Os objetivos do curso de direito
6. A Bucha
7. A Academia de Recife
8. A Escola de Recife
9. A luta pelos ideais acadêmicos
10. A formação da cultura brasileira
11. A luta pela abolição
12. A luta pela República
13. A República dos Acadêmicos
14. Cumprimento da missão

1. Os antecedentes do Onze de Agosto

Oficialmente, tem-se como início dos cursos jurídicos no Brasil o dia 11 de agosto de 1827, em que D. Pedro I promulgou o régio decreto criando os cursos jurídicos, regulamentando-os e fundando duas faculdades de direito para ministrar esses cursos, uma em São Paulo e outra em Olinda, que 27 anos mais tarde mudou-se para Recife. Todavia, foi a criação oficial do curso de direito, a oficialização do ensino jurídico. Os estudos jurídicos já eram cultivados há mais de um século antes do dia 11 de agosto de 1827.

Desde há muito, reuniam-se no Convento Franciscano, situado no Largo de São Francisco, as tertúlias jurídicas, grupos de intelectuais e idealistas, interessados nos estudos jurídicos. Muitos eram ex-alunos da Faculdade de Direito da Universidade de Coimbra, exilados no Brasil, outros já formados e advogados militantes, magistrados. Os estudos não se resumiam nas leis ou no direito, mas também na literatura, na filosofia, na política, e outros assuntos mais elevados. Quando foi criado o curso de direito, o Convento Franciscano já possuía biblioteca de mais de 5.000 volumes, que foram, naquela ocasião, adquiridos pela faculdade. Cada sacerdote franciscano, cada jurista que chegava da Europa trazia alguma obra para ser estudada e comentada. Algumas dessas obras ainda existem, guardadas ciosamente na Faculdade de Direito da Universidade de São Paulo.

Os jovens que participavam dessas tertúlias lutavam pela criação de cursos superiores no Brasil, principalmente de direito. Quem quisesse estudar era obrigado a trasladar-se para a Europa, como na Universidade de Coimbra ou na de Paris ou nas universidades italianas. Eram discriminados e menosprezados, chamados de "colonos", de "índio americano" e outras designações depreciativas. Estavam fora de seu ambiente natural, longe da família, com dificuldades da adaptação, muitas vezes com dificuldades financeiras. Motivos vários havia para que lutassem pela criação do curso de direito, mormente após a Independência, em 1822.

Um desses, antigo acadêmico da Universidade de Coimbra, santista de nascimento, conhecera as agruras de quem se aventurava a estudar na Europa e como parlamentar, membro do Congresso Nacional liderou a luta desenvolvida pela juventude brasileira. Era José Feliciano Fernandes

Pinheiro, o Visconde de São Leopoldo (1774-1847). Foi ele o fundador da cidade de São Leopoldo, no Rio Grande do Sul, hoje próspero centro industrial de calçados e artigos de couro. Foi o autor do projeto de criação dos cursos jurídicos e lutou pela sua instalação em São Paulo, não só porque fosse santista, mas apresentou razões bem sólidas pela escolha. São Paulo era uma cidade provinciana, com 10.000 habitantes, e não podia se rivalizar com a capital do Império, o Rio de Janeiro, nem com Salvador, antiga capital ou com Ouro Preto, antigo centro da mineração.

Era, porém, terra de gente austera, trabalhadora, ativa e produtiva. Exercia força de atração sobre o imigrante europeu, por não ser tão quente, embora não tivesse atrativos turísticos. As demais cidades importantes do Brasil eram costeiras e suas praias poderiam atrair os estudantes, que relaxariam seus estudos. O que mais pesou, entretanto, foi a existência dos estudos jurídicos no Convento Franciscano, o que era o substrato da futura faculdade. Já estava divulgada a existência da biblioteca jurídica e o prestígio da ação educadora dos frades franciscanos, inclusive no ensino do direito.

Em São Paulo estava o Colégio de São Francisco, fundado em 1647, portanto, com longa tradição no ensino e dotado de biblioteca jurídica. Já havia cursos de direito, só bastando a oficialização deles. O edifício do colégio foi indicado como ideal para a faculdade, tanto que o sinal para as aulas e intervalos era dado pelo sino da igreja, assim que começou o curso. A Universidade de Pádua, no Norte da Itália, foi criada por Santo Antonio de Pádua, em 1212, sendo a terceira do mundo, vindo após a de Bolonha e de Paris. A exemplo de São Paulo, funciona essa universidade junto à Igreja de Santo Antônio de Pádua. São Paulo, pela sua austeridade, pelo cultivo do direito e pela luta de sua juventude, acabou levando a palma sobre as cidades mais importantes. Foi aprovado o projeto do Visconde de São Leopoldo e o decreto de criação dos cursos jurídicos aponta duas faculdades iniciais no Brasil: de São Paulo e de Olinda.

2. O Onze de Agosto

A vitória veio finalmente em 11.8.1827. A lei não apenas criou mas regulamentou o curso de direito, chamado de "ciências jurídicas e sociais"; deveria ser realizado em cinco anos, tempo que até hoje permanece, com as matérias estabelecidas:

1.º ano – Direito Natural - Direito Público – Análise da Constituição do Império - Direito das Gentes.

2.º ano – Direito Público Eclesiástico – Continuação das matérias do primeiro ano.

3.º ano – Direito Pátrio Civil – Direito Pátrio Criminal, com a Teoria do Processo Penal.

4.º ano – Continuação do Direito Pátrio Civil – Direito Mercantil e Marítimo.

5.º ano – Economia Política – Teoria e Prática do Processo.

Pelo currículo, pode-se avaliar o estágio ainda rudimentar do direito brasileiro e o sentido diferente de cada matéria com o sentido atual.

DIREITO NATURAL – Constituía matéria própria e vinha em primeiro lugar, o que nos leva a crer que era a mais importante. Pelo que diz o nome, deriva da natureza humana. Considera-se um direito anterior ao ser humano e acima dele, um direito por natureza, um ideal de justiça e perfeição. É eterno e universal, pois decorre do gênero humano e não de um indivíduo ou de um povo; não se aplica a um país, mas a todos os seres humanos. Não se submete à relatividade do tempo e do espaço. Alguns o consideram fruto do sentimento e não da razão: é o sentido do justo, do bom e eqüitativo *(ex aequo et bono)*.

DIREITO PÚBLICO – Os antigos romanos estabeleceram divisão do direito em público e privado, embora eles tenham se notabilizado apenas no direito privado, relegando o direito público à posição de pouca relevância. Na época da criação dos cursos jurídicos o direito público exigia amplos estudos, em vista da necessidade de se estruturar o país. Havia necessidade de se criar na mente da população a idéia de Estado e das relações entre o Estado e seus cidadãos. Por essa razão, o Direito Público foi a segunda matéria a figurar no programa.

DIREITO PÁTRIO CIVIL – O Direito Civil é o direito básico, a espinha dorsal do direito e assim era considerado na antiga Roma. Os outros ramos são especialidades surgidas pela evolução das relações jurídicas. Por isso, foi a terceira matéria em ordem de importância.

ANÁLISE DA CONSTITUIÇÃO DO IMPÉRIO – Não havia sido criado o Direito Constitucional, uma vez que nem tínhamos ainda constituição. A chamada Constituição de 1824 era, na verdade uma carta outorgada. O imperador dissolveu a Assembléia Nacional Constituinte e outorgou ao país a Magna Carta por ele elaborada… A matéria então nem sequer tomou o nome de direito constitucional, mas "Análise da Constituição do Império". Importante porém foi sua adoção, pois as discussões mais solenes no Congresso Nacional versavam sobre os problemas constitucionais.

DIREITO DAS GENTES – Era o nome então adotado para o atualmente chamado Direito Internacional, designação mudada posteriormente por idéia partida do jurista inglês, Jeremy Bentham. Como país novo, o Brasil ambicionava sua admissão no concerto das nações e encontrou, a princípio, sérias resistências. Muitos problemas internacionais aguardavam o novo país: o reconhecimento pelos demais países, o estabelecimento de suas fronteiras, a participação nos tratados internacionais, as transações econômicas com outros países, e tantos outros. Tudo exigia os estudos do Direito Internacional. Foi nesse ramo do direito que se sobressaiu o antigo acadêmico de São Paulo, Barão do Rio Branco.

DIREITO PÚBLICO ECLESIÁSTICO – É hoje o chamado Direito Canônico e teve como seu primeiro mestre o Pe. Francisco de Paula Rodrigues, o Pe. Chico. Uma série de motivos acabou por impor essa matéria; em primeiro lugar a influência marcante da Igreja em toda a vida nacional, principalmente na educação, que estava totalmente em suas mãos. Em segundo lugar, a participação dos frades franciscanos na criação dos cursos jurídicos, mormente com a cessão do local em que se instalou a Faculdade de Direito em São Paulo, e, em Olinda, com o Convento Beneditino. Outro motivo foi a tradição do Código de Eurico, das Ordenações do Reino e de outras normas medievais. Fator que teve seu peso também foi o fato de ser o idioma latino a língua oficial da Igreja e do direito.

DIREITO CRIMINAL – Naquele tempo era o nome escolhido para o Direito Penal. O Brasil era um país de baixo nível de criminalidade, mas era por demais rigoroso o código moral do império e se impôs o estudo desse ramo do direito. É sugestivo frisar que o primeiro Código brasileiro foi o Código Criminal, de 1830, promulgado oito anos após a independência; segundo dizem os criminalistas era código merecedor de amplos elogios quanto à sua perfeição e clareza.

DIREITO MERCANTIL E MARÍTIMO – Eram dois ramos separados do direito, hoje estando o Direito Marítimo integrado no Direito Mercantil, sendo um de seus ramos. O Direito Mercantil, por sua vez, chama-se hoje Direito Empresarial. É marcante a influência do Código Comercial francês na adoção dessa matéria.

ECONOMIA POLÍTICA – Corresponde à matéria hoje denominada "Teoria Geral do Estado".

O ingresso nos cursos jurídicos deveria se dar por meio de exames vestibulares, sendo exigida a idade mínima de quinze anos para os vestibulandos. Era obrigatório o cursinho de preparação. Cinco matérias eram exigidas para o exame vestibular: francês, latim, retórica, filosofia racional, geometria. O latim era importante, porquanto a maioria das obras jurídicas era escrita nesse idioma. O francês apresentava algumas obras e começava a substituir o latim como idioma das obras jurídicas.

3. O Curso Anexo

Disposição sugestiva estabeleceu o decreto imperial: o exame vestibular para o ingresso na faculdade, prática que permanece com firmeza em nossos dias. Surgiu então o primeiro cursinho, que era chamado de Curso Anexo, o preparatório para o ingresso na faculdade. Extraordinária foi a importância e a atuação do Curso Anexo, porquanto não era só um preparatório, mas um preâmbulo do curso de direito e um sistema de seleção. Quem ingressasse na faculdade de direito tinha que passar por aquele cursinho e já tinha o substrato cultural e a base que o capacitasse a desenvolver mais facilmente o estudo jurídico.

Esse cursinho teve também grande participação na formação ideológica daqueles moços que estavam entrando para a faculdade. Os cursinhos ainda hoje são malvistos e naquela época havia prevenção contra eles, que vigoraram durante longo tempo, pela presença de dois mestres ativistas, um italiano e outro alemão. Foi no Curso Anexo que se notabilizaram os dois grandes mestres Líbero Badaró e Júlio Frank. Ensinava-se o latim e era necessário, pois sempre foi o idioma do direito; a maior parte dos livros jurídicos eram escritos em latim; ensinava-se o francês, a segunda língua do direito. Havia mais a filosofia e a matemática, para dar aos futuros acadêmicos a base cultural de que necessitavam para seus estudos e suas consultas.

Líbero Badaró era um médico de elevado conceito e fora expulso da Itália por professar certas idéias que contrariavam o lugar comum ideológico de seu país. Veio para o Brasil e se transformou num médico muito respeitado e dava assessoria a outros médicos. Foi um cientista que promoveu muitas pesquisas na botânica e na biologia. Empreendeu a primeira vacinação em massa no país. Foi ainda professor dedicado e um dos primeiros jornalistas do Brasil. A importância dele não foi só porque exercia todas essas atividades, mas sim as idéias brilhantes e as teorias revolucionárias. Infundia grande entusiasmo em seus discípulos e suas idéias contaminaram a mocidade acadêmica.

Líbero Badaró criou o segundo jornal de São Paulo: chamava-se *Observador Constitucional*. A tarefa principal era a de interpretar a constituição, tendo como principais colaboradores os próprios acadêmicos da faculdade de direito. Interpretando nossa constituição, começou a lançar idéias chocantes para a época, mas que a agitaram o movimento estudantil.

Tomemos como exemplo um princípio estabelecido na Constituição de 1824, ainda na atual e foi passando por todas elas e também está inserido na constituição de muitos países. É aquela de que **todos são iguais em direitos e obrigações perante a lei**. Comentava porém o Observador Constitucional: como todos são iguais perante a lei se no Brasil existe escravidão? Serão escravos e senhores, ricos e pobres, nobres e plebeus iguais em direitos e obrigações? Note-se que partiram desses comentários o brado contra a escravidão e a aurora das idéias liberais que grassavam na Europa, idéias que não tinham ainda entrado no Brasil. Suas idéias chocavam as classes dominantes e o domínio do arbítrio. Sua morte foi então encomendada, tendo ele recebido vários tiros de um assassino profissional. Ao saber da gravidade dos ferimentos, ao ser socorrido, pronunciou uma frase que se tornou famosa: **morre um liberal mas não morre a liberdade.** Expirou em seguida, em frente à sua casa, perto da faculdade, rua que mais tarde recebeu o seu nome.

Líbero Badaró foi um homem que lutou pela liberdade, pela justiça e pelos direitos dos mais desfavorecidos. A liberdade, já como lema da Revolução Francesa: liberdade, igualdade, fraternidade. Liberdade para ele seria a igualdade de direitos, em que cada cidadão teria a liberdade de exercer seus direitos. Foi acima de tudo um mestre, formador de consciências e de idéias. Um patriota brasileiro. Não se casou nem deixou descendência; casou-se com a mocidade acadêmica e com as idéias liberais; seus sucessores foram seus alunos, que fizeram rolar suas idéias até que elas triunfassem.

Outro mestre surgido no Brasil, vindo de fora, o alemão Júlio Frank, foi totalmente voltado ao ensino; toda a sua vida dedicou aos acadêmicos e à preparação da rapaziada que haveria de entrar na faculdade de direito. Tal como Líbero Badaró, Júlio Frank não se casou, não deixou descendência, não deixou bens; era um homem totalmente entregue aos seus discípulos e ao ensino, como verdadeiro mestre. Tudo que ele ganhava oferecia à Bucha e lutou para a popularização do ensino do direito, que, desde o início, como até recentemente era um ensino elitista.

A luta de Júlio Frank começou desde o momento em que ele chegou ao Brasil, integrando-se no Curso Anexo, aquele cursinho hoje tão amaldiçoado, de que se fala tanto, mas constitui tradição de nosso ensino do direito. Júlio Frank quando morreu, não pôde ser enterrado em cemitério público porque naquela época quem administrava os cemitérios era a Igreja e ela negava a sepultura a quem não fosse católico. Havia dúvidas sobre a formação religiosa dele, parecendo ser judeu ou protestante. Foi então enterrado na própria faculdade de direito, pelos alunos a quem ele tanto servira. No dia 11 de agosto, reúnem-se os alunos da faculdade do Largo de São Francisco para render homenagem a esse grande mestre, em torno de seu túmulo. Quem entrar na Faculdade de Direito da USP, irá encontrar o pátio da esquerda de quem entra; nesse pátio há o monumento meio esquisito, com um obelisco e quatro corujas numa grade de ferro. É o túmulo de Júlio Frank. Na lápide há a inscrição em latim: aqui jaz Júlio Frank – uma vida dedicada aos acadêmicos.

Esses dois preclaros mestres tiveram participação enorme na formação dos grandes juristas; esses juristas, saídos da academia do Largo de São Francisco foram homens que enriqueceram nossa história, mormente no século XIX.

4. Começa o curso

Regulamentado o curso de ciências jurídicas e sociais e criadas as duas primeiras faculdades, aprestaram-se as providências para o início dos cursos. Em São Paulo foi escolhido como local o Convento Franciscano, no Largo de São Francisco. Em Olinda foi escolhido o Convento Beneditino, dos padres alemães da Congregação de São Bento. Faltava escolher o diretor da Faculdade de São Paulo.

Para diretor da faculdade foi escolhido o paulista José Arouche de Toledo Rendon (1756-1834), então deputado por São Paulo, formado em direito pela Universidade de Coimbra. O prof. Arouche foi então o primeiro diretor de faculdade de direito do Brasil, e também foi seu professor. Além dele, foi nomeado professor o Conselheiro Brotero, como era conhecido José Maria de Avelar Brotero, nascido em Portugal e formado em Coimbra. Como terceiro professor foi escolhido: Luiz Nicolau Fagundes Varella, avô do famoso poeta brasileiro, do mesmo nome, e aluno das Arcadas de São Paulo. Outros lentes se incorporaram, mas a maioria deles nem se integraram por estarem domiciliados em regiões distantes. Os professores recebiam a designação de "lentes".

Assim é que no dia 1 de março de 1828 foi pronunciada oficialmente a primeira aula de direito no Brasil, a aula inaugural dos cursos de direito, o que se deu em São Paulo, no velho convento de padres franciscanos, berço de nossa academia. É o mesmo que todos conhecem, no Largo de São Francisco. Os sinos da Igreja de São Francisco anunciaram o evento marcado para as 16 horas. Abriu a cerimônia o diretor da faculdade, prof. Arouche. Naquele dia, ele saiu de sua chácara, onde é hoje o Largo do Arouche, seguiu por uma picada, onde hoje é a rua do Arouche, atravessou o Vale do Chá, como era chamado o Vale do Anhangabaú, subindo a ladeira de São Francisco, que ainda conserva o mesmo nome, e adentrou ao Colégio São Francisco. Começou a cerimônia na hora marcada, às 16 horas, passando a palavra ao Conselheiro Brotero, tendo este dado a aula de Direito Internacional, que, naquela época, chamava-se Direito das Gentes. Estiveram presentes à cerimônia o Presidente da Província (que corresponde hoje ao Governador do Estado) e outras autoridades e convidados. Fez parte da mesa o prof. Luiz Nicolau Fagundes Varella.

A população de São Paulo acompanhou o noticiário da criação dos cursos jurídicos no Brasil pelo primeiro jornal criado em terras paulistas, fundado naquele mesmo ano pelo Visconde de Monte Alegre (José da Costa Carvalho), formado em direito pela Universidade de Coimbra e partidário das idéias liberais.

A primeira turma era constituída de 33 jovens, a maioria de fora de São Paulo. Eram todos homens, já que a primeira acadêmica de direito ingressou na academia em 1898, chamada Maria Augusta Saraiva. Todos esses rapazes se notabilizaram na vida pública e cultural do país. Foi a primeira leva dos grandes juristas e nobres pensadores que o Brasil produziu naquele século, no primeiro século de nosso país livre e soberano. Em 1829, entra outra turma e assim por diante brilharam naqueles muros veneráveis os jovens que se transformariam posteriormente nos grandes estadistas do Império, nos que acenderam a chama dos mais nobres ideais da nação brasileira.

5. Os objetivos do curso de direito

Muito já falamos sobre as circunstâncias da criação dos cursos jurídicos e sobre a influência deles em nossa história e em nossa cultura, como por exemplo, a Escola de Recife. Importante será agora reunir num corpo único o que aconteceu, acontece e o que representam os cursos jurídicos em nossa vida.

O ensino jurídico não tinha a princípio o objetivo direto e imediato de formar bacharéis e advogados. O Brasil era um país novo e com muitos problemas futuros. Não se constrói um país soberano com um grito, ainda mais pronunciado no meio de campo abandonado, longe das concentrações humanas e da administração pública. Não tínhamos leis, direito e nem mesmo constituição; tínhamos apenas a carta outorgada, do Imperador D. Pedro I. Ninguém nos conhecia e não podíamos nos integrar no concerto das nações. Nossas fronteiras não estavam definidas. Teríamos que organizar as forças armadas, a administração pública, o próprio Governo. Nossa cultura era totalmente européia.

Faltavam-nos homens para dirigir o país, e faltavam até brasileiros. Não havia entre nós a consciência de Estado e de nacionalidade. Nosso imperador era o herdeiro do trono português e dentro em breve deveria nos deixar, o que realmente veio a acontecer. Alguns de nossos homens públicos nem brasileiros eram e mesmo aqueles aqui nascidos estavam em dúvida quanto à nacionalidade a adotar; não se identificavam totalmente com nosso meio. Não houvera tempo de se elaborar o direito brasileiro e vivíamos sob a legislação portuguesa, inclusive com as Ordenações do Reino já centenária e superada.

Precisávamos formar a elite dirigente do país, porque o Brasil estava surgindo naquele momento; era país necessitando de se estruturar, de realmente se implantar. Formar país independente e soberano e implantá-lo no concerto dos demais países é tarefa hercúlea e exige esforço conjugado e concentrado de cidadãos, homens voltados para o interesse público, para aqueles que iriam dirigir o Brasil e traçar as linhas mestras de nossa política e nossa cultura. Precisaria o Brasil adotar política definida e planos de ação, critérios para resolver os inúmeros problemas que haveriam de surgir.

Esse era o espírito do curso de direito; o espírito do 11 de agosto. Com ele foram criadas as duas primeiras faculdades. Essa criação coroou a luta pela realização dos altos ideais da mocidade brasileira, daqueles que aspiravam e lutavam pela implantação do ensino universitário no Brasil, e acima de tudo, cultivar o estudo do direito, que já cultivavam antes, desde os tempos coloniais. Não é dizer, pois, que o ensino do direito, o estudo do direito tenha sido criado no Brasil em 11 de agosto de 1827, cinco anos após nossa Independência; apenas esse estudo foi oficializado.

E o resultado dessa luta, a concretização desse espírito, foi encontrado nas modificações introduzidas em nossa primeira Constituição, a Constituição imperial de 1824, procurando minorar a autoridade central e preservando a liberdade e alguns preceitos liberais, invocando inclusive a Declaração dos Direitos do Homem e do Cidadão, oriunda da Revolução Francesa. Aparece em nossa primeira Constituição o artigo estabelecendo que o Estado brasileiro deveria prover o ensino, inclusive o ensino gratuito, uma vez que o ensino até então era reservado à Igreja.

A Constituição de 1824 previu que o Governo imperial deveria providenciar imediatamente a criação do ensino universitário, e, realmente, não demorou muito. Em 1827, cinco anos após o brado do Ipiranga, já estava sendo criado o curso de direito. Naquele momento foi realmente comemoração digna da realização do espírito dos jovens brasileiros, principalmente paulistas. Com o mesmo decreto imperial, naquele 11 de agosto, foram criadas as duas faculdades de direito, das quais surgiriam no Brasil os homens formadores da nossa nacionalidade, para que impusessem o Brasil ante a comunidade mundial dos países; para que engatassem as transações econômicas internacionais, que estabelecessem sistema jurídico próprio, para que garantissem ao país segurança, paz e prosperidade, enfim, que fossem verdadeiros estadistas.

Essa juventude começou a formar-se antes do 11 de agosto, mas continuou após a criação da academia de São Paulo. Atenderam eles aos anseios pela formação de uma cultura nacional, visto que ainda éramos europeus. Discutiam-se mais os problemas europeus, a filosofia, o direito e a literatura européias, já que não tínhamos ainda o direito nacional e a cultura autenticamente brasileira. Nossas obras literárias retratavam tipos, cenas e caracteres mais europeus do que brasileiros. E foi das duas academias que surgiu o pensamento nacional.

O curso de direito conserva ainda os ideais de 11 de agosto de 1827; procura se ater, não só à formação do profissional, mas se preocupa em ser curso de cidadania, de formação moral e cultural de pessoas que possam influir no desenvolvimento político e intelectual do país. Foi com esses nobres propósitos que os jovens de então fizeram criar o curso de direito.

6. A Bucha

Quando se fala na história do curso de direito, deve-se falar da Burschschaft, conhecida apenas como Bucha, sociedade secreta, tipo de maçonaria, fundada em 1831 por Júlio Frank, com a intenção de ajudar estudantes pobres. A origem etimológica do termo é de SCHAFT = CONFRARIA e BURSCH = colegas; seria assim um tipo de confraria de estudantes com finalidade filantrópica, para auxílio a estudantes carentes, observando completo sigilo sobre essa colaboração. Júlio Frank dedicou-se de corpo e alma aos acadêmicos e à Bucha, sendo seu exemplo seguido por inúmeros acadêmicos, alguns alçados a altos cargos da administração pública. O altruísmo revelado desde os bancos escolares refletiu-se mais tarde na formação do caráter dos grandes estadistas.

Pouco a pouco, a Bucha foi tomando feições políticas e ideológicas, estabelecendo corrente de solidariedade entre os homens públicos, uns ajudando os outros, de tal forma que ela saiu da faculdade e se fazia presente nos grandes movimentos políticos e sociais. Segundo informações colhidas na Faculdade de Direito da USP, a Bucha está hoje confinada só à faculdade, prestando assistência a novos acadêmicos e a movimentos estudantis, ou seja, dedicando-se só à política estudantil. Mantém-se porém como sociedade secreta, embora não tão secreta, pois há muitas fontes sobre sua história, como por exemplo, a obra do escritor Afonso Schmidt *A Sombra de Júlio Frank*. Seus membros mais ilustres estão identificados e comprovados.

Só para se fazer idéia dos membros da Bucha podemos citar alguns presidentes do Brasil: Prudente de Moraes, Campos Salles, Rodrigues Alves, Afonso Pena, Wenceslau Braz, Artur Bernardes, Washington Luiz; os grandes poetas Castro Alves, Álvares de Azevedo, Fagundes Varella; os professores da faculdade, como Spencer Vampré,

Antonio Joaquim Ribas, Pedro Lessa, Waldemar Ferreira, Pimenta Bueno, Visconde do Uruguai, Pires da Motta e outros; os jornalistas Júlio de Mesquita Filho e Rangel Pestana.

7. A Academia de Recife

Criada juntamente com a de São Paulo, em 11.8.1827, a Faculdade de Recife só começou a funcionar em 15.5.1828, 75 dias após a de São Paulo. Contudo, não foi menos vibrante e famosa. Grandes juristas e estadistas notáveis saíram de seus bancos escolares; por isso, não se pode traçar a história dos cursos jurídicos no Brasil sem colocar em posição de realce a participação da academia recifense. Instalou-se ela no dia 15 de maio de 1828 no Mosteiro de São Bento, na cidade de Olinda, pegada a Recife. Esse mosteiro existe ainda hoje, conservando as linhas originais; pelo seu colégio passaram vultos marcantes de nossa vida cultural, muitos deles depois acadêmicos de Recife e de São Paulo. A primeira aula foi pronunciada em 2 de junho daquele ano, para uma turma de 38 acadêmicos; no ano seguinte entraram mais 52, que formaram a segunda turma. Em 1853, 26 anos após a fundação, a faculdade mudou-se para Recife.

Da mesma forma que o corpo docente de São Paulo, o primeiro grupo de professores era constituído de três mestres, juristas ilustres e conceituados na região, os lentes: Lourenço José Ribeiro, Manoel José da Silva Porto e José Moura Magalhães. Havia ainda três suplentes. Todos eles eram graduados pela Universidade de Coimbra.

Para que se tenha uma idéia do vigor dessa faculdade, bastaria mencionar alguns de seus formandos: Teixeira de Freitas, que elaborou o esboço do primeiro Código Civil, que não vingou, mas vingou o projeto de Clóvis Bevilaqua, também acadêmico de Recife, de que resultou no Código Civil de 1916. Quanto ao Código Civil de 2002, fez parte da comissão elaboradora o professor da Academia de Recife, Torquato Castro. Pontes de Miranda foi um dos maiores juristas brasileiros, autor do monumental *Tratado de Direito Privado*. Além da área jurídica, notabilizaram-se os críticos literários Sílvio Romero e Araripe Junior, os romancistas José Lins do Rego, Graça Aranha e Raul

Pompéia, os ex-presidentes da República Epitácio Pessoa e Nilo Peçanha. Castro Alves e Rui Barbosa iniciaram o curso em Recife, vindo depois para São Paulo.

Grandes estadistas do Império e da República brotaram dos bancos escolares de Recife: Joaquim Nabuco, o Barão de Cotegipe, o Barão de Lucena, o Marquês de Paranaguá. Mencione-se ainda o ilustre sociólogo Alberto Torres.

Num aspecto, a Academia de Recife antecedeu à de São Paulo: formaram-se em 1888 as três primeiras mulheres bacharéis em direito: Delmira Secundina da Costa, Maria Fragoso e Maria Coelho da Silva, enquanto só dez anos mais tarde, em 1898 ingressa na Academia de São Paulo a primeira mulher, a acadêmica Maria Augusta Saraiva, que se formou em 1902.

Nenhum vulto é tão sugestivo e encarna o espírito da Academia de Recife como Tobias Barreto de Menezes (1839-1889), professor, filósofo, poeta, jornalista, teatrólogo, jurista, advogado. Nos últimos oito anos de sua vida foi professor da Academia e dos mais conceituados e queridos. Sua morte prematura, aos 50 anos, truncou a formação de quem estava destinado a ser o maior filósofo brasileiro. Foi entusiasta e agitador da vida acadêmica desde os bancos escolares, e rival de Castro Alves, a quem não conseguiu superar nesta área. Porém, ficou famosa sua estrofe numa poesia em que retrata um soldado brasileiro moribundo na Guerra do Paraguai, tomado como estribilho dos acadêmicos de São Paulo:

Quando se sente bater no peito heróica pancada,
Deixa-se a folha dobrada, enquanto se vai morrer.

Tobias Barreto entrou na Academia em 1864, quando já estava em Recife, mas não se livrou da influência dos padres beneditinos alemães de Olinda. A influência desses padres na cultura brasileira foi comparável à dos franciscanos em São Paulo: por demais importante. O ensino da cultura alemã e do idioma alemão esteve na Academia de Recife e na Escola de Recife, de que falaremos em seguida, e no pensamento de vários juristas, como Clóvis Bevilaqua e Pontes de Miranda. Reflexo dessa influência foi a tradução do Código Civil alemão por

Clóvis Bevilaqua, resultando no nosso Código Civil de 1916, só revogado em 2002.

Dedicou-se Tobias Barreto ao jornalismo, criando diversos jornais. Publicou jornal em língua alemã, que dizia ser só por ele redigido. O padre Leonel França, seu crítico mordaz, afirmou que esse jornal devia ser só por ele lido, pois não havia ainda no Brasil, por aquela ocasião, coletividade alemã ou muitas pessoas desse idioma. Diversas poesias suas e artigos de filosofia foram publicados pelos jornais de Pernambuco. Como professor da Academia de Recife formou várias gerações de alunos.

8. A Escola de Recife

Acontecimento de magna importância cultural, surgida na Academia de Recife, foi a chamada Escola de Recife. Denomina-se "escola" o agrupamento de intelectuais com as mesmas tendências, havendo escolas no direito, na filosofia, na literatura e em outras formas de pensamento. Quando se fala em "Escola de Recife", não se refere à Academia de Recife, à faculdade de direito, mas ao movimento cultural surgido realmente na Faculdade de Direito de Recife. Era numeroso grupo de intelectuais cultivando o "germanismo", realçando o direito alemão e a cultura alemã, principalmente a filosofia. Marcante foi a sua influência no pensamento brasileiro. Tobias Barreto, professor da Academia foi o principal componente, mas no direito Clóvis Bevilaqua foi quem mais se realçou e mais tarde a maiúscula figura de Pontes de Miranda. É fruto dessa escola o maior crítico literário do Brasil, Sílvio Romero. Sugestivo também foi Graça Aranha, romancista que retratou a aculturação alemã em Santa Catarina, em um romance chamado "Canaã", dando início a uma escola literária chamada de "romântica".

Deve ser realçada na formação da Escola de Recife a seriedade do ensino do idioma alemão, graças à ação dos padres beneditinos do Convento de Olinda, em que começou a funcionar a Academia de Direito. Era como um preâmbulo da faculdade e muitos dos grandes acadêmicos de Recife tinham passado pelo Colégio de São Bento.

9. A luta pelos ideais acadêmicos

Vários ideais se sedimentaram na mente acadêmica, de forma bem equilibrada, em São Paulo e Recife:
— consolidação da independência;
— implantação da democracia;
— abolição da escravatura;
— Proclamação da República;
— formação da cultura nacional.

Os cursos jurídicos foram oficializados no Brasil cinco anos após a nossa independência, que não estava ainda consolidada. Havia relutância dentro e fora do país. A organização do Brasil como país independente e soberano seria demorada e constituía uma hesitação, necessitando de estruturar os três poderes: Executivo, Legislativo, Judiciário. Nossa insegurança era tal que a Assembléia Nacional Constituinte não conseguiu votar a constituição para o Brasil e foi dissolvida. Não tínhamos o Poder Judiciário, nem homens em condições de integrá-lo. Faltavam-nos o Código Civil, o Código Penal, o Código de Processo Civil e quase toda a legislação nacional, o que nos obrigou a manter a legislação portuguesa, com as superadas Ordenações do Reino. O Poder Legislativo era formado por deputados que integravam o parlamento de Portugal. Muitos países olhavam o Brasil como colônia e hesitavam em reconhecê-lo. Seria exaustivo enumerar aqui os problemas a serem enfrentados. Eis a razão da luta inicial dos acadêmicos: eles lutaram para termos um curso de direito nosso, e também lutavam por um país nosso.

Graças à influência de Líbero Badaró e de Júlio Frank, foram brotando certos movimentos ideológicos dos acadêmicos, ganhando as ruas e inflamando a população. Os domingos e feriados eram agitados por passeatas, uma vez que durante a semana os acadêmicos não se arredavam das aulas, conscientes de que o ensino gratuito, custeado pelo Poder Público, exigia deles dedicação integral. Abominavam a violência e não pregavam sublevação nem ação armada: suas armas eram os versos de seus poetas como Castro Alves, a força de suas idéias como a democracia e a inspiração de seus oradores como Rui Barbosa.

O ideal revolucionário dos acadêmicos era o de implantar as modernas ideologias européias, que se chocavam com o poder dominante. Eram as idéias do iluminismo, do enciclopedismo, que provocaram a Revolução Francesa e estavam expressos na Declaração dos Direitos do Homem e do Cidadão. O curso universitário era gratuito e os acadêmicos achavam que deviam pagar a quem o custeava, ou seja, à população brasileira, lutando por ela, defendendo-a e instituindo direitos aos cidadãos. Alguns dos princípios da Declaração dos Direitos do Homem e do Cidadão estavam em nossa Constituição, mas não eram praticados. Várias disposições constitucionais afrontavam os princípios democráticos. O voto, por exemplo, não era universal e nem secreto, e nem imparcial a cada cidadão; o eleitor teria determinado número de votos de acordo com seu estado econômico e patrimonial, de tal maneira que as eleições eram dominadas pelos ricos; quem tivesse maior patrimônio teria número maior de votos; o pobre não teria direito a voto ou talvez só a um voto.

Havia a classe dominante formada por barões, condes, marqueses, viscondes e outros dotados de títulos nobiliárquicos, o que fora proibido pela Declaração dos Direitos do Homem e do Cidadão. Os senadores eram nomeados pelo Imperador e não eleitos pelo povo, e escolhidos nessa classe de pessoas com títulos nobiliárquicos hereditários: era a nobreza do nascimento. Os ministros de Estado, os altos funcionários da Corte eram escolhidos entre os membros da classe abastada; não havia o acesso da população à administração pública. Nosso direito não proibia a escravidão nem a servidão de gleba. O sistema político brasileiro era a negação dos ideais do iluminismo e do liberalismo. A burguesia era inexpressiva, não havendo praticamente classe média.

Eram várias as razões pelas quais os movimentos acadêmicos se integrassem. Queriam eles a implantação da democracia no Brasil, mas não é possível a um país democrático admitir escravidão e servidão de gleba, nem o povo não participar da escolha de seu governo e da eleição de seus governantes. A Igreja era ligada ao Estado, o que também era condenado pela Declaração dos Direitos do Homem e do Cidadão, que preconizava a eliminação das discriminações religiosas. Não se conseguiria instituir no Brasil o lema da Revolução Francesa: liberdade, igualdade, fraternidade, motivo pelo qual nasceu o ideal republicano, integrado nas agitações estudantis. A luta por esses ideais recrudesceu com o assassinato de Líbero Badaró.

10. A formação da cultura brasileira

A declaração da independência despertou o espírito libertário da população brasileira. Ansiava-se por criar um país nosso: com independência e soberania, com legislação e direito próprios, com nossa cultura genuinamente nacional, embora sem perder as bases européias, que conservamos e cultivamos até hoje. Custou para serem cultivados os estudos brasileiros, de nosso meio, de nossa natureza e nossa sociedade. Exemplo desse espírito europeu na cultura brasileira era o extraordinário escritor nordestino, Coelho Neto, cujas obras dominavam as escolas. Retratava ele cenas européias, como a criação de ovelhas (que não havia no Brasil), tipos humanos europeus e enredos estranhos ao ambiente brasileiro.

A formação da cultura genuinamente nacional partiria principalmente da Academia de Recife, centro irradiador das idéias nacionais e discussão de problemas brasileiros. O ciclo de estudos brasileiros iniciou-se com o historiador Capistrano de Abreu, formado em Recife. Estudou os eventos históricos pelas populações nordestinas, penetrando pelos sertões brasileiros e descobrindo os índios do Brasil, as populações humildes e os ambientes sertanejos na cultura brasileira.

Figura maiúscula dessa inovação foi, entretanto, o contista e romancista cearense José de Alencar (1829-1877). Iniciou o curso de direito em São Paulo, mudou-se para Olinda e depois voltou a São Paulo, onde se formou. Homem público notável, jornalista, teatrólogo, revelou-se principalmente como romancista ao descrever tipos humanos nacionais. Foi autor de muitas obras, focalizando a vida nacional, os costumes e ambientes nossos; ressaltou as virtudes da nação brasileira e seu esforço para constituição de um país íntegro, com todo um misto de realismo e romantismo. Tal como Capistrano de Abreu, descobriu os índios e revelou seus costumes em várias obras, entre as quais sua obra-prima "O Guarani", que seria mais tarde imortalizado pelo nosso genial Carlos Gomes. A partir de José de Alencar, o Brasil voltou-se para o interior. Vulgarizam-se por todo o país os nomes de origem indígena, como Iracema, Jussara, Iara, Araci, Jurandir, Ubiratã, Guaraci, Ubirajara, Tabajara, Moacir, Moema, Peri.

Sua linguagem era a linguagem nacional, do homem do povo, o falar natural, porém correto da população, quando predomina em nossos intelectuais a linguagem do português arcaico, com nítida influência de Camões e outros clássicos portugueses. Assim abria ele sua obra-prima:

"Verdes mares bravios de minha terra natal,
Onde canta a jandaia na fronde da carnaúba".

Invocar a terra natal, o Ceará, os verdes mares, o pássaro essencialmente brasileiro e a carnaúba, só encontrada no Brasil, foi o choque que rompeu as margens da literatura brasileira. Mais tarde, Graça Aranha apresentou importante obra, Canaã, em que retrata a aculturação alemã em Santa Catarina, criando novo ciclo na literatura brasileira com essa obra estimulada pelo germanismo da Escola de Recife e a tendência nacionalista brasileira.

11. A luta pela abolição

O combate à escravatura não surgiu por acaso, mas fez parte do movimento liberal-democrático, simbolizado no lema de Revolução Francesa: "Liberdade-Igualdade-Fraternidade". Figura entre os princípios básicos da Declaração dos Direitos do Homem e do Cidadão, no art. 6.º: "Proibição de toda forma de escravidão e servidão de gleba". Tinha sido adotada pela Constituição francesa e da maioria das nações européias. Muitos motivos justificaram o ideal acadêmico de combate à escravidão, em ampla sintonia entre São Paulo e Recife. Tinha para os acadêmicos a primazia, pois não seria possível a aceitação dos princípios liberal-democráticos em convivência com a escravatura.

A escravidão consiste em fazer do ser humano uma propriedade de outro, propriedade que pode ser vendida, trocada ou doada; além disso, o trabalho escravo carece de remuneração, obrigando o senhor de escravos a alimentá-lo, vesti-lo e tratá-lo, enfim zelar pelo seu bem-estar e sobrevivência. Essa obrigação nada significava por ser o escravo uma propriedade de seu dono e se ele morresse seria baixa no patrimônio, tal como acontece com o gado que consome mais comida do que um ser humano e não presta tantos serviços como o escravo. Na servidão de gleba o ser humano não tem dono mas pertence à terra em que trabalha; sua situação não muda pois o dono da terra seria dono também dos trabalhadores da gleba. Além do mais, representava a ausência de liberdade, pois o servo não poderia sair do lugar em que residia e trabalhava. Esse regime, característico da Idade Média, ainda era praticado no Brasil, mesmo após a Revolução Francesa.

O final da monarquia na França foi o final da servidão, das corporações e da escravidão, todas abolidas legalmente na República. Por essa razão se interligaram os movimentos democráticos, abolicionistas e republicanos. Esses movimentos decorrentes daquela plêiade de lutadores, daquela vibrante mocidade acadêmica, de São Paulo e de Recife, conquistaram todo o Brasil, com memoráveis campanhas, ganhando o apoio da população. Foram elas coroadas no final do século, com a abolição da escravatura e com a Proclamação da República. Empreenderam os jovens campanhas imensas, lutas febris, mas sempre dentro da ética, dentro do respeito ao poder constituído e à dignidade humana. Nunca caluniaram ou achincalharam as autoridades constituídas do país. Só promoviam passeatas aos domingos, para não perturbar aqueles que trabalhavam. Promoviam movimento de idéias e discussão de programas. Lutavam com os versos de seus poetas, como Castro Alves e Tobias Barreto e com o ardor de seus oradores, como Rui Barbosa e Joaquim Nabuco.

Os estudantes de direito desejavam a implantação da democracia no Brasil, baseada na Declaração dos Direitos do Homem e do Cidadão, mas sabiam que não poderia haver democracia em nosso país se ele convivesse com a escravidão ou com a servidão de gleba. Por outro lado, a escravidão estava condenada na República Francesa, como fruto das idéias iluministas e liberais. Por essa razão, os três movimentos acadêmicos se entrelaçaram no trinômio: democracia-abolição-república; foram movimentos criados e alimentados pelos acadêmicos desde os primórdios do curso de direito, mas pouco a pouco ganhavam a simpatia da população.

Estava já em chamas a campanha abolicionista, quando a faculdade de São Paulo ia comemorar os 44 anos da criação dos cursos jurídicos. Era o dia 11 de agosto de 1870. Começara a Guerra do Paraguai e o povo paulista, junto com os estudantes despediu-se do batalhão paulista de combatentes que retornariam vitoriosos e iriam receber a medalha "Heróis do Novo Mundo", designação com que eram conhecidos os combatentes. No batalhão paulista, sob o comando do General Faustino Joaquim de Lima, estavam integrados vários escravos, que lá foram defender os interesses da pátria, pátria que entretanto lhes era negada. Castro Alves foi o escolhido para saudar a bandeira brasileira e os "heróis do novo mundo".

A inspiração arrebatada de Castro Alves explodiu naquele dia quando ele reviveu o triste dia em que esperava no porto de Salvador o navio que o traria a São Paulo; chegara um brigue (navio negreiro, destinado ao tráfico de escravos) ostentando a bandeira brasileira e desembarcando em Salvador leva de escravos vindos da África. Aquele acontecimento marcou a alma do nosso grande poeta: um navio mercante do Brasil, ostentando a bandeira brasileira, usado para aprisionar e submeter pessoas ao trabalho servil, arrancando-as de suas terras à força e encaminhando-as a outros rincões sem a vontade delas. Era um navio nacional transformado em brigue. Lembrou-se de Cristóvão Colombo, que descobriu a América para abrigar refugiados de perseguição racial, política ou religiosa, em busca de liberdade. A terra da liberdade foi transformada em terra da escravidão.

Subindo à tribuna livre XI de Agosto, ainda formada por caixotes (hoje é toda de mármore), Castro Alves fez a saudação à bandeira em versos que compõem um de seus mais belos poemas: Navio Negreiro:

> *Existe um povo que a bandeira empresta*
> *Para cobrir tanta infâmia e covardia*
> *E deixa-a transformar-se nesta festa*
> *Em manto impuro de bacante fria*
> *Meu Deus, meu Deus, que bandeira é esta*
> *Que impudente na gávea tripudia?*
> *Silencia musa....chora e chora tanto*
> *Que o pavilhão se lave no teu pranto.*

Auri-verde pendão da minha terra
Que a brisa do Brasil beija e balança,
Estandarte que a luz do sol encerra
E as divinas promessas da esperança.
Tu que da liberdade após a guerra
Foste hasteada dos heróis na lança,
Antes te houvessem roto na batalha
Que servires a um povo de mortalha.

Fatalidade atroz que a mente esmaga,
Extingue nesta hora o brigue imundo
O trilho que Colombo abriu nas vagas
Como um íris no pélago profundo!
Mas é infâmia demais. Da eterna plaga,
Levantai-vos heróis do novo mundo!
Andrada, arranca esse pendão dos ares!
Colombo, fecha porta de teus mares!

O comandante do batalhão paulista, tomado de intensa emoção, despe-se em praça pública e proclama que não vestirá mais a farda enquanto o Brasil reduzir à condição de escravo um membro do exército nacional. Essa insubordinação foi bem recebida no seio das Forças Armadas, que se uniram aos acadêmicos na luta pela abolição.

O caminho estava aberto para banir a escravatura e no momento exato o insigne estadista Joaquim Nabuco ex-acadêmico de Recife apresentou no Congresso Nacional projeto de lei com poucas palavras: "está abolida a escravidão no Brasil". Não deu margem a discussões, e o projeto foi aprovado, subindo à sanção imperial, às mãos da Princesa Isabel, já que o Imperador estava ausente do país. O primeiro ministro do Império, Barão de Cotegipe, outro ex-acadêmico de Recife e preclaro estadista, malgrado fosse abolicionista, foi obrigado a advertir a princesa do perigo e delicadeza daquele ato, ante a reação das classes economicamente dominantes. A princesa regente, porém, não seguiu a advertência e sancionou o projeto, transformando-o na Lei Áurea. Era o dia 13 de maio de 1888.

Foi o dia de glória e alegria da população brasileira, que saiu às ruas para comemorar e na capital do Império se dirigiu ao palácio imperial, saudando a princesa e jogando-lhe flores. O embaixador norte-americano que também se encontrava na sacada do palácio apanhou uma rosa das mãos da princesa e lhe disse: "permita que eu leve esta rosa ao meu país, para mostrar aos meus que vocês resolvem com flores o que nós resolvemos com sangue". Chamando o primeiro ministro Barão de Cotegipe, disse a ele: "o Senhor me aconselhou a não assinar, mas, como vê, ganhei a admiração pública", ao que o notável estadista esclareceu: "Vossa Alteza ganhou a admiração pública mas perdeu o trono, porque os fracos e humildes se esquecem de quem os beneficia, mas os ricos e poderosos não se esquecem de quem os prejudica". E, realmente, no ano seguinte, a família imperial estava deposta e expulsa do Brasil e para cá só voltaram depois de mortos.

Na partida do Imperador D. Pedro II e da Princesa Isabel para o exílio, três dias depois, só dois solidários apareceram: Joaquim Nabuco e o Barão de Cotegipe, dois ex-estudantes de direito de Recife e naquela ocasião dois dos mais notáveis estadistas brasileiros. Compareceram para pedir desculpas por terem sido os principais responsáveis diretos e imediatos pela abolição. O Barão de Cotegipe quis consolar a princesa, dizendo que ele permitiu que ela assinasse a Lei Áurea, ainda que soubesse das conseqüências, mas ela é que o consolou, dizendo: "também sabia do que viria a acontecer, mas acima de meu trono está minha consciência".

A Princesa Isabel não foi acadêmica, mas a influência acadêmica exerceu-se sobre ela por meio de seu gabinete, formado por ex-acadêmicos de Recife e de São Paulo, o que revela a nobreza de sua alma. As transições políticas, jurídicas e sociais do Brasil transcorreram em tom elevado, o que vem revelar a elevação de espírito de nossa gente, fazendo com que o Brasil emergisse como bloco unitário entre os países, sem malquerenças e derramamento de sangue. Esse espírito elevado norteou também as campanhas dos estudantes de direito: eles nunca incitaram a violência e a subversão, não criticavam nem caluniavam quem quer que seja, respeitavam as autoridades públicas, como por exemplo, o imperador; não promoviam arruaças e depredações, não pregavam ódios. Lutavam apenas por seus nobres ideais. Não tinham armas; como já foi dito, suas armas eram os versos de seus poetas como Castro Alves e Tobias Barreto e o ardor de seus oradores como Rui Barbosa e Joaquim Nabuco.

As inúmeras manifestações de espírito público revelam como é falsa e volúvel a afirmação de que o Brasil encontra-se hoje na triste situação com que entrou no ano de 2006, porque no período colonial Portugal só mandava para cá degredados, ou seja, criminosos condenados. Seria mais fácil despachá-los para o Brasil do que mantê-los nas prisões e levá-los à forca. Essa afirmação tão comum encerra, senão inverdades, pelo menos um exagero.

Se o Brasil fosse país formado por pilantras não teria elaborado seu direito, com o Código Criminal do Império em 1830, oito anos após a independência e o Código de Processo Penal em 1832, e, em 1850, o Código Comercial. Não teria produzido grandes homens públicos, como o Visconde de Cairu, o Padre Feijó, José Bonifácio de Andrada e Silva, Joaquim Nabuco, o Barão de Cotegipe, Rui Barbosa, o Duque de Caxias e tantos outros homens ilustres e impolutos. Nem teria apresentado notáveis juristas, como Teixeira de Freitas, Clóvis Bevilaqua, Ponte de Miranda, Waldemar Ferreira, Carvalho de Mendonça; seus literatos que revolucionaram nosso pensamento, como José de Alencar, Machado de Assis, Graça Aranha, os extraordinários pintores Vitor Meirelles e Pedro Américo, o nosso imortal compositor Carlos Gomes. O fenômeno atual é mais recente e deve-se a outros fatores.

Além de tudo o que falamos, será necessário examinarmos o ambiente social, político e cultural predominante na Europa em várias fases. Também é necessário analisar o tipo de degredado que era enviado ao Brasil, os condenados considerados "perigosos" a certos países e a certos governos, e os crimes que eles cometeram. Os séculos XVIII e XIX foram de intensa produção intelectual e agitação ideológica. Entre esses movimentos ideológicos, ressaltaram-se o liberalismo e o iluminismo, tendo ambos se projetado na Revolução Francesa e se expressaram no lema: liberdade, igualdade e fraternidade, como também na Declaração dos Direitos do Homem e do Cidadão.

O liberalismo foi o culto da liberdade de iniciativa, do realce do trabalho produtivo e do acesso dos trabalhadores à cidadania. Defendia a participação popular na vida pública e acesso a todos os bens de consumo e restringindo a participação do Estado na vida econômica. Defendia o voto universal e secreto, hoje já sedimentado no direito de todos os países, mas naquela época verdadeiro tabu. O liberalismo foi o regime amplo, do qual a democracia era a sua expressão política.

O iluminismo foi a escola filosófica calcada nas idéias de dois extraordinários cientistas: Sir Isaac Newton e Leibniz. Defendia o primado da razão e o raciocínio a partir da hipótese. Essa doutrina projetou-se finalmente na Enciclopédia Francesa e fez ruir o poder da monarquia e o poder espiritual e divino dos reis.

Ora, tanto as idéias liberais como as iluministas batiam de frente com as idéias predominantes na época, como o despotismo, o poder divino dos reis, a intolerância, a Inquisição. Professar idéias em discordância com o poderio dominante era crime nefando e imperdoável, punido normalmente com a morte. Tais idéias invadiram todos os países e contaminaram a mocidade deles. E a mocidade mais fértil para a contaminação por tais idéias é a universitária, principalmente os acadêmicos de direito. As teorias do liberalismo e do iluminismo inflamaram a academia de Coimbra e os acadêmicos defendiam essas teorias em praça pública, arriscando-se a condenações atrozes. Foram eles os principais "criminosos" deportados para o Brasil. Eram jovens idealistas e vibrantes, voltados à solução dos problemas de seu país e de seu povo.

Para livrar-se deles, era mais cômodo para o poder dominante em Portugal mandá-los para o Brasil, onde poderiam ser esquecidos. Esses criminosos concentraram-se principalmente em São Paulo, por ser de clima mais frio e desde os tempos coloniais, mesmo porque a presença deles no Rio era ideologicamente perigosa. Cada degredado vinha trazendo consigo algum livro de direito; foi-se formando a primeira biblioteca jurídica do Brasil, com a coordenação dos padres franciscanos.

E lá no Colégio São Francisco continuavam esses criminosos seus estudos das ciências jurídicas e sociais. Foi esse grupo de estudantes de direito e lutadores pelo liberalismo e pelo iluminismo quem empreendeu a luta pela criação dos cursos jurídicos no Brasil. É a principal razão por que foi criada em São Paulo a primeira faculdade de direito, e não no Rio de Janeiro e Salvador, verdadeiros centros nacionais. É porque os estudos jurídicos já eram cultivados há mais de um século. Assim sendo, em 11 de agosto de 1827 não foram criados os cursos jurídicos mas apenas oficializados. E o cultivo do direito vinha daquela brava mocidade paulista, ou seja, os injustamente chamados "criminosos condenados ao degredo no Brasil".

Muitos já devem ter ouvido falar em Galileo Galilei, grande físico, astrônomo e matemático italiano, professor da Universidade de Pádua. Gênio de extraordinária visão, Galileo estabeleceu a tese do heliocentrismo. As idéias de Galileo bateram de frente contra as idéias dominantes, pelas quais o sol girava em torno da terra e não como admitia o heliocentrismo. Conseqüência de seu apego à ciência foi sua condenação à morte, a ser queimado vivo. Foi obrigado a retratar-se e optar por idéias falsas para não morrer. Entretanto, os "sábios" que condenaram Galileo não notaram que, quando ele renegou suas idéias, na verdade confirmou-as. Infelizmente, Galileo não era português, senão seria empacotado para o Brasil por sua "heresia"; era um criminoso a mais em nosso país. E hoje nós nos orgulharíamos de ter abrigado entre nós um dos maiores gênios da humanidade.

Podemos dizer então que as agitações acadêmicas do Brasil tiveram sua origem na Universidade de Coimbra e também na Universidade de Paris, para onde alguns de nossos rapazes se dirigiam. Já eram agitações empreendidas há mais de um século, mas vieram a se tornar sugestivas nas campanhas da abolição e da república e pelas idéias democráticas, transformando-se em movimentos marcantemente nacionais.

12. A luta pela República

Obtida a abolição, os estudantes revigoraram a campanha pela República, embora os dois movimentos sempre estivessem entrelaçados. Importante passo foi dado em 1873, na cidade de Itu, quando lá se reuniram vários advogados formados pela Faculdade de São Paulo. Com eles participaram muitos políticos e agricultores de várias partes do Brasil, para fundarem o Partido Republicano Paulista. Nessa convenção foram fundados dois jornais: um foi o *Correio Paulistano*, que circulou até mais ou menos 1950; foi também fundado *O Estado de S. Paulo*, hoje o principal órgão de nossa imprensa escrita; seus redatores eram Júlio de Mesquita e Rangel Pestana, antigos redatores do jornal dos estudantes da Faculdade de Direito de São Paulo. Participaram dessa convenção Prudente Moraes, Campos Salles e Rodrigues Alves, os três primeiros civis Presidentes da República.

A luta republicana inflamou todo o país, até que em 15 de novembro de 1889 veio a República, mas não a república dos sonhos acadêmicos e pela qual eles lutavam há tantos anos. Eles queriam que fosse a república como o triunfo das idéias liberais e iluministas da Declaração dos Direitos do Homem e do Cidadão e representassem a implantação da democracia no Brasil. No entanto, viram uma república imposta pela força das baionetas, com as prisões abarrotadas, a imprensa amordaçada, e a negação de todos os princípios expressos na Declaração dos Direitos do Homem e do Cidadão. Triste período suportou o povo brasileiro, mas, como diz o ditado, "depois da tempestade vem a bonança" e os acadêmicos continuaram lutando e viram as suas idéias triunfarem.

13. A República dos Acadêmicos

Como vimos, o pensamento e as lutas dos estudantes de direito resultou nas sérias transformações políticas e sociais do Brasil sem essas convulsões, sem revoluções armadas, sem derramamento de sangue. Com a Proclamação da República realçaram-se no cenário nacional muitas figuras dignas de nota, resultado do movimento dirigido pelos acadêmicos, desde as academias e depois que eles iam se formando, levavam avante seus nobres ideais. Proclamada a República pelos militares, sentiram eles a necessidade de contar com o concurso dos civis, para que esses constituíssem governos capazes de consolidar a República e dar segurança ao país. Foi quando apareceu a elite dirigente do Brasil, apta a cumprir essa missão, e foi a elite oriunda dos bancos escolares das duas academias, elites que formaram governos notabilizados pela integridade e pelo elevado descortino com que seus componentes souberam dirigir este país.

15.11.1894 a 15.11.1898 – Tivemos o primeiro presidente civil, Prudente de Moraes, advogado oriundo da Faculdade de São Paulo, considerado o consolidador da ordem legislativa. Foi Prudente de

Moraes quem desenvolveu nosso direito e nossa legislação. Era natural de Itu e um dos coordenadores da Convenção de Itu, pois lá morava.

15.11.1898 a 15.11.1902 – A Prudente de Moraes seguiu-se outro paulista, Campos Salles, natural de Campinas, também da Faculdade de São Paulo. Estabilizou as finanças do Brasil e começou a conquista do mercado exterior para o nosso café, promovendo a emigração estrangeira. Fato sugestivo de seu governo foi o de nomear Ministro da Justiça o ilustre jurista Epitácio Pessoa, professor da Faculdade de Recife e formado por ela; o Ministro da Justiça convidou seu antigo colega da Faculdade de Recife, Clóvis Bevilaqua, para elaborar o projeto do Código Civil, que foi enviado ao Congresso Nacional em 1900. Com este presidente, as finanças do Brasil chegaram a ponto de solidez e equilíbrio nunca mais alcançado por nós.

15.11.1903 a 15.11.1906 – Contou ainda nosso país com outro ex-acadêmico de São Paulo, Rodrigues Alves. Natural de Guaratinguetá. O terceiro presidente consolidou politicamente o Brasil, quando tivemos era de paz e prosperidade com o regime republicano e o governo aceito pela nação. Construiu portos e estradas de ferro. Enfrentou as epidemias de varíola, febre amarela e peste bubônica, apoiando o médico-cientista Oswaldo Cruz. Empreendeu com seu extraordinário prefeito Passos, obras de saneamento e remodelação do Rio de Janeiro.

15.11.1906 a 15.11.1910 – Mais dois presidentes advogados exerceram seu mandato nesse período. O mineiro Afonso Pena, mas formado por São Paulo, tendo falecido durante seu mandato e substituído por Nilo Peçanha, formado pela Faculdade de Recife.

15.11.1910 a 15.11.1914 – Foi candidato para a presidência desse período nosso imortal Rui Barbosa, formado em São Paulo, mas foi derrotado, assumindo o governo o Marechal Hermes da Fonseca, quebrando o ciclo dos acadêmicos na presidência.

1915 a 1918 – Volta a presidência aos acadêmicos, desta vez com o mineiro Wenceslau Braz, formado por São Paulo. Fato importante de seu governo, sob o ponto de vista jurídico, foi a promulgação de nosso Código Civil em 1.1.1916, com *vacatio legis* de um ano, entrando em eficácia em 1.1.1917. Destarte, tivemos o pleno direito brasileiro, livrando-nos da incômoda vigência das Ordenações do Reino.

1919 a 1922 – Agora cai a presidência nas mãos de um ex-acadêmico de Recife, o brilhante advogado Epitácio Pessoa, que fora Ministro da Justiça de Campos Salles e encarregara seu ex-colega Clóvis Bevilaqua de elaborar o Código Civil.

1923 a 1926 – Outro mineiro formado por São Paulo surge na presidência da república: Artur Bernardes, que teve governo tumultuado, pois o progresso econômico estava gerando choque de interesses políticos.

1927 a 1930 – Volta a presidência a ser ocupada por paulista, formado por São Paulo: Washington Luiz, terminando o ciclo São Paulo-Recife.

Em 1930 houve uma revolução que levou ao governo o Presidente Getúlio Vargas, advogado formado pela Faculdade de Porto Alegre, mas distanciado das duas academias. Sua posse marcou o fim de uma fase que foi denominada "Primeira República", ou "Café com Leite", pois a maioria dos presidentes foi de paulistas e mineiros, considerando-se que São Paulo era o principal produtor de café e Minas Gerais de leite. De qualquer maneira, com Getúlio Vargas continua o ciclo dos ex-acadêmicos na presidência.

O fim desse ciclo não impediu a presença de ex-acadêmicos na presidência, como é o caso do advogado formado em São Paulo, Jânio Quadros. Interinamente, assumiram a presidência alguns ex-acadêmicos como Ranieri Mazzilli, Auro Soares de Moura Andrade e Ulisses Guimarães. O mineiro Juscelino Kubitschek era médico; embora nunca tenha exercido a advocacia era formado em direito pela Faculdade de São Paulo.

14. Cumprimento da missão

Vê-se, por tudo o que foi dito, que o curso de direito não representou apenas a formação de advogados, mas de cidadania e de íntegros cidadãos e estadistas, os formadores de nossa nacionalidade.

Expor a história dos cursos jurídicos no Brasil e as lutas dos acadêmicos de direito é retratar nosso país na sua formação histórica, política e cultural, desde aquele longínquo dia 11 de agosto de 1827. As duas faculdades de direito, de São Paulo e de Recife, sempre foram forças vivas da nacionalidade, da cultura, da liberdade, baluartes da democracia; elas foram o berço dos grandes homens públicos. Foi nas duas academias que se banharam nas águas da cidadania ao deixarem os bancos escolares para ilustrar as tribunas forenses, as cátedras universitárias, o plenário dos parlamentos, o culto das musas, ou as páginas dos jornais.

Juristas, magistrados, escritores, filósofos, educadores, poetas, parlamentares, ministros, presidentes da república, governadores do Estado de São Paulo e dos demais Estados, quantos e quantos, e dos melhores, sentaram-se antes nos seus bancos, estudaram na sua biblioteca, aprenderam de suas cátedras, clamaram pela liberdade e pela democracia nas tribunas acadêmicas, organizaram-se em seus pátios. De lá saíram para construir o Brasil; e eles construíram nosso país.

23. HISTÓRIA DE NOSSO CÓDIGO CIVIL

1. Sentido de código
2. Tendência à codificação
3. Vantagens da codificação
4. As iniciativas pelo novo Código Civil
5. Os modelos do novo Código Civil
6. Princípios informadores do Código
7. Amplitude no novo Código
8. A evolução do Código Civil brasileiro
9. Reação contrária ao Código
10. Aspectos favoráveis do Código
11. Visão topográfica no novo Código

1. Sentido de código

O termo "código" começou a impor-se no início do século XIX, com o surgimento dos códigos "Napoleão", vale dizer, os códigos franceses, respectivamente o Código Civil e o Código Comercial, elaborados por iniciativa de Napoleão Bonaparte. Anteriormente, esse tipo de lei era chamado de "ordenações", como as Ordenações do Reino, que vigoraram no Brasil. Aliás, os códigos napoleônicos constituíram a versão de duas antigas ordenações francesas:

1 – Ordenação sobre o Comércio Terrestre – de 1673 – também conhecida como Código Savary, tomando o nome de seu mais atuante colaborador.

2 – Ordenação sobre o Comércio Marítimo – de 1681 – incorporando o Guidon de la Mer.

O termo origina-se do latim *codex*, que, por sua vez, foi a evolução de *caudex* = tronco, cepa, como o tronco de uma árvore. O código é o tronco de algum ramo do direito, o núcleo deste, a espinha dorsal; é complementado por várias leis acessórias, que constituem os ramos saídos do tronco, as costelas saídas da espinha dorsal; são chamadas de "leis complementares", "leis extravagantes" ou "leis marginais", ou simplesmente "marginalia".

Substancialmente, o código é uma lei. Assim, o Código Civil é a Lei 10.406, de 10 de janeiro de 2002. O antigo Código Civil era a Lei 3.071, de 1.1.1916. O Código de Processo Civil é a Lei 5.869, de 11.1973. O Código Penal é a Lei 2.848, de 7.12.1940. Trata-se de uma lei ordinária, isto é, votada pelo Congresso Nacional e promulgada pelo Poder Executivo. Contudo, há diferença fundamental em relação às leis ordinárias comuns: é um bloco unitário, coordenando as regras concernentes às relações jurídicas da mesma natureza, deduzidas sistematicamente.

Tomemos por exemplo nosso Código Civil: dá ele a regulamentação mais ampla e completa possível do Direito Civil, envolvendo as áreas variadas como as questões de família, das sucessões, das coisas, das obrigações, dos direitos da personalidade e várias outras. É o reflexo do Direito Civil, que constitui o tronco, o núcleo do direito referente ao cidadão; mas, esse tronco tem os galhos que dele saem, que são o Direito das Obrigações, Direito de Família e outros mais. Há questões que exigem mais pormenôres e esses são mais flutuantes e variáveis, conforme a situação e o tempo em que forem aplicados. Surgiram, por isso, certas leis que constituem os ramos do Direito Civil, como a Lei do Inquilinato, a Lei dos Alimentos, a Lei do Parcelamento do Solo; essas leis não são códigos porque regulamentam problemas específicos e não um sistema amplo; constituem leis complementares do Código Civil.

Três expressões designam realidades diferentes, distinguindo o código da consolidação e compilação. A compilação é a reprodução de várias leis num corpo único, sem caráter criativo, representando o trabalho de pesquisa e coleta. A consolidação é mais científica: é a união de várias leis num só texto, conforme revela a própria origem etimológica do termo, de verbo latino *consolidare* = unir, solidificar. É a união de leis, tornando o texto sólido, consolidado. Temos como exemplo entre nós a Consolidação das Leis do Trabalho e Consolidação das Leis da Seguridade Social, embora sejamos de opinião de que não se tratam de consolidações, mas de autênticos códigos, formando um todo orgânico.

2. Tendência à codificação

São muitos os que condenam a codificação do direito, como por exemplo, Savigny e a Escola Histórica do Direito. Acham eles que emperra e engessa o direito, dificultando sua evolução, haja vista o Código alemão de 1892 ainda em vigor, os Códigos franceses com dois séculos de existência, as Ordenações do Reino que vigoraram no Brasil por três séculos, o Código Civil brasileiro de 1916 que resistiu por quase um século. A renovação e a modernização sempre são demoradas.

Outros porém, a maioria dos juristas, é a favor da codificação, citando a tradição e a tendência que se revela desde os tempos romanos até nossos dias, em todos os países. Se quase todos os países procuram elaborar seus códigos, é porque sentiram a necessidade deles. Exemplo dessa tendência é o próprio Brasil, que jamais ficou sem o Código Civil pelo menos.

Na antiga Roma houve dois códigos que não chegaram a ser transformados em lei: o Gregoriano, elaborado no século III, no tempo do Imperador Constantino, e o Hermogeniano, atribuído ao jurisconsulto Hermógenes. Todavia, com força de lei, o primeiro deles foi o Código Teodosiano, o primeiro com aspecto legal, elaborado sob as ordens do Imperador Teodósio II, pelos jurisconsultos Antíoco, Maximino, Martírio, Sperêndio, Apolodoro, Efigênio e Procópio. Foi publicado no ano de 438 d.C., em Constantinopla, em 16 volumes: os cinco primeiros contendo normas de direito privado, o sexto a oitavo de Direito Administrativo, o nono de Direito Penal, 10.º e 11.º de Direito Tributário, 12º ao 15º de Direito Comunitário e o 16.º de Direito Canônico. Naturalmente, o mais importante deles foi o *Corpus Juris Civilis*, ao qual dedicamos capítulo especial. Os romanos não foram, porém, os pioneiros na codificação do direito, pois, antes deles, dois códigos já tinham surgido.

Código de Hamurabi

É considerado um dos mais antigos do mundo, tendo surgido por volta do ano de 1700 a.C., ou seja, mil anos antes da fundação de Roma. Foi elaborado por ordem do rei Hamurabi, da Mesopotâmia, região entre os rios Tigre e Eufrates, correspondendo, mais ou menos ao limite do Iraque, antigamente chamado Pérsia. Consta de 282 artigos, baseados nos costumes dos povos que habitavam aquela região, cuja capital era a Babilônia.

Não havia papel nem pergaminho, razão pela qual era esculpido em pedras, o que ajudou a preservá-lo. Uma dessas pedras, um monólito de 2,25 metros de altura, encontra-se no Museu do Louvre, em Paris, sendo visitado diariamente por centenas de pessoas. É escrito em três idiomas, falados na região naquela época, o que tornou mais fácil sua tradução.

As penas são muito severas, sendo a pena de morte a mais comum. Foi esse código que instituiu a pena de Talião, baseada no brocardo: "olho por olho, dente por dente". Quem caluniasse, lhe era cortada a língua; quem roubasse, lhe era cortada a mão ou perdia a vida. A pena deveria ser proporcional ao dano que fosse causado. Na resolução de litígios, era admitida a arbitragem. Nota-se que era legalizada a escravidão.

Código de Manu

Foi elaborado na Índia antiga, no século II a.C., constituído de doze livros. Tinha mais conteúdo de ordem moral e religiosa, mas os livros VIII e IX são marcantemente legislativos. O Livro VIII é mais amplo, envolvendo: administração da justiça, ofícios dos juízes, meios de prova, moedas, dívidas, depósitos, venda de coisa alheia, empresas mercantis, reivindicação de coisa doada, não pagamento por parte do fiador, inadimplemento em geral das obrigações, anulação de uma compra e venda, questões entre patrão e servo, injúrias, ofensas físicas, furtos, roubo, adultério.

O Livro IX cuida dos deveres de marido e mulher, sucessão hereditária, dos jogos e combates de animais.

Vê-se destarte que a codificação é tendência bem antiga, que se revela também no Brasil: em 1830, oito anos após nossa independência surge o Código Criminal do Império; em 1832 o Código de Processo Penal e em 1850 do Código Comercial.

O movimento universal pró-codificação surgiu no início do século XIX com os Códigos franceses; data portanto de dois séculos. Com o surgimento da Escola Exegética do Direito houve a exaltação dos códigos napoleônicos, que se espalhou pelo mundo, provocando o aparecimento dos modernos códigos, baseados nos napoleônicos.

3. Vantagens da codificação

Sem o código, a legislação fica dispersa, multiplicando-se em leis variadas, que, muitas vezes, entram em conflito. O código é um todo orgânico e coerente; ele unifica e uniformiza o direito, baseado nos mesmos princípios. Se o código for fragmentado em muitas leis, promulgadas em épocas diferentes, poderá cada uma delas obedecer a princípios e critérios variados, de tal forma que interpretará o pensamento de legisladores diferentes. Exemplo dessas normas incoerentes é, por exemplo, as do Direito Penal; nosso Código Penal é de 1942: severo e conservador. Nesses 60 anos, sucessivas levas de parlamentares, imbuídos de espírito liberal e liberalista, foram minando a seriedade de nosso vetusto código. Recentemente, uma lei veio conceder liberdade ao preso que cumprir 1/6 da pena; esta lei representa drástica redução da pena; seria quase a mesma coisa que modificar o código, declarando que a pena de 6 anos de prisão passaria a ser de um.

Vamos relatar outra lei contrastante: quando um criminoso não é encontrado para citação, ele deve ser citado por edital e se não comparecer, segue o processo à sua revelia. Entretanto, um deputado, antigo membro do Ministério Público, conseguiu a aprovação de um projeto de lei seu, estabelecendo que o processo não poderá seguir se ele não for citado pessoalmente. Assim sendo, esconder-se da justiça, o que é muito fácil, passou a constituir forma de impunidade.

O Código dá assim estabilidade ao direito e coerência ao seu conteúdo; evita as divergências dentro da lei. Dá idéia sólida do que seja o direito de um país e fornece dados para o estudo do direito comparado. Pelo Código da Itália ou da França podemos fazer estudo do direito desses países, o que eles apresentam de louvável e como poderemos nos aproveitar desse direito, adaptando-o aos nossos interesses. Esse estudo comparativo seria bem difícil se não houvesse códigos. A estabilidade do código tem facultado a propagação e a continuidade do direito; sem o *Corpus Juris Civilis* pouco conheceríamos do Direito romano. Sem as Ordenações do Reino seria penoso compreender o direito reinante no Brasil colonial.

Roma e o direito romano não teriam tido a projeção que tiveram, se não contassem com o *Corpus Juris Civilis*, como também o Direito francês não seria tão expressivo e importante sem os códigos napoleônicos.

4. As iniciativas pelo novo Código Civil

Várias tentativas foram empreendidas para atualizar nosso Código Civil em vista da própria evolução que o Brasil vem experimentando desde o ano de 1916, em que foi promulgado nosso primeiro Código Civil. Importante iniciativa foi tomada em 1955 com o projeto elaborado por três eminentes juristas: Orozimbo Nonato, Philadelpho de Azevedo e Hahneman Guimarães, projeto esse que não se concretizou. Característica importante desse projeto foi a divisão em dois códigos: Código Civil e Código das Obrigações, a exemplo do sistema adotado na Suíça.

Dez anos mais tarde, outro projeto adotou também essa divisão em dois Códigos, sendo o Civil elaborado pelo insigne jurista baiano Orlando Gomes e o das Obrigações por Caio Mario da Silva Pereira, com a colaboração de Sylvio Marcondes, Theophilo de Azevedo Santos e Nehemias Gueiros. A segunda tentativa gorou como a primeira, morrendo o projeto na Câmara dos Deputados.

A terceira tentativa séria acabou vingando. No período do regime militar, mais precisamente em 1969, foi constituída a COMISSÃO REVISORA E ELABORADORA DO CÓDIGO CIVIL, presidida pelo considerado mestre Miguel Reale e constituída de mais seis juristas. Cada um deles se encarregou de um dos livros do antigo Código: José Carlos Moreira Alves, da USP, revisou a Parte Geral; Agostinho de Arruda Alvim, de São Paulo, o livro das obrigações, Sylvio Marcondes, da USP, encarregou-se do Direito Empresarial, que ele denominou a princípio "Direito das Atividades Negociais", mudado depois para "Direito de Empresa", o latinista carioca Erbert Chamoun cuidou do Direito das Coisas, o gaúcho Clóvis do Couto e Silva, do Direito de Família e o pernambucano Torquato Castro, do Direito das Sucessões.

Ao cabo de quatro meses a fase inicial do anteprojeto estava pronta, começando a ser burilado, até que em 1975 foi apresentado pelo Governo Federal o Projeto de lei 634/75, referente ao novo Código Civil. Em 1988 o Brasil contou com nova Constituição e o projeto retornou à Comissão Revisora e Elaboradora do Código Civil, para amoldá-lo à nova Magna Carta. Finalmente, após tantas marchas e contramarchas, foi o Projeto de lei 634/75 aprovado para Câmara dos Deputados e pelo Senado, sendo transformado na Lei 10.406, no dia 10 de janeiro de 2002. Foram 27 anos de tramitação no Congresso Nacional.

5. Os modelos do novo Código Civil

Três modelos básicos foram tomados como fonte de inspiração do novo Código. Em primeiro lugar, foi o antigo Código, o de 1916, o que nos parece ter sido a grande virtude do atual. O novo Código aproveitou o que de bom oferecia o antigo e eliminou o que estava superado; conservou a mesma estrutura e as linhas mestras. Por esta razão, a mudança não provocou choque e comoções; o Brasil estava amoldado há muitas décadas no sistema jurídico criado pelo Código de 1916. Além disso, havia farta jurisprudência, sedimentada durante muitos anos, constituindo valioso cabedal de conhecimentos jurídicos, que não deveria ser desperdiçado.

O segundo modelo foi o Código Civil italiano de 1942, amoldado perfeitamente ao nosso meio. Apesar de meio século de existência o Código peninsular foi sendo modernizado e nos forneceu os fundamentos do Código considerado o mais perfeito do mundo. Graças ao modelo italiano, atualizamos nosso direito básico, antes um dos mais atrasados do mundo, hoje um dos mais adiantados.

Em terceiro lugar, foram levadas em consideração as contribuições dos vários projetos anteriores, não tendo sido totalmente em vão o trabalho de Orlando Gomes e Caio Mario da Silva Pereira, e da comissão formada por Orozimbo Nonato, Philadelpho Azevedo e Hahneman Guimarães.

Digno de menção, é também o interesse demonstrado pelos componentes do Congresso Nacional, quer da Câmara dos Deputados, quer do Senado, com mais de mil emendas, tendo assim havido a participação do povo brasileiro por seus representantes no parlamento. Houve ainda inúmeras sugestões de entidades ligadas à vida jurídica e muitos jurisconsultos; poderíamos citar as sugestões do saudoso mestre Mauro Brandão Lopes, da USP, que apresentou a proposta, aceita pela comissão, de se incluir capítulo especial sobre os títulos de crédito, consertando em parte defeitos da legislação cambiária.

6. Princípios informadores do Código

Malgrado tivesse seguido a estrutura do antigo Código, muitas disposições e princípios necessitavam de revisão, tanto que houve necessidade de novo Código e não apenas de uma reforma. Entre o Código de 1916 e o de 2002 há quase um século de diferença; o Brasil do início do século XX era diferente do Brasil do início do século XXI. Por isso, não poderia o novo Código adotar os mesmos critérios e princípios do velho. Um representava as idéias da sociedade de sua época, essencialmente agrícola e patriarcal, recém-saída do regime monárquico e escravocrata. O direito brasileiro era influenciado pelo direito romano expresso no *Corpus Juris Civilis*, pelas Ordenações do Reino e até mesmo pelo direito medieval. A vida era interiorana, com a maioria da população vivendo no campo e em pequenas cidades.

O novo Código representa população essencialmente urbana, com grande massa de operários, trabalhando em grandes empresas de produção em série. A mulher não é mais apenas a dona de casa, mas operária, bancária, executiva e participante das profissões liberais. As relações trabalhistas são regidas por legislação nova e bem posterior a 1916.

O antigo Código caracterizava-se pelo formalismo jurídico e pelo formalismo lingüístico, pelo individualismo e personalismo e de hermenêutica clássica, baseada na Escola dos Pandectistas alemães e dos glosadores da Escola de Bolonha. Já o novo Código baseia-se em outros princípios defendidos com muita incidência pela Comissão Revisora e Elaboradora do Código Civil, que seus membros apontam como *eticidade, socialidade e operabilidade*. Sobre esses três fatores faremos algumas considerações, por terem sido ressaltados várias vezes pelo professor Miguel Reale, coordenador das atividades da elaboração do Código.

Eticidade – Essa característica foi adicionada ao formalismo jurídico do Código de 1916; este último era baseado no Código alemão impregnado das idéias rígidas dos pandectistas alemães: a técnica jurídica foi fator de primordial importância no Código de 1916. Não deixou o Código novo de observar o tecnicismo, mas incluiu muitos artigos com normas genéricas e cláusulas gerais. É o caso do art. 113:

> "Os negócios jurídicos devem ser interpretados conforme a boa-fé e os usos do lugar de sua celebração".

Nota-se nesse artigo que o Código não regula rigidamente a forma de sua interpretação mas deixa a hermenêutica a cargo do operador do direito, observando os valores éticos no ordenamento jurídico. Ressalta a participação dos bons costumes predominantes no local em que as relações jurídicas se estabelecerem, e das intenções dos participantes dos atos jurídicos.

O espírito da Lei é repetido no art. 187:

> "Também comete ato ilícito o titular de um direito que, ao exercê-lo, excede manifestamente os limites impostos pelo seu fim econômico ou social, pela boa-fé ou pelos bons costumes".

Em seguida, já na parte do Direito Contratual, o art. 422 expõe o princípio predominante nesse ramo do direito, que envolve sempre o "negócio jurídico" (ato jurídico bilateral):

> "Os contratantes são obrigados a guardar, assim na conclusão do contrato, como em sua execução, os princípios da probidade e boa-fé".

A Lei não estabelece os parâmetros legais para a probidade, mas deixa à consciência do operador do direito sua avaliação do que se possa considerar como probo, honrado. Nossa antiga legislação falava no que era lícito e não no que era honesto, não se impressionando muito com o antigo brocardo romano: *Non omne quod licet honestum est* = Nem tudo que é lícito é honesto. Uma pesquisa levantou a alusão à boa-fé em nada menos do que 53 artigos e recriminação à má-fé em 43.

Socialidade – O antigo espírito da lei brasileira consagrava os direitos pessoais e os da personalidade. É o direito de uma era em que o ser humano era mais livre, isolado e independente. O progresso e o aumento da população vão restringindo a liberdade e independência do cidadão e acentuando o convívio com seus semelhantes. Hoje, grande parte da população vive nas cidades, dependem de transporte coletivo, moram em edifícios de apartamentos; não é mais dono do imóvel em que mora, mas co-dono (dono com), de onde se originou o termo "condômino". Antigamente, cada família fazia suas roupas, sua comida e a limpeza e arrumação da casa; hoje se come em restaurantes e lanchonetes ou se pede refeições entregues a domicílio, existe grande contingente de empregadas domésticas e se compram roupas feitas. Assim, dependemos do motorista de ônibus, do cozinheiro, do lojista, dos variados prestadores de serviços.

Vivemos quase totalmente em sociedade; os direitos e deveres de cada um são recíprocos. Há então a prevalência do social sobre o individual, por isso o caráter bilateral das relações jurídicas. Encontraremos amiúde a expressão "social" em nosso Código, o que pouco se verificava no antigo, como também o Código italiano e francês. Vejamos o que diz o art. 421:

"A liberdade de contratar será exercida em razão e nos limites da função social do contrato".

Nota-se que o art. 421 limita os direitos pessoais das partes contratantes, por amoldá-los aos interesses sociais, ou seja, de acordo com os efeitos provocados pelo contrato no ambiente social em que ele será aplicado.

Indo adiante, o art. 423 refere-se ao contrato de adesão, dispondo o quanto segue:

"Quando houver no contrato de adesão cláusulas ambíguas ou contraditórias, dever-se-á adotar a interpretação mais favorável ao aderente".

O art. 422 configura a tendência à proteção da parte mais fraca, objetivando o equilíbrio social. Não há falar em anulação do acordo de vontades na livre estipulação de um contrato, mas a conciliação de seus interesses não deve vir em detrimento da coletividade nem afrontar interesses de ordem pública.

Operabilidade – Procurou o Código atender à clareza de sua redação, evitando dúvidas e discussões, e regulamentando de forma bem definida certos institutos antes confusos. Aspecto resolvido, por exemplo, foi a distinção entre prescrição e decadência. O art. 205 enumera os casos de prescrição e o período prescricional, constituindo *numerus clausus*, ou seja, fora deles não há prescrição. Quanto à decadência, ela é indicada especificamente quando couber. Fica reservada à doutrina a discussão a respeito das diferenças entre prescrição e decadência.

Outra confusão eliminada foi a de duas pessoas jurídicas: sociedade e associação; a associação foi cuidadosamente descrita no Código, de forma bem pormenorizada, a ponto de não causar dúvidas de caráter conceitual. Assim se fez também com a sociedade, fazendo-a distinguir-se totalmente da associação. Na história de nosso direito, a associação não desfrutou de qualquer regulamentação e esclarecimento.

Outra segurança à operabilidade concedida pelo novo Código foi a minuciosa e particularizada regulamentação dada à sociedade simples, designação que ele dá à sociedade civil. Por incrível que pareça, esse tipo de sociedade era totalmente desconhecida pela nossa lei. Doutrinariamente, era muito discutida a dicotomia entre *sociedade civil* e *sociedade mercantil,* mas, sob o ponto de vista legal, reinavam muitas dúvidas; com o Código elas cessaram. Há hoje nítida distinção entre a sociedade empresária e a sociedade simples, respectivamente a sociedade mercantil e a sociedade civil, ambas bem definidas e regulamentadas em nosso Código Civil.

O Direito de Família está definitivamente delineado, não mais suscitando dificuldades na sua aplicação: é um ramo do Direito Civil, plenamente operável, vale dizer, legalmente aplicável. O Código consagra a igualdade dos cônjuges, e substituiu a superada e ambígua expressão: "pátrio poder", pela de "poder familiar". Outra expressão também confusa e superada era de "homem", que designava também a mulher; hoje homem é o homem e não a mulher, sendo ambos designados como "ser humano".

O Direito de Família, tão fragmentado e diluído em várias leis, tornou-se mais unificado e coerente, atendendo à operabilidade, a ser aplicado de forma mais segura e eficiente. Na evolução histórica do casamento, do primeiro ao segundo Códigos, esse desdobrou em três, a que se deu o nome de *entidades familiares.* São essas três entidades familiares:

– casamento civil – que sobreviveu do direito antigo, perante o qual era a única forma de casamento, caracterizado por ser celebrado por autoridade pública e comprovado por certidão oficial.

– união estável – realizada sem as formalidades do casamento civil, por iniciativa das partes.

– comunidade formada por qualquer dos pais e seus descendentes – de grande alcance psicológico e social. É o exemplo da mãe solteira, que forma com seus filhos uma família e não se justificava que a lei não lhe reconhecia o *status* de família.

De extraordinário significado e atendendo não só ao princípio da operabilidade, mas também da eticidade e da sociabilidade foi a inovação introduzida pelo art. 50, acatando a *disregard doctrine,* aceita universalmente e que o Brasil vinha aceitando de forma tímida e não muito bem definida. Recebeu o nome de "desconsideração da personalidade jurídica". Invocando-a, pode a justiça ignorar a distinção entre os direitos pessoais e os direitos sociais, fazendo com que estes últimos predominem. Ao mesmo tempo, põe fim à discussão a respeito de sua validade fora dos casos previstos pela lei na sua aplicação, que, agora, tem aplicação genérica.

7. Amplitude do novo Código

Será muito difícil ter visão completa do direito brasileiro sem ser antecedida pela visão geral do Código Civil. No decorrer dos cinco anos de estudo dos cursos jurídicos, o acadêmico terá feito estudo completo do Código Civil. Todavia, ao iniciar-se no exame de todo o direito, haverá necessidade de se enfronhar na espinha dorsal dele, uma vez que o Código Civil não estabelece normas apenas para o Direito Civil, mas aplicáveis a todos os ramos do direito. Diz-se que o Código Civil está para o direito assim como o Gênesis está para a Bíblia.

Os antigos romanos dividiam o direito em dois grandes ramos, divisão essa que até hoje permanece no direito da maioria dos países. Eram o *jus publicum* e o *jus privatum*, que, por sua vez, se dividia no *jus civilis* e no *jus gentium*. Porém, o *jus civilis*, ou direito civil, é o que veio até nós e constitui a base do nosso direito. O direito civil englobava então todo o direito romano, mas, com o transcorrer dos séculos, ante o aumento da população e da complexidade das relações jurídicas, surgiram os novos ramos.

Não deixa de ser, porém, o Código Civil o núcleo do direito, os fundamentos sobre os quais se assentam todos os demais ramos da árvore jurídica. Vejamos, pois, o capítulo I do novo Código, falando das pessoas naturais e jurídicas, e, em conseqüência, da personalidade e da capacidade. A regulamentação que lhes dá o Código Civil, reflete-se em todos os ramos do direito; todos eles cuidam das pessoas, do ser humano, pois é a este que se dirige o direito.

Em seguida, estabelece as normas do domicílio, mas o domicílio da pessoa também se projeta nos demais ramos. A empresa mercantil, objeto de estudo do Direito Empresarial tem seu domicílio e este determina ampla série de relações jurídicas. Diz a Lei de Recuperação Judicial que os procedimentos concursais se processam na jurisdição do domicílio da empresa devedora, assim considerado a da comarca em que ela tem seu principal estabelecimento.

O domicílio é o local em que a pessoa natural ou jurídica responde por suas obrigações. Diz assim o Código de Processo Civil que o réu deve ser demandado em seu domicílio. O Direito Penal prevê o instituto da prisão domiciliar, ou seja, o réu condenado poderá cumprir a prisão no domicílio dele. O Direito de Recuperação de Empresas impõe ao falido a obrigação de não se ausentar de seu domicílio sem licença judicial.

Surge depois a regulamentação dos bens, como as coisas, a propriedade e a posse desses bens. O Direito Penal considera como crime a apropriação indébita dos bens alheios. O Direito de Recuperação de Empresas determina a arrecadação de todos os bens da empresa falida. O Direito Tributário criou impostos sobre os bens. Há vários contratos versando sobre a guarda ou a transferência de bens. O Direito Processual regula várias ações sobre os bens, como as ações possessórias.

Justifica-se assim porque a compreensão de qualquer ramo do direito, quer público, quer privado, liga-se, em última análise, ao Código Civil. E há outro fator: ao incorporar nele a parte primeira do antigo Código Comercial de 1850, o novo Código Civil avocou para ele a regulamentação básica do Direito Empresarial. Tornou-se assim mais o Código de Direito Privado do que do Direito Civil.

8. A evolução do Código Civil brasileiro

O Brasil proclamou sua Independência em 1822, constituindo-se em estado independente e soberano. Havia necessidade de ter sua constituição e seus códigos, a começar pelo Código Civil. E durante esse tempo de nação independente, de 1822 a 1916 como ficou nossa situação? É de pasmar, porém, por quase um século vivemos sob o Código Civil português; ele era chamado de "ordenações", mais precisamente, "Ordenações do Reino". O direito português apresentou três ordenações. A primeira foram as Ordenações Afonsinas, promulgadas em 1446, vigorando até 1521. Vivemos portanto sob as Ordenações Afonsinas por 75 anos. Em seguida surgiram as Ordenações Manuelinas em 1521, vigorando até 1603. A terceira consolidação foram as Ordenações Filipinas, promulgadas no tempo do rei Felipe da Espanha, já que Portugal caíra sob a Coroa espanhola. Essas vigoraram no Brasil por mais de três séculos. Proclamada a independência em 1822, houve lei brasileira determinando que continuassem a vigorar no Brasil as leis de Portugal, enquanto não se organizasse o nosso Código Civil. Como o nosso Código só surgiu em 1916, vivemos sob as Ordenações Filipinas por quase um século. Há outro fator pitoresco: as ordenações vigoraram mais tempo no Brasil do que em Portugal, pois já tinham sido revogadas em Portugal, mas continuaram vigorando no Brasil.

A Constituição de 1824 previra a elaboração dos códigos brasileiros, começando pelo Código Civil. Realmente, em 1830 tivemos o Código Criminal do Império, em 1832 o Código de Processo Penal e, em 1850, o Código Comercial. Muitas tentativas de elaboração do Código Civil ocorreram, todas esbarrando na burocracia e na desídia. A principal delas foi a de Teixeira de Freitas, notável jurisconsulto brasileiro, formado pela Academia de Recife, ao elaborar o "esboço" do código, que não vingou. Interessante notar que o "esboço" de Teixeira de Freitas foi aproveitado pelo Presidente da Argentina Vélez

Sarsfield, que o adaptou, transformando-o no Código Civil argentino. Posteriormente, o Uruguai tomou o Código argentino por base para elaborar o seu.

A última tentativa foi com Clóvis Bevilaqua, tomando por base o Código Civil alemão. Apresentado o projeto ao Congresso Nacional em 1900, só se transformou em lei em 1916, com a *vacatio legis* de um ano, entrando em vigor em 1.1.1917. Desde esse momento, novas leis foram se sobrepondo, derrogando muitos artigos e muitas disposições, a tal ponto de torná-lo desfigurado e superado.

A linguagem do Código de 1916 era de português arcaico e de difícil compreensão no Brasil e até mesmo em Portugal, cujo Código fora revogado em 1966, surgindo o atual Código Civil português, com linguagem mais brasileira do que o nosso.

9. Reação contrária ao Código

No dia seguinte ao da promulgação, em 10.1.2002, os jornais e outros órgãos de comunicação, ao mesmo tempo em que anunciavam o advento do novo Código, teceram muitas críticas a ele. Sucederam declarações de inúmeros juristas, apontando falhas, omissões e defeitos. Várias comissões foram constituídas para a revisão e reforma do novo Código, que nem entrara ainda em vigência, já que entrara no período de *vacatio legis*.

A crítica principal, levantada com veemência, era a de que o novo Código não permitia o casamento entre pessoas do mesmo sexo, o que representava retrocesso, pois o antigo não continha essa proibição. Outra, a de que não previa a clonagem. Houve, em São Paulo, a passeata chamada de "orgulho gay", em que teriam participado mais de cem mil pessoas, em protesto contra o novo Código.

Pouco a pouco, porém, o assunto foi cansando os espíritos e o ambiente se acalmou. Poucos meses antes de se vencer a *vacatio legis*, cogitou-se de prorrogá-lo para mais um ano, a fim de dar tempo ao país para melhor se adaptar ao sistema jurídico emergente da nova lei. A prorrogação seria dada por medida provisória do Presidente da República ou pelo novo Presidente recém-eleito.

Críticas tão estapafúrdias só confundiram a opinião pública. O próprio Código prevê várias formas de se estabelecerem direitos e obrigações para pessoas que quisessem manter convivência *more uxório*. Absurdo era que por causa dessa ridícula pretensão fosse repelido todo o sistema jurídico já reclamado pelo país há mais de meio século. Toda essa celeuma era inconsistente, superficial e sem base científica.

Quando as críticas começaram a cair no vazio, revigorou-se depois com ataques ao capítulo do Direito de Empresa. Eram análises vagas e superficiais, usando mais chavões do que estudo científico. Em breve esfriou esse combate ao novo Código. O que porém acontece é que toda inovação, toda modernização, encontra sempre a posição e a reação dos espíritos acomodados. Teriam eles que se amoldar à nova realidade, o que exige esforço, iniciativa e raciocínio. A prova está que muitos professores continuam ensinando seus alunos com base no Código de 1916, aberração que deverá continuar por alguns anos.

Outra crítica revigorada agora é a de que o direito não deve ser codificado, mas constituído de leis esparsas, curtas, especializadas e flexíveis. O código torna o direito "engessado", inflexível e de difícil modernização, haja vista o que aconteceu com o Código Civil de 1916 e o Código Comercial de 1850. Essa questão contudo só foi levantada após a promulgação do novo Código, momento inadequado e inoportuno, só para tumultuar o ambiente. Trata-se realmente de discussão antiga, uma *vexata quaestio* (questão discutível), inclusive tratada neste trabalho.

10. Aspectos favoráveis do Código

Verdade é contudo que o novo Código Civil brasileiro é modelo de perfeição, primor de técnica legislativa. Baseou-se realmente no Código Civil italiano de 1942, surgido na era da ditadura fascista de triste memória; sofreu por isso a acusação de superado e "fascistóide", e falto de originalidade. Essas investidas não resistem à análise serena e científica de espíritos esclarecidos. Fato é que seguiu o modelo italiano, mas esse foi se aperfeiçoando e modernizando no decorrer dos 60 anos de vida, mantendo-se sempre atualizado, moderno e dinâmico. Era apontado por juristas de todo o mundo como o mais perfeito dos códigos. Não se pode dizer que seja superado.

Nem tampouco se poderá dizer que o Código Civil brasileiro seja cópia do seu congênere italiano. Basta comparar um com o outro e poder-se-á notar que o nosso é mais moderno, mais bem elaborado e bastante autêntico. Adapta toda e qualquer disposição, mais peculiar, às nossas necessidades, aos nossos interesses.

Nosso Código é nosso; é brasileiro; não italiano. Foi elaborado por comissão de juristas brasileiros e submetido à apreciação do Congresso Nacional, formado por representantes do povo brasileiro, que lhe introduziram mais de mil emendas. Com a Constituição de 1988, voltou o projeto à Comissão, que o adaptou à nova constituição e depois amplamente discutido e aceito pelos representantes da nação brasileira.

Há outro aspecto a ser considerado. O novo Código procurou conservar o que de mais louvável e positivo havia no anterior. O Código de 1916, de inspiração alemã, convive como fonte de inspiração e influência na elaboração do novo Código. Há grande número de artigos que se reproduziram *ipsis literis* no novo. Não procurou nosso Código ser revolucionário, iconoclasta ou mesmo renovador; não desmerece nem despreza as conquistas legislativas de um século de nossa história jurídica, e empreendidas pelos nossos antecessores. Nosso Código é conservador, tradicionalista no sentido de conservar o que de melhor adquiriu o direito brasileiro no decorrer dos anos. É, ao mesmo tempo, revolucionário, no sentido de incorporar as inovações e conquistas nacionais e internacionais dos últimos anos.

Vamos citar alguns exemplos que nos farão admirar a nova criação jurídica brasileira. Implanta no direito brasileiro a dinâmica e moderna teoria da desconsideração da personalidade jurídica, a *Disregard Theory*, o que poucos países já fizeram. Disciplina vários contratos ecléticos do mundo moderno, como o do "crédito documentário", chamado pelo Código como "Venda sobre Documentos". Prevê e regulamenta o compromisso, abrindo caminho para a aplicação da arbitragem, como sistema alternativo de resolução de litígios. Faz a previsão do futuro quanto à reprodução humana artificial, o que não se nota no código de quase todos os países.

A filosofia norte-americana criou interessante teoria a respeito do que seja verdade e certeza, e valorização de idéias, denominada pragmatismo. Para essa doutrina, criada pelo filósofo William James, não é suficiente discutir se as idéias são boas ou más; é necessário colocá-las em prática: se produzirem bons resultados elas serão boas, se produzirem maus resultados serão más. Sob o ponto de vista pragmático, o novo Código mal está entrando em vigor e não temos jurisprudência a seu respeito. É possível que nos próximos anos revele alguns pontos falhos, obscuros. Só o futuro dirá, quando o novo sistema jurídico venha a ser aplicado.

O problema maior é este: ou aceitamos o Código de 2002 ou ficamos com de 1916. Qual será o mais moderno, mais lógico? O projeto do novo Código foi enviado ao Congresso Nacional em 1975 e foi discutido durante 27 anos, até transformar-se em lei. Ninguém se apôs a ser adotado código e não leis esparsas. O Brasil segue a tradição romana do direito codificado desde que foi descoberto em 1500, partindo do *Corpus Juris Civilis*. Adotaram o sistema codificado os países mais desenvolvidos juridicamente, como Itália, França, Alemanha, Espanha, Portugal, Suíça, Bélgica, Holanda e tantos outros. Será que eles todos estão errados e só estão certos os críticos de última hora?

11. Visão topográfica do novo Código

O Código Civil brasileiro em vigor, instituído pela Lei 10.406, de 10.1.2002, tem 2.046 artigos, enquanto o antigo tinha 1.807. A razão primordial do aumento do número de artigos deve-se à inclusão do Livro II: "Do Direito de Empresa", ao incorporar o Livro I do antigo Código Comercial de 1850. Ocupa-se a nova inclusão dos arts. 966 a 1.195.

Sua estrutura não é muito diferente do Código de 1916, como aliás não é muito diferente da maioria dos códigos de outros países pelo mesmo motivo de que todos eles seguiram a estrutura do Código Justiniano. Consta ele de duas partes: Parte Geral e Parte Especial.

Parte Geral

Conforme já houvéramos referido, a Parte Geral não pertence teoricamente ao campo do Direito Civil, mas se aplica a todos os campos do direito, razão porque é chamado parte geral, reservando o Código a Parte Especial para problemas mais específicos do Direito Civil. A Parte Geral consta de vários itens expostos adiante num sentido geral:

Das Pessoas (arts. 1.º a 69)

Fala das pessoas naturais e jurídicas, trazendo para este item o instituto da ausência, pertencente no antigo Código do Direito de Família. O art. 50 introduz no direito brasileiro a teoria da desconsideração da personalidade jurídica. Regulamenta com muita precisão as pessoas jurídicas, dividindo-as em sociedade, associação e fundação, tendo sido depois incluídas mais duas pessoas jurídicas: os partidos políticos e as entidades religiosas. Muito louvável é a regulamentação da associação, que no antigo Código não tinha merecido a devida consideração. A maioridade civil é atingida aos 18 anos, quando sempre foi, em nosso antigo direito, atingida aos 21 anos.

Do Domicílio (arts. 70 a 78)

Reproduz, mais ou menos, o disposto no Código anterior. Elimina porém a discriminação da mulher casada, que era obrigada a adotar o domicílio do marido.

Dos Bens (arts. 79 a 103)

Conservou ao máximo as disposições do antigo Código. Contudo, o antigo fazia confusão entre "bens" e "coisas", enquanto o novo só fala em "bens", ficando mais esclarecida esta questão.

Dos Negócios Jurídicos (arts. 104 a 184)

Ficou introduzida sugestiva inovação, adotando a denominação de "negócio jurídico" quando se tratar de ato jurídico bilateral, ou seja, um acordo de vontades, um ato praticado por uma pessoa com reciprocidade de outra. Essa expressão já tinha sido prevista no projeto do novo Código elaborado em 1946.

Dos Atos Jurídicos Lícitos (art. 185)

O ato jurídico ficou separado do negócio jurídico e corresponde à declaração unilateral de vontade. A ato unilateral.

Dos Atos Ilícitos (arts. 186 a 188)

Seguindo orientação do antigo Código, o novo discrimina ato ilícito de ato jurídico. O ato jurídico gera direitos; o ato ilícito não pode gerar direitos.

Da Prescrição e da Decadência (arts. 189 a 211)

Conservou as mesmas bases do esquema anterior, eliminando as "antigüidades", como os atos praticados por mulher casada e outras relacionadas à família e sucessões. Simplificou mais e diminuiu o período. O prazo máximo é de dez anos, enquanto no antigo era de vinte anos.

Da Prova (arts. 212 a 232)

Com muitas modificações, esse item acabou por ser conservado. Causou retardamento na tramitação do processo, pois a Comissão Revisora e Elaboradora do Código Civil achava que a prova é tema do Código de Processo Civil, não havendo necessidade de figurar nos dois códigos.

Parte Especial

Após a Parte Geral, o novo Código passa a regulamentar cada ramo do Direito Civil, incluindo nessa regulamentação o capítulo denominado "Direito de Empresa", malgrado não seja ramo do Direito Civil. Inclui também capítulo referente aos Títulos de Crédito, assunto pertencente ao campo do Direito Empresarial.

Direito das Obrigações (arts. 233 a 420)

Direito Contratual (arts. 421 a 853)

Dos Atos Unilaterais (arts. 854 a 886)

Dos Títulos de Crédito (arts. 887 a 926)

Da Responsabilidade Civil (arts. 927 a 954)

Das Preferências e Privilégios Creditórios (arts. 955 a 965)

Do Direito de Empresa (arts. 966 a 1.195)

Esse capítulo foi a mais profunda transformação trazida pelo atual Código Civil, exposta em título próprio. Absorveu a Parte Primeira do antigo Código Comercial, constituindo-se na lei básica do moderno Direito Empresarial. Pode-se dizer que sob o ponto de vista dogmático ou doutrinário o novo Código não operou profundas modificações no Direito Civil. No que tange porém ao Direito Empresarial, houve profunda, abrangente e radical revolução, adaptando o direito fundamentado no Código Comercial de 1850 à nova era. Criou então o novo Código de Direito Empresarial, do qual traçaremos considerações no próximo capítulo.

Do Direito das Coisas (arts. 1.196 a 1.510)

Do Direito de Família (arts. 1.511 a 1.783)

Do Direito das Sucessões (arts. 1.784 a 2.027)

Das Disposições Transitórias (arts. 2.028 a 2.046)

24. HISTÓRIA DO DIREITO EMPRESARIAL

1. Período proto-histórico
   Primeira fase: mercantil
   Segunda fase: comercial
   Terceira fase: empresarial

1. Período proto-histórico

Procuraremos conhecer a origem e evolução do Direito Empresarial no decorrer do tempo, até nossos dias. A história é uma ciência social, que examina os fatos ocorridos nas sociedades humanas organizadas, procurando pesquisar suas causas e as relações que os ligam, estabelecendo as leis que regem esses fatos históricos. As leis históricas originam-se da constante encontrada nos fatos que apresentem certas semelhanças; adota o método indutivo, como faz o direito e apresenta muita analogia com este, na formulação de suas leis. Identidade muito aproximada tem a história com a sociologia; esta, porém, estuda o fato em si, ou seja, a transformação ocorrida nas sociedades organizadas, mas sem preocupação da época em que ocorreu essa transformação. A história estuda os fatos sociais, situando-os no tempo e no espaço: onde e quando ocorreram.

A orientação metodológica do Ministério da Educação e Cultura instituiu o curso de sociologia como matéria obrigatória no curso de direito. Por qual motivo? É porque dificilmente compreenderemos o espírito da lei, se não pesquisarmos os fatos sociais que provocaram o surgimento deles, os fenômenos sociais como causas determinantes das leis. Quando houver modificações num sistema jurídico, é porque se modificou o sistema social de um agrupamento humano. Nunca teremos um seguro conhecimento do Direito Empresarial se não tivermos conhecimento da sociedade em que se originou e evoluiu esse Direito Empresarial, as transformações sociais que constituíram a razão desse direito; são as fontes de produção do direito, que iremos examinar. No que tange ao Direito Empresarial, sua formação passou por três fases distintas:

Primeira fase – a mercantil (de 1553 a 1807);
Segunda fase – a comercial (de 1807 a 1942);
Terceira fase – a empresarial (de 1942 a nossos dias).

Estamos tomando por início do Direito Empresarial a publicação, em 1553, da obra de Benvenuto Stracca, *Tratactus de Mercatura seo Mercatore* (Tratado sobre a Mercatura e o Mercador), quando as obras jurídicas ainda eram escritas em latim. Corresponde essa obra a uma certidão de nascimento do Direito Empresarial. Essa afirmação, porém, não é radical como parece.

Uma ciência jurídica, como qualquer ciência, nunca será elaborada de um dia para o outro, mas vai se formando pelos séculos. Nenhum ramo do direito poderá surgir sem um vínculo com o passado, compreendida a antiga Roma. Muitas instituições do moderno Direito Empresarial assimilaram as contribuições do direito romano e das normas medievais.

Não se trata propriamente de uma fase do Direito Empresarial, pois este realmente não existia, mas de examinar a época de elaboração de normas e princípios, que viriam a constituir esse moderno ramo do direito. Como exemplo, poderíamos indicar o Direito Contratual. A atividade empresarial assenta-se principalmente nos contratos, como o de compra e venda; uma empresa produz para a venda ao mercado. A compra e venda é, entretanto, um contrato regulamentado pelo direito da antiga Roma. Os princípios em que se assenta o moderno Direito Empresarial vieram também de nossos ancestrais, principalmente os romanos.

Os romanos não criaram o Direito Empresarial, pois as atividades mercantis, o comércio daquela época eram abominados pelos cidadãos romanos, tanto que eram permitidos até aos escravos. As atividades comerciais, a troca de mercadorias, o comércio marítimo, a troca de moedas, enfim os atos tendentes à satisfação do mercado consumidor, eram exercidos pelos "peregrinii" (estrangeiros), pelos judeus, por pessoas oriundas das províncias conquistadas. O cidadão romano era político, militar ou sacerdote, as classes predominantes na sociedade romana e para reger as relações jurídicas entre os cidadãos romanos, os "quirites", prevalecia o *Jus Civilis* (Direito Civil), ou também chamado de *Jus Quiritum* (Direito Quiritário). Entre essas relações jurídicas não se situavam as decorrentes das operações de produção e troca de mercadorias. Estas eram regulamentadas pelo *jus gentium* (o direito das gentes), aplicado a quem não era cidadão romano. Ser um mercador, um comerciante, era visto pelos cidadãos romanos com desprezo. Tinham eles um provérbio, talvez recebido dos gregos, que até em português faz rima: "Atrás do balcão está o ladrão".

Se o comércio não era atividade juridicamente considerada, não poderia ser criado o Direito Comercial. Todavia, no decorrer do tempo, certos empreendimentos foram sendo aceitos em segredo pelos romanos, quando lhes facultavam lucros. Um instituto comercial surgido em priscas eras foi a *Lex Rhodia de Jactu*, que vigora em nossos dias, nos principais países. Concerne a uma prática do Direito Marítimo e parece ter sido familiar aos fenícios, mas, pelo nome, deve ter sido recolhida na ilha de Rhodes. Por esta lei, se um navio estivesse ameaçado de soçobrar, o capitão poderia escolher certas mercadorias e lançá-las ao mar, para garantir a estabilidade do navio. Os prejuízos não seriam suportados apenas pelo proprietário das mercadorias sacrificadas, mas rateados entre os proprietários das mercadorias beneficiadas e salvas. *A Lex Rhodia de Jactu* inspirou a norma constante na legislação de muitos países, no mesmo sentido. Constou do Código Comercial francês e dele veio para o nosso, constando nos arts. 763 e 764, na parte referente ao Comércio Marítimo, recebendo o nome de "avaria grossa".

Outro instituto peculiar à navegação marítima foi o *nauticum foenus*, de possível origem grega. Conforme houvéramos dito, os cidadãos romanos não podiam dedicar-se ao comércio, que era exercido por empreendedores não patrícios, não quirites. Estes, porém, detinham o poder econômico e tinham em suas mãos consideráveis somas de dinheiro, que desejavam investir. Celebraram, então, um acordo com os mercadores, os empreendedores marítimos; por esse acordo, haveria uma conjugação de esforços, formando verdadeira sociedade mercantil, com dois tipos de sócios. Um sócio era o cidadão romano, que aplicava num empreendimento, numa expedição marítima; era o prestador de capital. O outro sócio era o mercador, o navegador marítimo, que aprestava o navio e adquiria mercadorias em outras regiões ou as trocava por mercadorias romanas.

O *nauticum foenus* era um empreendimento econômico, uma verdadeira empresa. Ao retornar o navio a Roma, que era o centro do mundo e a maior concentração urbana durante séculos, chegando a ter dois milhões de habitantes, os dois sócios dividiam os lucros. O cidadão romano (o patrício) via seu investimento remunerado, e o empreendedor marítimo o seu trabalho recompensado. Se a expedição fracassasse, ambos perderiam: o patrício, seu investimento e o navegador, seu empreendimento. Essa prática foi um sucesso e vigorou por vários séculos.

O navegador marítimo, que hoje chamaríamos de armador, era o empresário ostensivo, entrando com seu trabalho, com sua iniciativa e experiência nos negócios. O patrício era o empresário oculto, pois não podia aparecer perante os olhos da sociedade romana; era, porém, o prestador de capital, cabendo-lhe o empreendimento financeiro. O armador cumpria uma incumbência, que recebia o nome de "comanda" ou "comenda".

Formaram-se, no mundo moderno, várias instituições, hoje integradas no Direito Empresarial, inspiradas no *nauticum foenus*, que é chamado hoje pelo nosso Código Comercial de "contrato de dinheiro a risco ou câmbio marítimo". Esse contrato está regulado pelos arts. 633 a 665 de nosso Código Comercial, encontrando-se no art. 633 uma definição dele. Consta também na legislação marítima de vários países, chamado pelo direito de alguns países, de "câmbio trajetício".

O contrato de câmbio marítimo não é o único instituto originado do *nauticum foenus*. A sociedade formada entre o cidadão romano e o navegador originou a moderna "sociedade em comandita" (o nome comandita parece ter sua origem na "comanda"). A sociedade em comandita está descrita nos arts. 1.045 a 1.051 de nosso Código Civil; está conceituada no art. 1.045. Há também uma sociedade variante, trazida do direito norte-americano pela atual Lei das S/A, intitulada "sociedade em comandita por ações". Ainda outra é encontrada em nosso Código: a "sociedade em conta de participação", nos arts. 991 a 996. Todas elas conservam os caracteres do *nauticum foenus* e também são encontradas no Código Comercial francês, no Código Civil italiano e em diversos outros.

Encontram-se no Direito Empresarial também alguns institutos do direito medieval, que era de origem romana, como o direito estatutário, a regulamentação das feiras, as normas das Cidades-Estados e várias outras. O reflexo deles pode ser notado em nosso Código Comercial.

Primeira fase: mercantil

O Direito Empresarial é fruto da Idade Moderna, recém-surgido após a Idade Média. Surgiu na época comunal, em que predominavam na Itália, como em toda a Europa, as comunas ou corporações. As corporações eram organizações gregárias, formadas por profissionais, como alfaiates, ferreiros, sapateiros, ourives, e outros tipos de artesãos, para se estruturarem como classe organizada e atingirem objetivos comuns de natureza profissional, econômica, política, social e jurídica. Recebiam, na Inglaterra, o nome de *guilda*; na Espanha, *grêmio*; na França, *corporations des métiers*; na Itália, *corporazioni*. Essas corporações assumiram papel tão importante no cenário econômico, político e social, que se transformaram em órgãos legisladores, editando normas em seu interesse.

É exatamente nessas normas corporativas, nos estatutos das corporações e em suas instruções, que se assentou o Direito Empresarial. Muitas eram as corporações: de artesãos (como vidreiros, sapateiros, etc.) e dos mercadores. Eram os mercadores daquela época os empresários encarregados da compra e venda de mercadorias, para a satisfação das necessidades do mercado consumidor. Nota-se a correlação entre várias palavras cognatas, umas servindo de étimo para as outras: mercado-mercador-mercatura (mercancia) – mercantil. Todas essas palavras são encontradas no Código Comercial ou em leis esparsas.

O direito surgido das sistematizações das corporações de mercadores recebeu o nome de Direito Mercantil, o primeiro nome do Direito Empresarial. Assim foi denominado por ser o direito da classe dos mercadores, um direito classista e prático, formado paralelamente ao direito comum, ao Direito Civil. Não havia uma única corporação de mercadores, mas diversas, por se formarem várias categorias de mercadores. Em Florença, por exemplo, era importante a corporação dos mercadores de tecidos de Calimala (nome da rua em que eles eram instalados), a dos cambistas, a corporação dos mercadores de tecidos de seda, outra de tecidos de lã. Com o tempo, pequenos mercadores, tipo lojistas, transformaram-se em grandes empresários, formando corporações próprias, empreendendo ou financiando navegações marítimas, desenvolvendo operações de caráter nitidamente empresarial. Tornavam-se muitas vezes industriais e banqueiros.

A disciplina jurídica estabelecida por essas operações, principalmente a dos grandes mercadores, de caráter mais consuetudinário, aplicava-se a eles, formando um direito especial, paralelo ao direito comum. Foi o embrião do Direito Empresarial. Formaram-se estatutos para as corporações, alguns recebendo nomes que os caracterizaram e os realçaram, como *CONSUETUDINES* (1056) de Gênova, *CONSTITUTUM USUS* (1161) de Pisa, *LIBER CONSUETUDINUM* (1216) de Milão, *BREVE MERCATORUM* (1316) de Pisa. Eram verdadeiros códigos em miniatura. No campo do Direito Marítimo, alguns códigos semelhantes foram elaborados, como as TAVOLE AMALFITANE, de Amalfi, o *CAPITULARE NAUTICUM* (1255) de Veneza, o *BREVE CURIAE MARIS* (1305) de Pisa. A maioria desses códigos começaram a ser elaborados na Idade Média, completando-se no início da Idade Moderna.

Em 1553 surge a primeira obra doutrinária de direito empresarial, fato que se dá com o surgimento desse campo do direito; é o *TRATACTUS DE MERCATURA SEO MERCATORE*, composto por Benvenuto Stracca. Nascido na cidade de Ancona, em 1509, Stracca mudou-se para Bolonha, onde cursou a famosa faculdade de direito, sendo advogado naquela cidade. Essa obra sistematizou todo o direito empresarial daquela época, compreendido nele o Direito Marítimo, que caminhava com ela *pari passu*. Stracca escreveu várias outras obras, mas todas foram ofuscadas pelo *Tratactus*.

Surgiu em seguida outro grande comercialista, que viveu no final de 1500 e início de 1600, Sigismundo Scaccia, com várias obras publicadas, tendo-se realçado o seu clássico *TRATACTUS DE COMMERCIIS ET CAMBIO* (Tratado sobre o Comércio e sobre o Câmbio), publicado em 1618, em Roma. Estava, assim, construída a doutrina do Direito Empresarial, com Stracca e Scaccia. Outros juristas notáveis, como Ansaldo di Ansaldi, De Luca, Targa, Mantica, Turri e outros, completaram e enriqueceram a obra dos dois primeiros mestres, ligados à Universidade de Bolonha, por isso considerados os criadores do Direito Empresarial.

O maior vulto do Direito Empresarial daquela época haveria de surgir posteriormente, embora sem o pioneirismo de Stracca e Scaccia. Giuseppe Lorenzo Maria de Casaregi (1670 a 1737), não era da escola de Bolonha, mas de Gênova, onde nasceu e advogou. Escreveu muitas obras de Direito Empresarial e Direito Marítimo, e traduziu para o italiano a compilação marítima *CONSOLATO DEL MARE*, elaborada em Barcelona, em latim, em 1718, traçando valiosos comentários sobre ela. Suas várias obras representam uma contribuição fundamental para a consolidação doutrinária do Direito Empresarial e do Direito Marítimo. Todos os institutos foram tratados profundamente e com clareza, com o mais completo e profundo exame dos usos mercantis e seus princípios fundamentais. Duas obras se sobressaem na vasta biografia de Casaregi: *DISCURSUS LEGALIS DE COMMERCIO* (Exposição a respeito do Comércio) e *DISCURSUS GENERALIS CIRCA MATERIAM ASSEGURATIONUM* (Exposição Geral sobre Seguros).

Quase um século após Casaregi, outro grande comercialista ampliou os estudos do Direito Empresarial. Ascanio Baldessaroni (1751-1824), em obra notável, *DELLA ASSICURAZIONI MARITTIME* (a respeito dos Seguros Marítimos), elaborou um completo tratado de seguros marítimos. Baldessaroni escreveu suas obras em italiano e não em latim, tendo sido, por isso, mais divulgadas. Representa ele o epílogo da fase mercantil, tendo publicado várias interpretações do Código Comercial francês, influindo na introdução da fase comercial francesa na Itália.

Concomitantemente com o surgimento dos estatutos das corporações e das primeiras obras doutrinárias do Direito Mercantil, foram surgindo no início da Idade Moderna códigos de Direito Marítimo, denominados "compilações". O Direito Mercantil e o Direito Marítimo caminharam juntos até então e ambos foram cultivados conjuntamente pelos grandes juristas italianos. A principal dessas compilações marítimas parece ter sido o *CONSOLATO DEL MARE*, elaborado em Barcelona, na segunda metade do século XIV. É o mais completo repositório de costumes e normas marítimas adotados no Mediterrâneo e regulava as transações marítimas no *mare nostrum*, como o chamavam os romanos. Aplicava-se essa compilação à Espanha, França, Itália, Grécia, Norte da África e o Oriente Próximo.

O século XVII encerra o ciclo da hegemonia dos países mediterrâneos na navegação marítima, na economia internacional e no Direito Mercantil. As navegações portuguesas, de Vasco da Gama, Pedro Álvares Cabral e outros, deslocaram as transações econômicas internacionais do Mar Mediterrâneo para o Oceano Atlântico. Inglaterra, França,

Holanda, Espanha, Portugal assumem posição de liderança na economia mundial. Apaga-se a Itália econômica e juridicamente e o Direito Empresarial francês começa a predominar; a Itália fica bem fracionada e cai, em grande parte, sob a dominação estrangeira. É na França, então, que se concentra o desenvolvimento do Direito Empresarial, conforme estudaremos especificamente no capítulo referente às raízes francesas no Direito Empresarial brasileiro.

Duas compilações marítimas foram elaboradas, na primeira fase, pelo direito francês. Uma delas foram os Rolos de Oleron, encontrados na ilha francesa de Oleron, contendo uma série de sentenças e normas para regulamentar as transações francesas no Mar do Norte. Outra foi o Guidon de la Mer, cobrindo as operações no sul da França. Mais ao norte da Europa, foi elaborada a compilação de WISBY, regulando o comércio marítimo no Mar Báltico, nações escandinavas e outras regiões do extremo norte europeu. Quanto ao comércio misto marítimo-terrestre, sobressaiu a mais importante corporação conhecida: a HANSA. Era formada por mercadores de vários países, principalmente alemães, adotando evoluída organização e formando uma frente mercantil, política e até militar. Por mais de três séculos dominou as operações econômicas em todo o norte europeu e parte da Inglaterra, com avassalador controle das transações com a Rússia. As cidades alemãs de Lubeck, Bremen e Hamburgo formaram, dentro da própria Hansa, a Liga Hanseática, mais íntima, para enfrentar os efeitos da guerra dos Trinta Anos, que pretendia abater seu poderio. As normas da Hansa formaram autêntico código e um sugestivo sistema jurídico, denominado *jus hanseaticum maritimum*, editando seu Código em 1614.

Ao chegar ao fim da primeira fase, a mercantil, o Direito Empresarial já estava consolidado como sendo o direito de uma classe econômica, social e política: a dos mercadores, quer marítimo, quer terrestres, que se exercia nas feiras. As feiras ou mercados eram encontro de mercadores para troca de mercadorias, realizado periodicamente em vários locais da Europa. Do direito nascido nas feiras e das compilações marítimas surgiram dois códigos comerciais na França, por iniciativa do brilhante ministro Colbert:

• Ordenação sobre o Comércio Terrestre – em 1673 – também conhecido por Código Savary, o mais atuante de seus elaboradores.

• Ordenação sobre o Comércio Marítimo – em 1681 – incorporando o Guidon de la Mer.

Segunda fase: comercial

A fase mercantil termina no século XVIII, começando no início do século XIX a segunda fase, conhecida como comercial. As corporações tiveram seu desgaste após alguns séculos de predomínio, mas ruíram com o advento da burguesia, do liberalismo e da revolução industrial. A Revolução Francesa, de 1789, representou o triunfo e a ascensão ao poder da burguesia e a derrocada dos mercadores e das corporações.

O Direito Mercantil, direito da classe dos mercadores, que não mais existia, tornou-se inócuo. Com a burguesia como classe dominante, tornou-se ele o direito da nova classe. O marco dessa transformação foi o Código Comercial francês de 1807, que entrou em vigor em 01/01/1808. Do nome do código, adveio o nome de Direito Comercial. A mudança de uma fase para outra não representa apenas a do nome de Direito Mercantil para Direito Comercial, mas uma profunda reformulação doutrinária, legislativa e filosófica, com a substituição dos critérios.

A primeira fase, de inspiração italiana, tinha o Direito Empresarial em conta de um direito classista, adotando a figura do mercador como centro de sua órbita. A segunda fase, de inspiração francesa, tinha o Direito Empresarial em conta do direito dos atos de comércio, adotando uma atividade como centro de sua órbita. O Direito Mercantil (primeira fase) adotava um critério subjetivo, ao considerar a pessoa do mercador, o agente das atividades como o denominador do direito; o Direito Comercial (segunda fase) adota um critério objetivo, considerando os atos praticados, e não o agente desses atos, como denominador do novo direito.

Terceira fase: empresarial

A fase comercial também se esgotou e se desgastou, como a primeira, sendo substituída, em 1942, com a promulgação do novo Código Civil italiano, pela fase empresarial. Não cabe mais no mundo moderno um direito com o nome de comercial, visto que o Direito Comercial seja o direito do comércio, mas não há interpretação pacífica do que seja comércio ou o comerciante. Palavra muito polivalente, comércio, é encontrada nos dicionários com vários sentidos. Contudo, o próprio Direito Comercial não chegou a estabelecer seu significado, ou melhor, não conseguiu conceituá-lo. Poderíamos trazer para esse trabalho as definições dadas por muitos juristas e economistas, brasileiros e estrangeiros, mas não chegaríamos a um denominador comum tais são as discrepâncias conceituais, tanto de comércio, como de comerciante, como de Direito Comercial.

Englobando todas elas, chegaremos a duas posições bem definidas: o comércio deve ser interpretado *scricto sensu* e *lato sensu*. Em sentido estrito, o comércio é constituído pela intermediação de mercadorias, de produtor para o consumidor, sem alteração da substância dessas mercadorias. Tomemos, como exemplo, uma loja de calçados; ela adquire os calçados das indústrias e os vende aos consumidores, como eles vieram. O dono dessa sapataria é um comerciante, pois compra seus produtos e os vende tal como comprou; exerce ele o comércio em sentido estrito.

O comércio, em sentido lato, tem um significado muito diferente. Aplica-se a toda atividade com sentido de lucro. Assim, um banco, uma indústria, uma empresa prestadora de serviços, uma empresa agrícola, todos eles exercem o comércio; um banqueiro e um industrial são também comerciantes, tanto quanto aquele que compra e vende mercadorias. Ficou assim claro o conceito de comércio, nas duas versões.

Como objeto de consideração do direito, o comércio é um objeto ainda vago, impreciso e volúvel. Não se pode construir um sistema jurídico, cientificamente elaborado, alicerçado em comércio, ou comerciante, por terem eles conceito vago.

A nova fase, a terceira na evolução do Direito Empresarial, pode tomar como início o ano de 1942, quando foi promulgado o novo Código Civil italiano. Fundiu-se nele o antigo Código Comercial de 1882, baseado no modelo francês. O novo Código suprimiu as expressões "atos de comércio" e "comerciante"; o próprio termo "comércio" é utilizado parcimoniosamente e com sentido claramente definido. Introduziu, por outro lado, as expressões "empresário" e "atividade". Atendeu o novo Código às teorias de modernos juristas italianos, mormente Tullio Ascarelli, que recomendavam a reformulação do Código Comercial de 1882. Elaborou-se, assim, projeto do Código Comercial, de 1940, mas este não vingou, por ter sido fundido no Código Civil; as idéias do projeto de 1940 vigoraram, porém, no Código Civil. O novo sistema normativo não considerou o ato objetivo do comércio, entendido como ato isolado de especulação, como adequado para a nova estrutura organizativa a ser adotada pelo Direito Comercial. A fórmula encontrada para a nova realidade econômica foi a da teoria da empresa.

O comércio deveria ser considerado relevante apenas quando fosse organizado como empresa, que constituía uma unidade própria, distinta dos empresários que a compusessem. O novo Direito Comercial deveria ser o direito das empresas, não de atos isolados e ocasionais, mas um fenômeno de organização.

25. O ATUAL ESTÁGIO DO DIREITO EMPRESARIAL

1. Os antecedentes
2. A atividade empresarial
3. A herança do Código Civil italiano
4. Fator de nosso orgulho
5. As inovações introduzidas pelo novo Direito Empresarial

1. Os antecedentes

Foi preponderante a participação do Código Comercial napoleônico na formação de nosso direito, ou melhor, dos códigos napoleônicos, uma vez que estamos nos referindo ao Código Comercial e ao Código Civil. Não se descarta a participação do Código Civil brasileiro de 1916, baseado no Código Civil alemão, o BGB, mas este, por sua vez, trazia a influência do Código Civil francês, também chamado código Napoleão.

A participação francesa foi sacudida pelo novo Código Civil brasileiro, como base no seu congênere italiano, mas a tradição continuará presente em nosso direito por muitos anos. Reforçou-se essa tradição com a Lei de Recuperação de Empresas, a Lei 11.101, de 9 de fevereiro de 2005, elaborada com base na lei francesa, revogando a antiga Lei Falimentar, com base na italiana.

2. A atividade empresarial

Em todas as considerações sobre o Direito Empresarial, sempre se volta para o conceito de empresa, expresso no art. 2.082 do Código Civil italiano, projetado depois no art. 966 do nosso. É a empresa quem exerce atividade econômica organizada, para a produção e venda de bens e serviços. Ao falar-se em atos, ligam-se eles à atividade empresarial, pois no dizer da nossa legislação internacional e agora também a brasileira, a empresa exerce "atividade". Vamos agora nos ater a esse termo: atividade. Os atos não são mais examinados *per se*, mas num conjunto de atos logicamente encadeados, para se atingir um objetivo. Este é um dos fatores que distinguem o Direito Empresarial antigo do moderno, ou seja, da fase comercial e da fase empresarial. O antigo Direito Empresarial, chamado de Direito Comercial, adotava o critério objetivo, por assentar-se no exame do "ato de comércio", enquanto o moderno, da fase empresarial, assenta-se na teoria da empresa.

Outra distinção observada no Direito Empresarial das duas fases, a comercial e a empresarial, é que o antigo considerava o ato de comércio *per se*, vale dizer, isolado, para se fazer idéia de sua natureza jurídica.

O moderno Direito Empresarial, por adotar critério subjetivo, por considerar a empresa como pedra angular de sua doutrina, toma em consideração o ato de comércio, não isolado, mas os atos constituindo uma atividade. O Direito Empresarial é uma ciência jurídica e uma ciência não pode partir de fatos ou atos isolados (*non datur scientia de individuo* = não há ciência para fato individual). Esse aspecto foi mantido por Tullio Ascarelli, tendo ele declarado:

"A atividade não significa ato, mas uma série de atos coordenáveis entre si, em função de uma finalidade comum".

O conceito de atividade coordena-se com a probabilidade de ganho e é a esses conceitos que deveremos recorrer na avaliação jurídica dos fenômenos próprios de uma economia caracterizada pela produção industrial de massa. Talvez seja uma das razões por que o Direito Comercial considere ato de comércio em si, individualmente; predominava no século passado o artesanato, a produção artigo por artigo. Na economia moderna, com a produção de artigos em massa, considera-se sempre um conjunto imenso de atos, que precisam de coordenação, para atingirem objetivo comum.

A teoria das nulidades não se aplica de forma análoga ao ato e à atividade; daí decorre outra distinção. Um ato praticado pela empresa pode ser nulo, mas não sua atividade. Ainda que a empresa exerça atividade ilícita ou proibida, essa atividade nunca será anulada. Da proibição da atividade não pode derivar a sua nulidade. Se uma empresa exercer atividade ilícita ou proibida, poderá sofrer sanções, como a liquidação judicial no caso de instituições financeiras, busca e apreensão de produtos, exigência de indenização ou os administradores que a dirigem sofrerem ação penal. Assim sendo, a indústria automobilística pratica ato viciado, como a venda de auto com defeito grave; este ato pode ser anulado. Não será possível, todavia, anular a atividade da empresa; é possível suspender a atividade, mas não anulá-la. Há, pois, uma disciplina jurídica para o ato e outra para a atividade.

A atividade, portanto, distingue-se muito bem do ato, e, por isso, deverá ser apreciada de modo autônomo, ou seja, independentemente da apreciação dos atos singulares, individualmente considerados. Em um ponto, porém, identificam-se as duas realidades: é no tocante ao sujeito. O sujeito da atividade, isto é, o centro da imputação jurídica da atividade, é o mesmo sujeito dos atos singulares que a formam: a empresa. Outro ponto de contato entre ambos é no tocante ao escopo, ao objeto. Se a atividade é o conjunto de atos coordenáveis entre si, o que motiva essa coordenação é o escopo produtivo, para a satisfação do mercado consumidor. Por essa razão, Giuseppe Ferri, um dos mais ilustres discípulos de Tullio Ascarelli, elaborou o conceito de Direito Empresarial, fundamentado na atividade empresarial:

Il diritto impresariale é il complesso di norme che regolano l'organizzazione e l'esercizio professionale di un'attività intermediária diretta al soddisfacimento dei bisogni del mercato generale e conseqüentemente i singoli atti in cui questa attività si concreta.	O Direito Empresarial é o complexo de normas que regulam a organização e o exercício de uma atividade profissional intermediária dirigida à satisfação das necessidades do mercado geral e conseqüentemente os atos singulares em que esta atividade se concretiza.

3. A herança do Código Civil italiano

A base de sustentação do moderno direito empresarial brasileiro encontra-se em nosso novo Código Civil, que, por ser de 2002, dá a entender que seja um dos mais modernos do mundo, o mais atualizado, o mais adaptado aos dias atuais. Por seu turno, o Código Civil amparou-se num dos códigos mais atualizados, o Código Civil italiano, do qual é um reflexo. A estrutura de ambos é bem semelhante, mas o aspecto que agora estamos examinando é a regulamentação básica, é o capítulo a que nosso Código deu o nome de "Direito de Empresa".

O Código peninsular adotou a seguinte estrutura, mais ou menos seguida pelo nosso:

Do Empresário

Ocupando os arts. 2.082 a 2.095 – dando o art. 2.082 a definição de empresário que inspirou o art. 966 de nosso Código Civil.

Da Sociedade

Ocupando os arts. 2.247 a 2.324 – regulamentando o contrato de sociedade e os diversos tipos de sociedade: a sociedade simples, a sociedade em comandita simples, sociedade em nome coletivo, sociedade limitada e sociedade cooperativa.

Da Sociedade por Ações

Ocupando os arts. 2.325 a 2.497 – prevendo a sociedade anônima e a sociedade em comandita por ações.

4. Fator de nosso orgulho

Ansiada durante vários anos, foi promulgada finalmente a Lei 10.406, em 10/01/2002, instituindo o novo Código Civil brasileiro. Foi a maior reformulação sofrida pelo Direito Empresarial, deixando ruir as retrógradas idéias sustentadas pelo Código Comercial e pelo Código Civil, de existência secular. Foi a reformulação pela base, descartando a influência francesa, ao receber a influência italiana. Há muito paralelismo entre o direito francês e o direito italiano, razão pela qual ainda persistirá, embora mais opaca, a influência francesa.

Restava, porém, a eliminação de arcaicas leis complementares, para que o novo Código Civil e as idéias introduzidas por ele fossem obedecidas, harmonizando o Direito Empresarial. A principal delas era a Lei Falimentar, promulgada pelo Decreto-lei 7.661/45. Essa eliminação se deu três anos depois, conseguida pela promulgação, em 09/02/2005, da Lei 11.101, a Lei de Recuperação de Empresas.

Muitos diplomas jurídicos sobram do passado, mas de menor importância, e serão eles eliminados pouco a pouco. Além do mais, a lei posterior revoga a lei anterior nos aspectos contrastantes, de tal forma que disposições arcaicas estão virtualmente revogadas.

No estágio em que nos encontramos, o Direito Empresarial brasileiro pode ser considerado um dos mais perfeitos e evoluídos do mundo. Poderemos compará-lo com o dos países mais desenvolvidos sob o ponto de vista jurídico: Itália, França e Alemanha. Ante eles, poderemos colocar nosso Direito Empresarial em grau de superioridade. Verdade é que o direito brasileiro assimilou muito o direito europeu e, por isso, temos que dar graças a ele. Porém, ao nos basear nos Códigos italiano e francês, adaptamos as normas deles às nossas conveniências e modernizamos muitas disposições deles, muitas das quais, um tanto superadas.

Comparemos nosso Código com o Código Comercial francês. Ele é de 1806, portanto de dois séculos, interpretando a era da Revolução Francesa e do surgimento da burguesia, da Revolução Industrial e de outras transformações econômicas e sociais, surgidas desde o início do século retrasado. Nesse tempo, a França foi modernizando seu direito, mas sem perder seu arcabouço inicial. Novas leis iam surgindo, atualizando o código primitivo, e adicionadas ao capítulo correspondente ao assunto. É o caso da regulamentação das sociedades mercantis, que muitos chamaram de "pequeno código societário", adicionado ao Código Comercial no capítulo referente às normas de Direito Societário.

Chegou o ano de 2006 com o Código Comercial francês de 1806, contendo disposições superanacrônicas, mas, logo em seguida, com leis modernas, numa convivência indigesta. Não poderia deixar de ser confuso um código de dois séculos, incorporando leis surgidas até em 2006.

Veremos então o Código Civil italiano, bem mais moderno, por ser de 1942, contudo, com mais de 60 anos de idade. Foi modernizado, ficando, às vezes, conflitante consigo mesmo. Neste código a douta comissão organizadora do nosso Código Civil se baseou, incorporando ao nosso o capítulo referente ao Direito Empresarial. Portanto, foi o Código Civil italiano adaptado às nossas conveniências, atendendo às inúmeras transformações ocorridas após a guerra mundial de 1939-1945.

Apesar de haver sido o projeto do Código Civil debatido por 27 anos no Congresso Nacional, ele é fruto da época de sua promulgação, ou seja, o ano de 2002. Em 1988, com o advento da Constituição Federal, foi o projeto do Código Civil retirado do Congresso Nacional e passou por ampla revisão por parte da comissão elaboradora. Ficou assim consentâneo com nossa Constituição. É, portanto, nosso Código bem moderno; é um todo unitário e coerente, sem os choques de idéias que cercam os Códigos da Itália, da França e da Alemanha. É também superior ao excelente e moderno Código português de 1966, que chegou até a ser sugerido para transformar-se no brasileiro.

Há outro aspecto a ser considerado: os Códigos franceses eram a vontade expressa de Napoleão Bonaparte, tanto que são chamados de códigos Napoleão ou napoleônicos. A extrema rapidez com que surgiram demonstra ter havido pressão de seu patrono na tramitação. O Código Civil italiano surgiu em plena época da ditadura fascista, o que provocou até a pecha de "fastitóide" dada ao nosso, em vista de sua inspiração peninsular.

Ao revés, o Código Civil brasileiro foi submetido a longas análises, a estudos e aprimoramentos constantes durante 27 anos. Houve participação efetiva da nação brasileira, por meio de seus representantes no Congresso Nacional. Numerosos juristas e acadêmicos opinaram e sugeriram. Exemplo dessa colaboração foi o capítulo referente aos títulos de crédito, que veio a esclarecer e completar certas normas de Direito Cambiário. É, destarte, código nosso, de nossa lavra, um código popular, no sentido de ter sido produzido pelo povo brasileiro, com amplos debates e participação de todas as áreas de nossa sociedade.

Os membros do Congresso Nacional são eleitos pelo povo e são representantes dele no Poder Legislativo, de tal forma que, segundo os dizeres de Montesquieu e de Norberto Bobbio, o povo faz as leis por seus representantes. Durante os 27 anos de tramitação do projeto do Código Civil no Congresso Nacional houve inúmeras manifestações da população brasileira por meio de seus representantes, tendo sido apresentadas mais de mil modificações. Verdade é que no que tange ao "Direito de Empresa" (arts. 966 a 1.195), o projeto permaneceu quase que inalterado. Essa crítica é até a exaltação maior que se pode fazer à nova regulamentação básica do Direito Empresarial, visto que resistiu a 27 anos de crítica e saiu-se airosamente, com a aceitação unânime da nação e da maioria absoluta dos juristas.

Há, naturalmente, alguns pontos duvidosos e discutíveis, o que é natural no direito, ciência por demais polêmica. A beleza, a vibração e o dinamismo do direito estão exatamente nas discussões que ele proporciona. Vamos citar um exemplo: há muitos anos atrás discutia-se acerbamente o pagamento de imposto de renda sobre o salário, sob a alegação de que salário não é renda. Muitos seminários levantavam bases de discussões, que agitaram os meios jurídicos. Houve enfim uma lei que sanou qualquer dúvida: salário é renda. Não houve mais seminários, nem estudos, nem teses sobre este assunto. Calou-se a rica polêmica.

Houve divergências e propostas à douta comissão elaboradora do projeto do Código Civil; algumas foram aceitas, mas a maioria abandonada. O autor deste compêndio, quando acadêmico no curso de pós-graduação da Faculdade de Direito da Universidade de São Paulo, formou grupo de estudos, coordenado pelo Professor Mauro Brandão Lopes, para propor alterações no projeto. Fizemos sentir ao preclaro mestre Sílvio Marcondes nossa discordância quanto à nomenclatura adotada para as empresas: empresário, sociedade empresária e sociedade simples. Achávamos que deveria ser mantida a nomenclatura tradicional, isto é:

Empresário mercantil individual – para o empresário;
Sociedade mercantil – para a sociedade empresária;
Sociedade civil – para a sociedade simples.

Nossa sugestão não foi aceita, mas faria grande diferença? O que mudaria na substância a adoção de uma ou outra nomenclatura? Será que a opinião de dez pessoas deveria prevalecer contra a de milhares? Além do mais, nada impede que a nomenclatura antiga continue a ser utilizada.

Em compensação, foi aceita nossa sugestão, criada pelo Professor Mauro Brandão Lopes, dileto colega do Professor Sílvio Marcondes, membro da comissão elaboradora do projeto do Código Civil, na parte referente ao Direito Empresarial, introduzindo o capítulo referente aos títulos de crédito. Foi assaz importante esta contribuição, porquanto a Lei Cambiária brasileira se ressentia de várias omissões e imperfeições, em decorrência da má tradução da Convenção de Genebra, que rege essa matéria.

Por que falamos tanto no Código Civil, quando estamos examinando o Direito Empresarial? É porque as normas estabelecidas pelo antigo Código Comercial desapareceram e surgiram outras no Código Civil. O Código Comercial, promulgado pela Lei 556, de 25/06/1850, foi revogado, na Parte Primeira, pela Lei 10.406/2002, que instituiu o novo Código Civil. As normas básicas do Direito Empresarial estão no Código Civil, um código unificado civil-comercial.

Nosso Código é autêntico, original. A inspiração italiana é, porém, patente, foi baseada no Código Civil italiano. Não ficou descartada a influência francesa, uma vez que o Código Comercial vigorou no Brasil por mais de 150 anos e deixou marcas no direito brasileiro. Nem tampouco desapareceu a influência alemã que se revelava no antigo Código Civil. O Código atual também se baseou no anterior, o que foi demonstração da sabedoria da comissão elaboradora. O atual conservou muita realidade boa do antigo, eliminando só o que era superado ou supérfluo.

5. As inovações introduzidas pelo novo Direito Empresarial

Por outro lado, o novo Código Civil trouxe algo do antigo Código Comercial, embora bem modernizado. É o caso da "Escrituração", chamado antigamente de "obrigações comuns às empresas mercantis", referente aos registros contábeis. Também trouxe alguns agentes auxiliares das atividades empresariais, denominados prepostos (arts. 1.169 a 1.171).

Conforme nos referimos por diversas vezes, o novo Direito Empresarial brasileiro recebeu as modernas idéias internacionais por meio do Código Civil italiano, no qual o nosso foi baseado. É a principal fonte, mas não a única. Nosso antigo Código Civil também se conservou em muitos aspectos. A estrutura do nosso é mais complexa, mas baseada no seu congênere peninsular, da qual já falamos.

Regulamentação do estabelecimento

De muita importância foi a regulamentação do "Estabelecimento", nos arts. 1.142 a 1.149, a que o Código Civil italiano dá o nome de *Azienda*, designação também utilizada no Brasil, juntamente com a expressão "fundo de comércio".

Sociedade de marido e mulher

Outra inovação trazida pelo Código Civil é a proibição de sociedade entre cônjuges casados no regime da comunhão universal de bens ou separação obrigatória, entre si ou com terceiros. É o que consta do art. 977. Esse tipo de sociedade vinha causando inúmeros conflitos judiciais e, desta vez, o mal foi cortado pela raiz. Não nos pareceu essa a melhor solução, porquanto o ideal seria a regulamentação pormenorizada dessa sociedade, de tal forma que pudesse evitar fraudes.

Desconsideração da personalidade jurídica da empresa

Inovação das mais louváveis foi a introdução da teoria universal da *disregard theory* ou *disregard of legal entity*, que já fora aceita pelo nosso direito, mas agora penetrou em nossa legislação de forma ampla. Foi ela adotada no art. 50 de nosso Código Civil, ficando o Brasil um dos poucos países a mantê-la na legislação. Pelo que nos consta, os Códigos da Holanda e da Etiópia eram os únicos a adotá-la. Nosso direito faz sua adoção de maneira clara e completa e o novo Código Civil de 2002, já exerce influência em outras leis, como por exemplo, a Lei de Recuperação de Empresas (Lei 11.101, de 09/02/2005).

Previsão do crédito documentário

Outra inovação digna de nota foi a previsão do contrato internacional conhecido como "crédito documentário", que nosso Código

Civil, nos arts. 529 a 532, regulamenta com o nome de "venda sobre documentos". A regulamentação é meio sumária, mas a prática desse contrato conta com a regulamentação da Câmara de Comércio Internacional em brochura especial, aceita no mundo inteiro por convenções internacionais. Poucos países o incluíram na legislação, preferindo apegar-se exclusivamente às normas internacionais.

O novo Código Comercial

Diz o penúltimo artigo do Código Civil, o art. 2.045, que se revoga a Parte Primeira do Código Comercial, Lei 556, de 25/06/1850. Nosso antigo Código tinha três partes. A Parte Terceira (Das Quebras) já fora derrogada em 1890 pela Lei Falimentar, sobrando as outras duas. Dessas, apenas a Parte Primeira foi revogada, permanecendo a segunda, referente ao "Comércio Marítimo". Assim sendo, continua em vigor a Parte Segunda.

Essa questão já fora exposta no primeiro capítulo, mas vamos descrever o novo Código Comercial brasileiro, conforme vem sendo publicado por várias editoras:

Do Comércio Marítimo – Compreende os arts. 457 a 796 do antigo Código Comercial, que se conservaram e estabelecem normas de Direito Marítimo. É a parte antiga do Direito Empresarial, exigindo ampla reformulação, apesar de haver inúmeras disposições baixadas pelos órgãos públicos encarregados de controlar essa atividade.

Código Civil – Títulos de Crédito – Arts. 887 a 926 – Essa parte do Código Civil estabelece algumas normas básicas sobre o Direito Cambiário, complementando e esclarecendo a Convenção de Genebra.

Código Civil – Direito de Empresa – Arts. 966 a 1.195 – É a regulamentação básica do Direito Empresarial.

Legislação complementar – É o complexo de importantes leis regendo as atividades empresariais. Entre elas, podemos citar as mais relevantes:

Lei de Recuperação de Empresas – É a Lei 11.101, de 09/02/2005, substituindo a antiga Lei Falimentar.

Lei de Patentes – É a Lei 9.279/96 – instituindo as normas básicas do Direito da Propriedade Industrial.

Lei das Sociedades por Ações – Lei 6.404/76 – Regulamenta a sociedade anônima e a sociedade em comandita por ações, sendo a mais importante lei componente do Direito Societário.

Convenção de Genebra sobre Letras de Câmbio e Notas Promissórias – Promulgada pelo Decreto nº. 53.663/66, constituindo-se na norma básica sobre o Direito Cambiário.

Lei do Mercado de Capitais – É a Lei 4.728/65 – Norma básica sobre o Direito do Mercado de Capitais.

Estatuto da Microempresa – É a Lei 9.841/99, bem moderna, regulamentando a microempresa e a empresa de pequeno porte.

Lei da Reforma Bancária – Lei 4.595/64 – Estrutura o Sistema Financeiro Nacional, prevendo as várias instituições financeiras que operam no país. É a lei centralizadora do Direito Bancário.

Lei do Inquilinato – Lei 8.245/91 – Regula a locação de imóveis para fins empresariais. Antes havia lei específica, mas a atual unificou as normas da locação de imóveis.

Código Brasileiro de Aeronáutica – Lei 7.565/85 – Estabelece as normas principais do Direito Aeronáutico.

IMPRESSO NA | GRÁFICA
sumago gráfica editorial ltda
rua itauna, 789 vila maria
02111-031 são paulo sp
telefax 11 **6955 5636**
sumago@terra.com.br